澳大利亚
TAFE教师专业发展
研究

张晓林 著

大连理工大学出版社

图书在版编目(CIP)数据

澳大利亚TAFE教师专业发展研究 / 张晓林著. -- 大
连 : 大连理工大学出版社，2023.8
ISBN 978-7-5685-4392-7

Ⅰ. ①澳… Ⅱ. ①张… Ⅲ. ①高等职业教育—师资培
养—研究—澳大利亚 Ⅳ. ①G718.5

中国国家版本馆CIP数据核字(2023)第101203号

大连理工大学出版社出版

地址:大连市软件园路80号　　　　　　　邮政编码:116023
发行:0411-84708842　　邮购:0411-84708943　　传真:0411-84701466
E-mail:dutp@dutp.cn　　　　　　　URL:https://www.dutp.cn
大连图腾彩色印刷有限公司印刷　　　　大连理工大学出版社发行

幅面尺寸:168mm×235mm　　　印张:15.5　　　字数:315千字
2023年8月第1版　　　　　　　　　2023年8月第1次印刷

责任编辑:马嘉聪 孙　扬　　　　　　　责任校对:张晓燕
封面设计:对岸书影

ISBN 978-7-5685-4392-7　　　　　　　定价:95.00元

PREFACE 前言

  长期以来,我国加大力量发展职业教育,职业教育已经取得了巨大的进步,但我们也看到,我国职业教育教师专业发展目前存在不少问题和困难:专业发展制度不健全,发展目的不明确,发展模式单一,教师知识结构不合理,专业发展保障措施不充分,教师自我发展和学术研究能力不够,等等。针对我国职业教育教师专业发展当前存在的问题和面临的困难,本书研究和参考澳大利亚技术与继续教育(TAFE)教师专业发展的成功做法,为我国职教教师专业发展献计献策,大力促进"双师型"教师队伍建设,为促进我国职教教师专业发展寻求出路。

  澳大利亚TAFE教师专业发展拥有较为成熟的专业发展制度,教师专业发展独具特点,这保证了澳大利亚技术与继续教育的持续健康发展。本书围绕澳大利亚TAFE教师专业发展内涵概念,展开论述分析。研究首先从澳大利亚TAFE教师专业发展的历史沿革入手,通过对澳大利亚TAFE教师专业发展的历史进行梳理,发现其发展变化既与世界职业教育教师专业发展趋势相吻合,又有自身的特点。伴随着澳大利亚社会经济和教育的发展,澳大利亚TAFE教师专业发展日趋完善,形成了相对健全的教师专业发展制度,在联邦政府层面、州政府层面和TAFE学院层面形成了完备的政策体系来保障澳大利亚TAFE教师专业发展;从行业角度、学院角度和教师个人角度开展多种专业发展项目并采取多种办法来支持教师专业发展,形成了多维的教师专业发展制度。

人才培养的需要和职业教育发展的需要促使澳大利亚TAFE教师专业发展内涵发生了变化和发展。TAFE教师已经不再是传统意义上的职业教育教师,其教师角色发生了很大改变。在澳大利亚新学徒制的影响下,TAFE教师经常身兼数职,扮演多重角色——既是课堂上的教师,也是工场里的师傅,还是学生学习能力的评估者、职业教育和行业的联络人以及企业发展的咨询师。TAFE教师不仅要人品端正,而且要具备丰富的教育教学知识和专业技术知识,以及教育教学能力和专业实践能力。此外,TAFE教师还要通过持续的专业发展不断丰富和提高自身的知识和能力。澳大利亚TAFE教师专业发展在长期的探索中,积累了丰富的经验,形成了自身鲜明的特点:专业发展保障充分,发展制度体系化,专、兼职教师共同发展,行业和利益相关团体共同参与。

本书共分为九章:第一章介绍研究背景,提出问题;第二章阐述本研究涉及的主要概念;从第三章开始展开对澳大利亚TAFE教师专业发展的论证分析;第四至第八章是本研究的重点内容,分析澳大利亚TAFE教师专业发展的制度和内容,并通过案例分析,总结澳大利亚TAFE教师专业发展的经验和面临的问题;第九章为启示部分,为我国职业教师专业发展提出建议。

综上所述,澳大利亚TAFE教师专业发展的丰富经验,为我国职业教育教师专业发展提供了参考和借鉴。只有通过职业教育教师专业发展,才能保证我国职教拥有先进的、高素质的、国际化的教师队伍,从而促进职业教育健康全面发展。要促进我国职业教育教师专业发展,除了自身努力和多方探索外,还应该研究和学习国际先进经验,扬长避短,尽快缩小同世界先进水平的差距。

CONTENTS 目录

第一章 绪 论

一、研究缘起

改革开放以来,我国职业教育取得了快速发展的骄人成绩,"到2014年,全国有中等职业学校1.19万所,高职高专院校1,327所;中等职业学校在校生达1,755.28万人,占高中教育阶段在校学生总数的40.29%;高职高专院校在校生占高等教育阶段在校学生总数的41.9%;中职院校专任教师约达85.84万人,高职院校专任教师约45万人。"职业技术教育为经济建设输送了大量的专业技术人才,为国家经济和社会发展做出了突出贡献。

然而,面对新技术快速发展、产业升级提速、生产要素转移加快、我国经济和社会的转型发展以及社会各级各类人才需求不断变化等方面的诸多挑战,职业技术教育发展的滞后性与不适应性、教学质量与人才培养质量不高等问题愈发突出。在职业教育改革的实践过程中,职业院校教师的专业素质这块短板成为制约职业技术教育发展和职业院校教学质量提升的瓶颈问题。

"教育大计,教师为本"。职业教育的持续发展需要高素质的教师队伍,尤其是专业理论水平高、实践教学能力强的"双师型"教师队伍。高素质技能型人才的培养关键在于教师的专业教学水平。教师的专业素质是实现"做中学""做中教""教学做合一"的实践教学目标的关键,其专业素质直接影响教学质量和职业学校技能型人才培养目标的达成。因此,提升职业教

---

① 中华人民共和国教育部.2014年全国教育事业发展统计公报.2015.

育教师的专业发展水平是保障职业教育可持续发展和提高教学质量的关键。

发达国家在职业教育教师队伍建设、促进教师专业发展方面取得了成熟的经验。总体而言,我国职业教育教师专业发展的理论和实践还相对落后,因此,有必要系统探究发达国家职业教育教师专业发展的成熟经验,通过学习和借鉴国外的理论和实践经验,来促进我国职业教育教师专业发展水平的整体提高。

(一)我国职业教育教师专业发展存在诸多问题

多年来,我国职业院校教师队伍建设取得了很大的成就,但是,受各种条件制约,教师的专业发展还存在很多亟待解决的具体问题。

1. 职业教育教师专业发展总体水平偏低

我国职业教育教师整体素质不高,知识结构老化。教师专业发展倾向理论学习,专业实践能力不足。"双师型"教师培养途径不清晰,真正意义的"双师型"教师数量不足,不能满足当前职业教育发展的需要。职业教育教师专业发展总体水平偏低的情况亟待改善。

2. 职业院校教师专业发展制度不完备

与此同时,我国职业院校教师专业发展缺少充分的制度支持,难以保障教师的专业发展。目前我国职业院校教师专业发展主要依据教育部和其他相关部门的文件开展专业发展活动,缺少法律层面的依据。此外,职业院校教师专业资格制度、评价制度等都不完善。职业院校教师专业发展制度的不完善,导致职业院校教师专业发展目标不清晰、目的不明确、发展倦怠等现象,遏制了教师专业发展的积极性,从事实上阻碍了职业院校教师专业发展。

3. 职业教育教师结构不合理

我国职业教育教师的结构、数量和质量不适应职业教育发展的需要。兼职教师比例低,有丰富技术经验的专职教师少,来源于企业一线的教师少,不能满足人才培养目标的需要。任职教师学历偏低,专任教师队伍中具有正高职称的人数相对较少,"双师型"教师数量更是严重不足,远未达到教育部提出的"专业基础课和专业课中双师素质教师达50%"的合格等级。[2]

4. 普遍缺少企业实践经验

教师来源单一,职业院校的教师来源主要是大学毕业生。这些"走出了大学校门,就迈向职业学校讲台"的新教师,完全没有生产实践经验。有调查数据显示,职业技术学校66.6%的教师是从学校毕业后直接走上讲台的,有的学校这一比例甚至高达96%。另外,专门为职业学校培养教师的院校很少,远远不能满足职业教育教师队伍补充的需求。总而言之,大多数教师的实践工作年限偏短,尤其是青年教师普遍缺乏专业实践经验和必需的专业技能;有实际工作经验和技术技能的骨干教师和专业教学带头人匮乏。

5. 新教师入职的规定和条件要求偏低

新教师的入职资格规定和聘用条件要求偏低,大多数是来自师范类院校或相关技术专业的高校毕业生。他们虽然有着比较扎实的学科专业理论知识,但普遍缺乏专业实践经验,或者有相关技术知识而无教育教学背景。国家和学校对新教师的入职资格的规定不够具体,通常只要求有本科学历或研究生学历,对于职业教育教师的资格审查和其他类型院校的教师资格审查没有明显差异,特别是对教师应具备的教师素养和教学专业能力标准几乎没有要求。

6. 兼职教师招聘制度不完善

兼职教师招聘程序不规范。由于兼职教师与学校没有隶属关系,只是聘用与被聘用的关系,属于编制外人员,所以学校对兼职教师的招聘工作不够重视,缺乏科学规范的招聘程序。主要问题有:(1)招聘计划制订不合理。大多数学校招聘兼职教师只是为了完成教学任务而增加教师数量,很少从长远发展的角度来考虑兼职教师队伍建设问题;(2)审核环节不严格。对教师的选聘审核本应通过简历筛选、面试、笔试和试讲等一系列程序来层层选拔最适合的人,努力做到"择优录取"。但是,在招聘兼职教师时,一般都是从熟人中选拔,只看关系或简历,或通过简单的面试就草率录用,缺乏必要的笔试和试讲;(3)聘用合同签订不规范。部分学校与兼职教师签订了

---

[2] 教育部.高职高专院校人才培养工作水平评估方案(试行)http://wenku.baidu.com/view/abd084ece009581b6bd9eb9b.html. 2014-12-2.

澳大利亚TAFE教师专业发展研究

聘用合同,还有的学校没有与兼职教师签订合同。就合同内容来看,双方的权利和义务表述得不够具体,特别是对兼职教师的福利待遇和奖惩标准等规定得不够明晰。所以,遇到具体问题时,就会无章可循、无据可依,这也给兼职教师的招聘和管理带来麻烦。

7. 缺乏统一、科学的教师专业标准

对于职教教师专业发展的评估缺乏专业标准。目前,中等职业教育教师专业发展已经有教师专业标准,但是高等职业教育的教师专业发展尚无专业标准。职业教育教师的专业发展的评估同其他院校相比并无太大差异。衡量教师专业发展的标准通常是学历水平和职称,因此造成的不良影响就是教师忙于追求高学历,忙于通过各种方法晋升职称,而忽视职业教育教师自身的特点,教师专业发展容易误入歧途,偏离职业教育教师专业发展的方向。

8. 教师培训针对性不强

新教师入职后对培训要求不高,很难体现职业教育教师专业的特性。培训缺乏系统性和针对性,未能遵循职业教育和职业教育教师专业发展的规律,很多培训流于形式。校本培训的内容与教师的群体需求和个体需求不一致,并且已经"接受过的"校本培训与教师"希望得到的"校本培训之间存在较大的偏差,这足以说明职教中心的校本培训活动没有针对教师的培训需求来提供合适的培训内容。调查显示,教师普遍认为,针对专业课教师和实习指导课教师的专业技能培训的力度应该加大,培训教师应该减少一些纯理论的讲授,多选择一些与专业技能紧密相关的主题内容。

9. 教师职业倦怠问题严重

很多教师职业角色认知存在偏差,仅把职业视作自己谋生的饭碗,把教师专业发展等同于获得学历和职称,许多人评完职称后觉得可以一劳永逸,不再追求更高水平的教师专业发展,也不去努力提高自己的专业能力。

另外,由于职业教育的地位问题在我国一直没有彻底解决,职业教育教师的社会地位远低于普通教育教师和高等教育教师,处于边缘化地位。

(二)我国职业教育教师专业发展的理论与实践落后于发达国家

众所周知,发达国家的职业教育各有特色,发达的原因也是多方面的,但教师的高度专业化是其职业教育持续发展的重要动力之一。美国、英国、日本、澳大利亚等国的职业教育比我国的职业教育发达,其职业教育教师的专业发展也别具特色。

从美国来看,国家高度重视职业教育教师队伍建设,在20世纪90年代就进入了被人们称为"教师专业发展的年代"。美国对职业教育教师实行聘任制,各州都明确规定了校长和教师的任职条件。从宏观上看,有国家标准,各州教师专业标准遵照国家标准制定,并根据各州的具体情况而制定自己的标准。美国各州普遍采取多种途径促进职业教育教师实现专业发展,诸如新教师入职培训、课程发展途径(the curriculum development approach)、同伴互助途径(peer support)、校企与院校合作途径(cooperative approach)、研讨班(seminar)或工作坊(workshop)、导师指导(mentoring,又称为良师方案)、发展性休假(development leave)、兼职教师手册(part-time faculty handbook)等。[③]

英国职业教育采取"三明治"人才培训模式,具有鲜明的自身特色。英国制定了完备的国家职业资格体系(NVQs)。2001年,英国为职业教育教师设立了教师资格(QTS,Qualified Teacher Status)制度,明确规定只有获得教师资格才能够上岗任教。国家设有专门的技术师范学院,不仅培养后备教师,而且培训在职教师。英国职业技术教育师资培训课程主要有:继续教育证书课程,以专职教师为对象,两年制;继续教育教师证书课程,以兼职教师为对象。另外,为培养教师还开设了职业技术教育研究生课程。教师专业发展强调实践教学,加强职业学校内的教学实践,充分利用大学、职业学校和企业的优质资源,加强教师教育的实用性和有效性。职业教育教师参与在职培训强调提升教学能力和专业实践能力。教学能力提升需要由在职教师提出申请,任职学校推荐,到指定培训学校任教,在授课中得到有关教学

---

③ 黄国清,滕平.美国社区学院兼职教师专业发展的内容、途径和特点[J].职教通讯,2010(04):49-50.

方法和能力的指导与培训。把培训考核的结果作为学校决定是否聘用该教师，以及教师晋升和提高薪资的依据。职业教育教师专业实践能力的提升是在企业中进行的。在政府的支持下，企业为职业教育教师提供了大量的工作岗位，并让经验丰富的技术和管理人员担当指导员，帮助教师制定培训方案和行动计划，并监控培训进程和培训效果的考核。培训考核的结果也同样作为学校聘用该教师以及晋升和提高薪资的依据。英国职教教师专业发展拥有比较完备的职前教育、入职辅导和职后培训体系。职业教育教师教育与培训体系呈现出两个特点：一是"三段融合"，即职前培养、入职辅导和职后提高三段融合的培养模式；二是"三方参与"，即充分整合大学、职业学校和企业三方资源，融合三者特色，积极推进职业教育教师培养社会化。英国职业教育师资是专兼职结合的，兼职比例为63%，许多教师是从企业招来的，具有丰富的企业实践经验。

日本职业教育教师专业发展制度健全，教师专业发展水平高，奖励机制完善，从外部制度到内部管理保证了职业教育教师专业发展。职业教育教师有严格的资质要求和录用制度，中等职业教育教师必须具有本科或以上学历，高职教师通常是研究生毕业，取得教师资格，并且通过国家安排的相关考试。新任职的教师专业发展主要由文部省统一规定。新任教师在工作第一年必须每周在校内进修2天，一年最少60天，在校外进修1天，一年不少于30天。在此期间由专家教师指导，从而提升新任教师的教学能力，加强其对学生的组织管理能力并进行教学反思。校外进修主要在地区教育中心接受短期培训，文部省也定期开办新任教师职业教育实技讲习班。新教师通过讲座、演习、参观、考察等方式提高专业发展水平。度过入职初期的教师，按照执教年限划分为5年、10年和20年三个教育经历阶段。日本从文部省、地方教育委员会到学校都在政策层面上分别规定了职业教育教师专业发展的具体内容。在职业教育教师进修的内容丰富多样，涉及各行各业，随着科学技术的发展，进修内容也逐渐发展变化。具体形式包括讲座、讲习班等。日本的职业教育教师除了通过大学培养，还积极从社会招聘优秀技术人员。1988年，新修订的《教育职员许可法》规定：设立特别资格证书和兼职教师制度。特别资格证书的发放对象主要是具有行业经验和知识的专业人员，通过日本政府部门的考核，进入职业教育机构从事教育教学工作。兼职教师制度是指：只要经都道府县教育委员会允许，可聘用不持有教员资格证书的人员担任兼职教师，从事部分科目的教学或实习指导。日本职业教育教师待遇优厚，社会地位高，职业具有吸引力。从教师队伍内部看，职业教育教师要比普通学校教师的工资高。职业教育教师除了工资外，还有各种奖金和津贴。职业教育教师的奖金制度和资历相当的政府公务员以及公司职员的薪金待遇基本相同，每年发放两次奖金，一般相当于4~5个月的工资总额，此外还有许多补贴项目。

总之，与美国、英国和日本等发达国家相比，我国职业教育教师队伍建设还处在相对粗放式发展阶段，教师专业发展的理论和实践还相对落后。

（三）澳大利亚TAFE教师专业发展经验成熟

1.澳大利亚"技术与继续教育"独具特色

澳大利亚的职业教育处于世界先进水平，其独特的"技术与继续教育（TAFE）"模式是世界职业教育的典范之一。澳大利亚有重视职业教育的传统，早在1973年，联邦政府就成立了技术与继续教育委员会（Committee of Technical and Further Education），明确提出把技术教育与继续教育结合在一起，把学历教育与岗位培训联系起来，并采取一系列措施推动职业教育发展。1974年的"康甘报告"明确提出了技术与继续教育学院（简称TAFE学院）的概念，标志着TAFE学院的建立，初步形成了澳大利亚高等教育的三级体系。经过数十年的发展，澳大利亚的TAFE体系已成为全球特色鲜明的职业教育体系之一。这个体系较好地解决了职普融通、中高职衔接等关键问题。而这些职普融通、中高职衔接问题正是一直阻碍着我国职业教育的发展，至今也没有得到彻底的解决。

2.澳大利亚TAFE教师专业发展独具特色、经验丰富

TAFE学院的职业技术教育之所以取得成功，其中原因之一就是TAFE有着高度专业化的师资队伍。TAFE教师专业发展水平高，其专业发展无论是外部制度，还是教师的内在发展都独具特色，保证了TAFE始终与经济发展相适应，与经济社会的人才需求相适应。

TAFE教师专业发展经历了组织发展和个体发展两个阶段。TAFE建立初期，教师专业发展尚处于组织发展阶段。在TAFE学院发展时期，TAFE教

师专业发展逐渐过渡到个体发展阶段。至今,澳大利亚TAFE教师专业发展制度完备、独具特色,满足了TAFE发展对教师的需要,满足了澳大利亚经济发展的需要。

伴随着澳大利亚经济和技术教育的发展,TAFE教师专业发展内涵不断丰富,TAFE教师专业发展途径多样,其丰富的经验值得研究和借鉴。

第一,澳大利亚教育管理部门和教育机构都高度重视教师专业发展。第二,TAFE教师专业发展拥有完善的法律和政策保障。第三,澳大利亚以法律的形式规定了TAFE的教师和管理人员每学期必须完成规定时长的课程培训。具体的课时数也是由TAFE学院出台政策,强制执行,但也会根据实际需要经常变化。第四,TAFE教师的专业发展采用组织发展和个体发展相结合的方式,在教师专业发展的过程中,二者均得到保障,学院允许教师请假或直接规定教师每学期有一定的时间用于自身教师专业发展。第五,政府、行业、团体组织、学校和个人共同参与。教师专业能力标准的制定和教师专业发展的评估,都由政府、行业、学院和社团共同参与,教师个人也可以由教师代表来提出对教师专业发展的意见和建议。第六,专兼职教师共同发展。TAFE教师专业发展并没有把兼职教师排除在外,TAFE兼职教师的入职条件比较严格,入职后的培训也与专职教师相同,在最大程度上克服了兼职教师工作松散、不便于管理、专业发展不平衡等问题。第七,TAFE教师专业发展适应市场的变化和需求。TAFE教师专业发展有政策和制度保障,但有关教师专业发展的具体内容、具体途径等方面,完全依照市场的需求不断变化。教师专业发展标准与培训包的不断更新都体现了职业教育和职业教育教师专业发展适应市场的变化和需求。第八,TAFE教师专业发展体现了自主、终身发展、全面发展的理念。TAFE教师专业发展立足于教师专业发展理论、职业教育发展理论,满足教师职业生涯发展的需要,专业发展规划贯穿整个职业周期。

澳大利亚TAFE的发展和经验已经引起了我国的关注与研究,但是关于TAFE教师专业发展的研究尚不足。在职业教育教师专业发展研究方面,我国关于英、美、德、日等发达国家的教师专业发展研究较多,但关于澳大利亚TAFE教师专业发展的研究明显不足,因此,有必要对澳大利亚TAFE教师专业发展的经验进行系统地研究,探究其本质特征,为我国职业院校教师专业发展提供更多可借鉴的经验案例。

二、研究目的与研究意义

(一)研究目的

澳大利亚经济发达,职业教育的贡献功不可没。TAFE是澳大利亚职业教育的主要承担者,TAFE教师专业发展是TAFE教育发展的重要组成部分。因此,有必要对TAFE教师专业发展进行系统而深入的研究。

在国际"教师专业发展"理论的深刻影响下,我国教师专业发展的理论研究已经取得了较大的进展,这主要表现在普通教育领域。在职业技术教育领域,关于教师专业发展的研究虽然也引起了学者们的极大关注,但研究水平和研究结果还远远不能满足职业教育教师专业发展的实际需求,很多重大理论问题还没有得到解决。

本文将运用文献资料法、案例研究法等研究方法,在分析整合前人相关学术成果的基础上,梳理出TAFE教师专业发展的历史沿革线索,力求呈现TAFE教师专业发展的全貌,从而系统阐释TAFE教师专业发展的目标、内涵及其实现途径,详细分析TAFE教师专业发展的若干案例及其相关影响因素,全面总结TAFE教师专业发展的经验、特点和问题,深刻揭示澳大利亚TAFE教师专业发展的规律,进而为我国职业教育教师专业发展提供可借鉴的理论与实践经验。

因此,通过研究澳大利亚"技术与继续教育"教师专业发展的经验来阐释职业教育教师专业发展的理论学说,为职业院校教师的专业发展提供理论指导和案例经验,为教师个人自主发展提供新的理念、工具和策略,这是本项研究重要的目的之一。

总而言之,通过总结其经验,发现其问题,选择性借鉴,最终目的是服务于我国职业教育教师的专业发展。

(二)研究意义

对TAFE教师专业发展进行系统研究,具有理论意义和实践意义。

1. 理论意义

先进的职业教育教师专业发展模式离不开理论的指导和支撑。研究TAFE教师专业发展，阐释TAFE教师专业发展的理论依据，有助于丰富职业教育教师专业发展的理论学说，有助于拓展职业院校教师队伍建设的理论视野，有利于夯实职业院校教师专业发展的理论基础。

2. 实践意义

TAFE教师专业发展是教师专业发展理论应用与实践的成功范例之一。TAFE因时制宜、因地制宜的教师专业发展理念、发展政策、发展模式、发展途径等方面的经验，对于促进我国职业教育教师专业发展具有极大的启示作用。研究TAFE教师专业发展，对政府和相关部门、职业院校和职业教育教师自身都具有比较重要的现实意义。

（1）本研究能够为政府和相关职能部门制定职业教育教师专业发展政策提供制度性框架及经验。

澳大利亚TAFE教师专业发展有强有力的法律政策保障，联邦政府和州政府关于TAFE教师专业发展都有统一的法律政策规定和保证，体现了教师终身发展和全面发展的理念，并保障了国家资格框架、培训与评估培训包等具体政策。而我国目前缺少系统、统一的职业教育教师专业发展政策框架，教师专业发展制度不健全，政策规定不具体，这不利于职业教育教师专业发展。澳大利亚政府和相关部门在TAFE教师专业发展中起到了重要的保障和促进作用。研究其专业发展制度、发展理念、具体政策和实际操作都可以为我国相关职能部门提供借鉴和参考，从而促进政府和企业在职业教育教师专业发展过程中，更新理念，转变职能，高效有力地提供保障和服务。

（2）本研究能够为职业院校加强"双师型"教师队伍建设提供经验借鉴。

澳大利亚TAFE教师的专业发展离不开TAFE学院的重视与支持。TAFE学院为教师专业发展提供了具体的政策和服务。从新教师的入职培训到在职教师的素质提升，都是在TAFE学院的具体实施中完成的。每所TAFE学院都有相应的教师专业发展规划和行动方案。TAFE学院既是教师专业发展的指导者也是参与者，还是服务者。因此，本研究能够为我国职业院校在教师招聘、教师培训、教师专业发展评价、教师管理、"双师型"教师队伍建设等方面的工作提供案例和经验参考，能够促进职业院校提升服务意识,转变思想观念,科学有效地促进教师专业发展。

(3)本研究能够为职业院校教师个人的专业自主发展提供经验指导。

澳大利亚 TAFE 教师专业发展制度虽然系统、规范、奖惩分明,但以 TAFE 教师自身的自主发展意愿为前提。TAFE 教师首先自身有发展需求, 而且愿意发展,可以自主向所在学院申请。许多教师专业发展活动都是教 师自愿参加,教师的自我规划、自我评估能够与学院的评估相结合。TAFE 教师专业自主发展意识强、专业发展目标明确、信念坚定、路径多样。对这 些经验进行研究有助于我国职业教育教师增强自主发展意识、坚定专业发 展的信念、明确专业发展目标、拓宽专业发展路径,帮助教师更好地自主 发展。

(4)本研究还能够对职业教育教师专业发展的研究提供信息资料和理 论资源。

本研究可以为后续的职业教育教师专业发展的相关研究提供大量的信 息和案例支持,为本领域的研究提供多方面的参考,并有助于拓宽研究思 路,起到抛砖引玉的作用。

三、文献综述

通过对中国知网、万方数据库、读秀学术搜索、博看人文期刊数据库、维 普期刊资源整合服务平台、师范教育专题数据库、ProQuest、ERIC、Springer Link、ScienceDirect 等数据库、澳大利亚国家图书馆、中国国家图书馆馆藏资 源和学位论文库、国内外有关会议报告、相关部门机构的研究报告等进行检 索,发现关于澳大利亚技术与继续教育(TAFE)教师的研究共有千余篇。

(一)国外研究概况

在对国外文献的搜集和检索中发现,对教师专业发展的研究,主要集中 在基础教育范围内,其次是对高等教育范围内的研究,并且对普通教育范围 的研究远多于对职业教育范围的研究,而对职业教育教师专业发展的研究 相对较少,文献的内容比较零散,缺乏系统性。

西方学者们对澳大利亚职业教育教师专业发展理论与实践的探讨,多 见于以下几类:在观察澳大利亚 VET 教育整体状况的同时,简要梳理相关的教师专业发展的历史与现状;就澳大利亚 VET(vocational education and training)教师专业发展的形式或模式进行介绍或探讨;对澳大利亚教师专业标准的制定历程、内容等方面进行阐述与探讨,对某些州或职业教育机构现行的职业教育教师专业标准进行分析与评述;剖析职业教育教师专业发展中遇到的问题等。

关于澳大利亚 VET 和 TAFE 的国际研究很多,大部分相关文献都关注 VET 的质量提高问题。在关于教师和教学的研究文献中,强调教师和教学在 VET 系统中的重要性的文献占绝大多数。在关于 VET 从业者的研究中,有一部分是关注教师工作和生活的影响因素,有的研究着眼于 VET 教师的角色改变,而关于兼职教师专业发展的文献较少。在这类文献中,有关注 VET 教师早期教育培训的,有关注教师和教学地位的。值得注意的是,作为研究对象的 VET 教师,绝大部分都是 TAFE 教师。在澳大利亚本国的文献中,多数为论文和调查报告,而专著很少。其中多篇调查报告关注的角度是 TAFE 学院和教师、培训师在发展变化中不相协调等问题。

总体而言,目前搜集的英文文献对 TAFE 教师的研究主要涉及以下几个方面:

1. 关于 TAFE 教师系统的调查研究

澳大利亚学者对 TAFE 教师曾做过系统的调查研究,目的是了解 TAFE 教师的总体状况,为制定相关的政策服务。这些研究多见于关于 TAFE 教师的报告。1978 年的《弗莱明报告》是第一份专门研究澳大利亚 TAFE 教师的文献。该报告明确指出:TAFE 教师专业发展与普通学校教师专业发展是不同的,TAFE 教师专业发展的关键是将实践人员转为教学人员。报告关于 TAFE 教育和 TAFE 教师的内容主要包括:①所有新入职的 TAFE 教师都应该参加教师准备过程,主要是为了学习如何传授知识和技能,使他们成为有效的教学实践者。②报告强调,要精心设计和开展满意的教学实践。③人文学科不应被排除在职业教育之外。④扩大先进技术在相关学科教学中的应用。⑤每个满足教师准备程序要求的 TAFE 教师,在其完成前两年的教学后,应该得到一份正式的奖励。这个奖励应由全国注册的高等教育机构颁发,可以是最低水平的相关证书。⑥所有 TAFE 教师都应在两年内获得初级的教学资格,并学会平衡教学和研究之间的关系。它还建议教师培训的成本由联邦政府和州政府共同承担。⑦报告还强调解决一些人力资源方面的问题,包括TAFE教师培训要有专职专任的负责人。它还提出TAFE应该有定向的资金提供者,TAFE学院可以借调训练有素的和经验丰富的TAFE教师。此外,对于TAFE教师专业发展应该有明确的指导大纲,帮助、指导和规范TAFE教师专业发展。⑧报告还建议,TAFE教师的职业准备应该扩大范围和增加强度,尤其是TAFE管理部门应确保所有的TAFE教师都参加教师准备计划,并给教师提供多方面支持,保证教师参加正式的培训课程。⑨报告提出,联邦政府应保证TAFE教师培训的有效性,并有履行监督和检查的义务。⑩报告还推荐了每个州应具备的TAFE教师培训提供者的最小数量,避免资源的过度损耗。这一建议适用于TAFE教师最初的职业准备和继续教育。同时,报告还提出,未来TAFE教师专业发展应关注的长期议题有:①TAFE教师的身份。报告认为,当时存在的TAFE教师教育和培训方法有着过于明显的政策印记,教师专业发展实践更倾向于中小学教师的专业发展模式。TAFE教师专业发展需要适合自身的学术模式和管理模式。②TAFE教师文凭的水平。报告认为,专科证书"基本适合大部分的TAFE教师"。这个基本的准备可以有助于各领域的课程开发、管理、研究、咨询和矫正教育。③TAFE教师教育者的专业发展。报告建议招聘教师教育者,通过例如借调的方式获得教师培训者。报告还坚持认为,教师教育者应受益于工业经验,TAFE应是行业培训的主要负责者。它特别强调,TAFE教师教育者要拥有合适的员工发展培训经验。④TAFE教师的入职培训应有一个合适的模型,该模型应包括至少三个要素:至少两周的全职学习时间,学习重点放在沟通技巧上;基本教学技能和课程规划;满足新入职的TAFE教师当前需求的课程,详细解释为:a.发展职业与非职业实践教学技能;b.进一步提高个人沟通能力;c.引进技术计划,准备、实施和评价教与学的策略,包括特定的教学专业应用程序,将学生的工作经验和大学课程整合;d.发展使用基本的教育设备和材料的技能,并引入自学和个性化学习的技术;e.培训TAFE教师对教与学过程的理解,而不需要深入研究心理学。报告从各个方面和角度呼吁加强对TAFE和TAFE教师的研究,满足他们的需要。④

---

④ Fleming Peter, William Irving. The Formal Preparation of TAFE Teachers in Australia [R]. Canberra, Australian Capital Territory: Australian Government Publishing Service, 1978.

此外，1998年的《联邦艾迪报告》(也称《艾迪报告》,*Federal Adey Report*)，对TAFE教师专业发展提出了具体的方向和措施，"建立专门的TAFE师资培养标准和指导大纲"，报告对后来的教师资格框架和TAFE教师培训课程起到了推动作用。澳大利亚2008年统计年鉴，主要呈现了教师数量、教师比例等相关数据。⑤

《转换脑筋：澳大利亚职教与培训者的工作角色变化》(*Shifting Mindsets: the Changing Work Roles of Vocational Education and Training Practitioners*)一文，论述了澳大利亚职业教育的变化，其中对职业教育教师的影响有所涉及⑥。《工作变化安排的职业教育与培训实施》⑦(*Implications for Vocational Education and Training of Changing Work Arrangements*)《评估与工厂教学中的四级证书：对学习者和学习的理解》(*The Certificate Ⅳ in Assessment and Workplace Training: Understanding Learners and Learning*)⑧和《1994年TAFE和非TAFE环境下能力本位教学的有效性》(*The Availability of Competency-based Training in TAFE and Non-TAFE Settings in 1994*)⑨等数篇文献，论述了职业教育的政策变化对其的影响，其中对教师的影响是职业教育变化的一方面。

上述这些报告多由政府部门或组织机构委托研究人员完成，报告的结果对相关部门的政策制定具有参考价值。杰克·福克斯(Jack Foks)在他的

---

⑤ Australian Government. Australian Bureau of Statistics (2008)[R]. Adelaide: 2008 Year Book Australia, 2011.

⑥ Harris, R Simons, M and Clayton, B. Shifting Mindsets: the Changing Work Roles of Vocational Education and Training Practitioners[R],2005. http://www.ncver.edu.au/wps/portal/vetdataportal/restricted/publicationContent/!ut/p/a1/l. 2012-10-2.

⑦ Hawke, G. Implications for Vocational Education and Training of Changing Work Arrangements[R],2000, VOCEDplus, the international tertiary education and research database
http://www.voced.edu.au/content/ngv%3A42842. 2013-2-3.

⑧ Simons, M, Harris, R and Smith, E. The Certificate Ⅳ in Assessment and Workplace Training: Understanding Learners and Learning[R]. Adelaide: National Centre for Vocational Education Research,2006 .

⑨ Smith, E, Hill, 0, Smith, A, Perry, P, Roberts, P & Bush, T . The Availability of Competency-based Training in TAFE and Non-TAFE Settings in 1994[R]. Canberra, Australian Capital Territory: Australian Government Publishing Service,1995.http://www.voced.edu.au/content/ngv%3A11285. 2015-3-1

研究里,关注了 TAFE 各方面变化与 TAFE 系统和 TAFE 教师的关系。他在关于维多利亚 TAFE 开放学习的研究中指出:各方面的变化主要影响了 TAFE 教师的培训内容、群体发展和企业实践(industrial release)。例如,其建议有:主流员工发展和教师培训计划的合并,相关技能和知识的开放学习的发展。在教师教育方面的具体建议是:采取实用的教师在职培训和员工发展的方法——教师培训应该基于在职培训,辅以脱产培训以及在实习场所的培训,特别是通过"团队教学(教师),让有教学经验和创新意识的教师对其他教师产生带动作用。"[10]

《澳大利亚高等教育概览——最终报告》(*Review of Australian Higher Education — Final Report*),主要介绍了 TAFE 学院的发展,把 TAFE 教师作为学院发展的一个方面进行研究。[11]布鲁克菲尔德(Brookfield, SD)(1986)的《成人学习的理解与实践》(*Understanding and Facilitating Adult Learning*),主要述及与 TAFE 相关的成人教育,由于 TAFE 教育对象包括成人,而成人教育是其重要组成部分,因此成人教育研究领域经常涉及 TAFE 教育与 TAFE 教师。TAFE 的成人教育同样离不开教师,高素质的教师保证了 TAFE 的成人教育质量。[12]查佩尔(Chappell, C)(1998)的《新时期 TAFE 的变化》(*Changing TAFE in New Times*),主要述及在新的经济背景和社会背景下 TAFE 面临的变数,文章描述了 TAFE 的发展过程,并论述了 TAFE 发展过程中的重要影响因素。[13]古西(Goozee, G)(2001)的《澳大利亚 TAFE 发展史》(*The Development of TAFE in Australia*)是目前为止研究 TAFE 最全面、最权威的书籍,包括 TAFE 创立的背景、TAFE 的从业人员、TAFE 的发展、各

---

⑩ Jack Foks. A Report on the Victorian TAFE Off-Campus Network,1986 | VOCEDplus, the international tertiary education and research database. http://www.voced.edu.au/content/ngv%3A3937. 2015-5-1

⑪ Bradley, D. Review of Australian Higher Education — Final Report[R]. Canberra, Australian Capital Territory: DEEWR, 2008.http://www.voced.edu.au/content/ngv%3A32134. 2013-2-9.

⑫ Brookfield, SD. Understanding and Facilitating Adult Learning[J].School Library Media Quarterly, Win1988,v16 n2.http://eric.ed.gov/?id=EJ365083.2013-5-6.

⑬ Chappell, C. Changing TAFE in New Times [J]. Australian Journal of Teacher Education, 1998, v2. http://ro.ecu.edu.au/cgi/viewcontent.cgi?article=1179&context=ajte.2013-6-16.

澳大利亚 TAFE 教师专业发展研究

个历史时期影响 TAFE 教育和 TAFE 学院的各种政策等方面。[14]但 TAFE 教师专业发展并不是该书的重点，它更多的只是提供了 TAFE 背景知识。TAFE 教师既是 TAFE 发展的影响因素，决定了 TAFE 的教学质量等方面，也是被影响的方面。在这部分文献中，TAFE 学院教师通常是作为研究的一个方面来展开论述，文章篇幅较短，也不是很深入。

2. 关于 TAFE 教师角色转变的研究

研究者布莱克利奇(Blackledge, D)和亨特(Hunt, B)的文章《教学的社会学解释》(*Sociological Interpretations of Education*)，[15]从社会学角度分析了教育和教师的作用。《新的职教工作者：文化、角色和能力》(*The New VET Professional: Culture, Roles and Competence*)[16]一文从三个角度分析了职业教育教师这个职业：职业教育教师的文化素养、工作中的角色转换和冲突、教师的能力。TAFE 教师是职教工作者的代表之一。《职业教育系统重构中的教师身份》(*Issues of Teacher Identity in a Restructuring VET System*)，论及了教师的角色获得和重构。[17]研究者马吉恩·波林(Mageean Pauline)的相关研究文献还论及了 TAFE 与企业的关系、TAFE 教师的角色和作用。她关于 TAFE 企业发展和 TAFE 教师的研究对 TAFE 产生了具体的影响。在这些研究文献中强调了 TAFE 教师的重要性以及与企业的关系。TAFE 作为企业、TAFE 教师作为员工必须做好充分的准备工作，尤其是在管理和行政程序方面。她引用了一个英国的例子：大学继续教育员工参与企业培训项目，该项目包括成本和定价、营销和销售、谈判、客户关系和电话技巧、团队合作和项目工作，这为 TAFE 教师回归企业提供了具体指导。[18]她在早期关于《TAFE

---

⑭ Goozee, G. The Development of TAFE in Australia. 3rd Edition., 2001
http://eric.ed.gov/?id=ED463456. 2014-1-10.

⑮ Blackledge, D and Hunt, B. Sociological Interpretations of Education[M]. London: Croom Helm,1985. https://openlibrary.org/books/OL22345086M/Sociological_interpretations_ of_education. 2013-11-2.

⑯ Chappell, C. The New VET Professional: Culture, Roles and Competence（working paper 00- 41）[R]. Sydney: University of Technology Sydney, Research Centre for Vocational Education and Training, 2000.

⑰ Chappell, C. Issues of Teacher Identity in a Restructuring VET System[J]. Australian and New Zealand Journal of Vocational Education Research, 2001,9（1）, 21-41.

⑱ Mageean, Pauline. Issues Arising from the Introduction of Tertiary Education Enterprise Activities—Examples from TAFE.Higher Education Research and Development[J], 1990, v9 n2.

高级员工的职业发展需求的报告》中指出，TAFE需要更多的高级管理人才。TAFE的企业行为和创业活动日益增长，TAFE高级管理人才需要学习/掌握更多相关的技能，包括学院发展与行业方面、市场营销方面、公关等方面的技巧。根据马吉恩的多篇报告，TAFE作为企业，TAFE文化与一般企业文化形成明显的对比。TAFE教师需要发展规划，还需要改变与行业发展之间的关系。TAFE教师专业发展可以与新教师的薪金和待遇的提高相联系，TAFE教师培训需要进行技术审查，在职业健康安全或平等就业方面进行行业培训分析或咨询。有的研究报告清楚地表明，"在TAFE的教学过程中，TAFE教师很少正式或半正式联络企业"。[19]其他研究也反映出TAFE教师很难和企业保持足够的联系，同样企业的培训者也不使用TAFE的专业知识培训自己的员工。还有的研究者发现，相当多的TAFE教师与企业培训者之间缺乏理解和行业培训交流。TAFE的咨询工作是与工业和商业活动联系紧密，这些活动成为联系TAFE和社区团体的纽带。《工作变化：职业教育教师与培训者的角色改变》(*Changing Work: Changing Roles for Vocational Education and Training Teachers and Trainers*)[20]《教育改变的新意义》(*The New Meaning of Educational Change*)[21]《职业教育与培训改革中的教师和培训者》(*Teachers and Trainers in Vocational Education and Training Reform*)[22]《职业教育与培训中教师与培训者的员工发展角色变化》(*The Changing Role of Staff Development for Teachers and Trainers in Vocational Education and Training*)[23]等文章，都分析了职业教育的发展、教师工作的变化、教师的

---

[19] Mountney, Peter, Ed.; Mageean, Pauline, Ed.Issues in TAFE[M].Payneham:TAFE National Centre for Research and Development,1985 .http://eric.ed.gov/?id=ED265295. 2013-4-13.

[20] Chappell, C and Johnson, R . Changing Work: Changing Roles for Vocational Education and Training Teachers and Trainers [R]. Adelaide:National Centre for Vocational Education Research, 2003.

[21] Fullan, M , Steigelberger, S . The New Meaning of Educational Change[M].Columbia: Teachers College Press; 4 edition, 2007(4).

[22] Grootings, S and Nielsen, S . Teachers and Trainers in Vocational Education and Training Reform, 2005. http://www.ilo.org/wcmsp5/groups/public/@ed_dialogue/@sector/documents/meetingdocument/wcms_161661.pdf. 2014-7-12.

[23] Simons, M, Harris, R, Hill, D, Smith, E, Pearce, R and Blakeley, J . The Changing Role of Staff Development for Teachers and Trainers in Vocational Education and Training[R]. Brisbane: Australian National Training Authority, 2001. http://eric.ed.gov/?id=ED455409. 2014-2-12.

澳大利亚TAFE教师专业发展研究

作用和角色的变化等问题,同时又展示了许多新观点和新现象。所有研究都表达了相同的观点,即TAFE教师的角色在下一个发展阶段将更复杂,教师的专业素养标准将更高。

相关文献还指出,TAFE教师专业发展课程影响TAFE教师与企业的关系。TAFE教师需要参与企业培训,从企业中获得更多的教学经验和岗位经验,但是,目前TAFE教师与企业沟通的方式还是传统的,需要创新。

3. 关于TAFE教师教学和评估的研究

查佩尔的《职业教育和培训的政策、论文以及它们对教师角色形成的影响》(*The Policies and Discourses of Vocational Education and Training; and Their Impact on the Formation of Teacher Identities*)[24]一文,论述了职业教育对教学诸方面的影响,包括教师授课形式的变化。《夯实技术和继续教育机构的技能基础:基于 TAFE 管理者的视角》(*Sustaining the Skill Base of Technical and Further Education Institutes: TAFE Managers' Perspectives*)[25]论述了职业教育教师课堂教学技能的重要性和发展状况。伦德伯格(Lundberg, D)(1996)的《应对变化:培训改革对TAFE管理者的影响》(*Steering Through the Rapids: the Impact of the Training Reform Agenda on TAFE Managers*)一文,研究了职业教育改革问题,从管理和培训等方面论述了职业教育教师队伍改革的状况。

《TAA 培训与评估四级证书使用者的希望与经历》(*Practitioners' Expectations and Experiences with Certificate IV in Training and Assessment*)(TAA04)一文,从教师评估角度分析了教师四级资格制度,并详细介绍了具体的实施情况。[26]在《假设教学与学习是最重要的》(*Just Suppose Teaching and Learning Became the First Priority*)一文中,作者强调了教师在教学评估中的主体地位。[27]《职业教育教师专业性的评估办法》(*Getting the Measure*

---

[24] Chappell, C. The Policies and Discourses of Vocational Education and Training; and Their Impact on the Formation of Teacher Identities. Unpublished Thesis, University of Technology, Sydney:1999.http://eric.ed.gov/?id=ED455409. 2014-3-11.

[25] Clayton, B Fisher, T and Hughes, E. Sustaining the Skill Base of Technical and Further Education Institutes: TAFE Managers' Perspectives[R]. Adelaide:National Centre for Vocational Education Research, 2005.

[26] Clayton, B Bateman, A Meyers, D and Bluer, R. Practitioners' Expectations and Experiences With Certificate Ⅳ in Training and Assessment[R].Adelaide:National Centre for Vocational Education Research, 2010.

[27] Coffield, F .Just Suppose Teaching and Learning Became the First Priority.2008. http://www.itslifejimbutnotasweknowit.org.uk/files/Coffield_IfOnly.pdf. 2014-12-2.

澳大利亚TAFE教师专业发展研究

of the VET Professional）论述的是职业教育教师的评估办法。[28]《职业技术教育和培训的技术主义、教师和教学质量》（*Technicism, Teachers and Teaching Quality in Vocational Education and Training*）[29]是从职业的角度论述了教师评估的途径和实施方法。

在研究 TAFE 教师的相关文献中，有关教学方面的论文数量最多。教学评估是相关部门、组织和研究者关注的重点之一。对于教学从指导到管理再到评估，有完备的计划和方案，教学内容和实际应用始终联系紧密。麦克贝思（McBeath, C）（1997）在《课程传播：教育变革中的一个问题》（*Curriculum Dissemination: a Problematic Issue in Educational Change*）[30]中，主要研究了 TAFE 教师课程存在的设计问题，由于 TAFE 的课程设计是由相关部门、行业组织几方面共同制订，而且总是处在变化之中，因此该文论述了应如何认识这一现象并规范和改革课程设计，文中还涉及了教师权利的问题，指出教师在课程设计方面缺少话语权，在课程设计中的权利没有得到尊重。

4. 关于 TAFE 教师的学术研究

珍兹（Chenitz, WC）和斯沃森（Swanson, JM）（1986）在《使用直接理论的质性研究》（*Qualitative Research Using Grounded Theory*）中，介绍了质的研究方法和理论在教师研究中的应用。[31]《社会研究的基础：研究过程中的意义和角度》（*The Foundations of Social Research: Meaning and Perspective in the Research Process*）一文，从社会学的角度论述了教师研究的一些方法

㉘ Cully, M, Blythe, A, Stanwick, J and Brooks, L（2004）. Getting the Measure of the VET Professional[R]. Adelaide: National Centre for Vocational Education Research（NCVER）, 2004. http://eric.ed.gov/?id=ED508303

㉙ Hodkinson, P. Technicism, Teachers and Teaching Quality in Vocational Education and Training[J].Journal of Vocational Education & Training, 1998,V50, Issue 2. http://www.tandfonline.com/doi/abs/10.1080/13636829800200045. 2014-12-20.

㉚ McBeath, C. Curriculum Dissemination: a Problematic Issue in Educational Change[J]. Australian and New Zealand Journal of Vocational Education Research,Nov 1997, v5 n2 : 37-55. http://eric.ed.gov/?id=EJ556487. 2013-12-29.

㉛ Chenitz, WC and Swanson, JM . Qualitative Research Using Grounded Theory[J]. Journal of Agribusiness Spring 2005,（1）. http://www.jab.uga.edu/Library/S05-05.pdf. 2014-1-1.

澳大利亚 TAFE 教师专业发展研究

和观点。[32]《自我评估的管理：两个维度的教育质量评估》(*Organisational Self-assessment: Measuring Educational Quality in Two Paradigms*)一文，论述了从教师自身角度运用反思等方法进行自我评估。[33]有关 TAFE 教学的文献表明，目前 TAFE 教师的教学活动场所不局限于学院，TAFE 教师活动范围更加广泛，这也是为了适应企业发展和社区教育在未来的发展趋势。因此，TAFE 教师应多角度、多方面地开展研究，提高自身专业发展水平。

5. 关于 TAFE 教师知识和能力发展的研究

迪克(Dickie)等人在《提高职业教育的专业从业能力》(*Enhancing the Capability of Vet Professionals*)一文中，论述了职业教育教师专业能力的重要性和专业发展内容。[34]费奇(Figgis, J)(2009)在《发展壮大澳大利亚职教实践：从业者驱使的教与学的变化》(*Regenerating the Australian Landscape of Professional VET Practice: Practitioner-driven Changes to Teaching and Learning*)中，述及职业教育教师专业发展的途径，包括教师培训和自主学习等。[35]哥拉斯(Glaser, B)(1978)在《理论灵敏度》(*Theoretical Sensitivity*)中，论述了教师个人发展的基础，包括教师的专业知识和理论基础。[36]哈瑞斯(Harris, R)和西门(Simons, M)(1999)在《优质的职业教育和培训的质量：员工发展何去何从？》(*Quality Vocational Education and Training: Where Does Staff Development Fit?*)中，探讨了职业教育教师的专业发展方向，主要从外部制度的视角来进行分析。[37]玛卡尔(Mulcahy, M)(1996)在《能力展现：培训协

[32] Crotty, M. The Foundations of Social Research:Meaning and Perspective in The Research Process[M]. London: SAGE Publications Ltd,1998. https://uk.sagepub.com/en-gb/asi/the-foundations-of-social-research/book207972. 2013-9-10

[33] Gore, C, Bond, C & Steven, V. Organisational Self-assessment: Measuring Educational Quality in Two Paradigms[J].Quality Assurance in Education, 2000, v8, n2. http://vana.innove.ee/orb.aw/class=file/action=preview/id=14535/Gore+etal+educ+self+assessment+two+paradigms.pdf. 2013-5-10.

[34] Dickie, M Eccles, C Fitzgerald, I and McDonald, R. Enhancing the Capability of VET Professionals[R].Brisbane: Australian National Training Authority,2004.

[35] Figgis, J. Regenerating the Australian Landscape of Professional VET Practice: Practitioner-driven Changes to Teaching and Learning[R]. Adelaide: National Centre for Vocational Education Research, 2009.

[36] Glaser, B. Theoretical Sensitivity[M]. CA: Sociology Press, Mill Valley,1978.

[37] Harris, R and Simons, M. Quality vocational education and training: Where does staff development fit?Paper presented at the Australian Vocational Education and Training Research Association (AVETRA) Conference, Sydney,1999.

澳大利亚 TAFE 教师专业发展研究

议 和 职 教 实 践 》(*Performing Competencies: of Training Protocols and Vocational Education Practice*)中,强调了教师专业发展中的实践知识,以及实践知识的提升和运用。[38]罗宾逊(Robinson, P)(1993)的《教师面临挑战:关于教师能力本位培训的小规模研究》(*Teachers Facing Change: a Small Scale Study of Teachers Working with Competency-based Training*)。[39]史密斯(Smith, E)和基挺(Keating, J)(1997)的《对培训改革和能力本位培训的理解》(*Making Sense of Training Reform and Competency-based Training*),[40]主要从职教改革的角度指出教师专业发展的具体内容、途径等方面都要变化。罗伊(Lowie, T)和史密斯(Smith, E)(1999)在《TAFE 培训 2000——职教教师和培训包》(*TAFE Training 2000—VET Teachers and Training Packages*)中,主要研究了培训包的应用情况。[41]

6. 关于 TAFE 教师管理的研究

学者桑德拉·汉弗莱(Sandra Humphrey)在关于 TAFE 教师入职教育和持续发展方面的研究比较深入,她指出了学院校长或主管领导在员工专业发展方面的重要性。她在多篇文章中提及,要为员工的发展营造积极的氛围,促进教师的工作和学习良性发展。校长应激励员工明确自身与 TAFE 学院的发展目标,协助他们发展,这也是教师、教育工作者和管理者以及重视团队建设的成员的一项基本管理任务。她还列举了一些影响教师专业发展的重要因素,这些因素基于学院的发展,包括获得适当的专业知识、协商机制、明确的政策和程序框架等。她也指出,TAFE 教育系统的变化也反映在 TAFE 教师教育方面。她还列举了 TAFE 教师教育的成果:TAFE 教师的入职资格不断提高;越来越多的毕业生到 TAFE 就职;TAFE 教师的背景更加多元化。她还建议,TAFE 教师教育需要更多的创新项目,并要求教师提高效率,强调评价的重要性。她还主张借调 TAFE 教师到教师教育机构,或到 TAFE

[38] Mulcahy, M. Performing Competencies: of Training Protocols and Vocational Education Practice[R]. Melbourne: Office of Training and Tertiary Education, 1996.

[39] Robinson, P. Teachers Facing Change: a Small Scale Study of Teachers Working with Competency-based Training[R].https://eric.ed.gov/?id=ED364764. 2013-12-10

[40] Smith, E and Keating, J. Making Sense of Training Reform and Competency- based Training[R]. Adelaide: National Center for Vocational Education Research, 1997.

[41] Lowie, T and Smith, E. TAFE training 2000—VET Teachers and Training Packages.1999.

学院进行员工发展培训,特别重视 TAFE 教师的入职培训和继续教育的衔接与连贯性。[42]

许多文献还提到一个新出现的关键问题,即担心教师评价能否成为促进员工发展的一个有效组成部分。马吉恩进行了大量关于 TAFE 高级职员同行评估方面的研究,同行互评在 TAFE 教师专业发展的行动计划中是一个重要的发展步骤和途径。同行互评帮助 TAFE 教师明确他们在工作中的优缺点,帮助每一位 TAFE 教师成为自信且能干的高级 TAFE 教师。同行互评是一个循环的过程,该过程也需要绩效评估,一方面它肯定了 TAFE 教师的工作,另一方面帮助教师继续完善工作规划,从而带动更多的 TAFE 教师得到进一步发展。马吉恩也建议相关部门和人员形成文字性规定,定期保密地评估所有的 TAFE 员工在他们整个职业生涯中各个阶段的专业发展状况。[43]

罗伊(Ryan, R)(1999)的《TAFE 如何变得"反应迟钝":一项修辞研究作为一种教育政策的工具》(*How TAFE Became "Unresponsive": a Study of Rhetoric as a Tool of Educational Policy*)[44]、哈格瑞(Hargreaves, A)(1993)的《个人主义与个性:重新定义教师文化》(*Individualism and Individuality: Reinterpreting the Teacher Culture*)[45]、凯恩(Kaplan, B)和麦斯尔(Maxwell, JA)(1994)的《评估医疗信息系统:方法和应用》(*Evaluating Health Care Information Systems: Methods and Applications*)[46]等几篇文章,都分析了 TAFE 教师工作强度大、待遇低的现象和原因,呼吁相关部门和 TAFE 学院实施行之有效的方法,提高教师待遇,减少 TAFE 教师的不满、抗议甚至是罢工。总之,对 TAFE 学院教师专业发展的论述大多分散地见于教师、教法、教学等相

[42] https://Sandra Hunmphrey blog.twitter.com/2014-7-20.

[43] Mageean, Pauline. The Continuing Education Needs of Academic Staff: Senior College Staff in TAFE.http://files.eric.ed.gov/fulltext/ED286057.pdf. 2013-12-2.

[44] Ryan, R. How TAFE Became "Unresponsive": a Study of Rhetoric as a Tool of Educational Policy. http://psa.asn.au/wp- content/uploads/2013/03/PSA- Submission- Putting-VET-in-NSW-back-together-August-2015.pdf. 2012-12-28.

[45] Hargreaves, A. Individualism and Individuality: Reinterpreting the Teacher Culture. http://citeseerx.ist.psu.edu/showciting?cid=8919114. 2013-8-20.

[46] Kaplan, B, and Maxwell, JA. Evaluating Health Care Information Systems: Methods and Applications[M]. London:SAGE Publications, Inc., 1993.

关研究的报告和论文之中。多数文献着重研究职业教育教师专业发展的一个方面，或专业发展内容，或专业发展途径，或对专业发展的评估，要呈现TAFE学院教师专业发展的全貌，就必须从相关研究中概括和梳理出相关论据。

（二）国内研究概况

国内的相关研究成果主要集中在以下两个方面：一是国际上关于职业教育教师专业发展的整体性研究。这种研究主要关注职业教育发达的国家和地区职业教育教师专业化问题，例如美国和欧盟；二是就职业教育教师专业发展的某一核心问题进行研究，主要是关于教师专业发展核心内容——职教师资培养培训、师资队伍建设的研究，包括：（1）职教发达国家在职教师资队伍建设方面的先进理念与实践经验进行介绍，如卢新予的《国外职教师资队伍建设的有益经验》、商秀梅和刘培军的《中德职教师资队伍建设的比较》、黄侃和凌云的《国外职教师资队伍建设对我国职业教育的启示》等，这些研究主要是通过对一些先进理论成果与实践经验的介绍，通过研究国外职业教育教师，帮助解决当下我国职业教育师资队伍存在的问题，并为我国职业教育师资队伍建设提出一些建议；（2）就职业教育发达国家在职教师资培训、培养体系方面的经验与做法进行介绍，这方面的研究成果占较大的比例，包括国别研究及部分国际比较研究，这其中比较有代表性的有陈永芳与郑建萍的《基于职教师资专业化内涵的培训对策—中德师资培训项目的实践》、贺文瑾的《部分发达国家职教师资培训的特点》、刘渝和李时雨的《中澳职教师资培训课题比较与我国高职师资培养》、牛小燕的《德国职教师资培养体系及其特点》，以及由同济大学职业技术教育学院课题组所承担的教育部全国教育科学"十五"规划重点课题《职教师资培养策略体系国际比较研究》，该课题主要对美国、欧盟和东南亚部分国家和地区职教师资培养进行了研究，内容涉及师资队伍建设、师资职前培养、在职进修等方面。这些研究成果和研究方法对研究澳大利亚TAFE学院教师也有较多的启示。

关于澳大利亚TAFE学院的研究文献有数百篇，主要涉及：TAFE学院的办学模式、人才培养、TAFE学院教育的特点、TAFE学院的教育改革、TAFE学院的课程、师资队伍建设等。

1. 关于TAFE学院的研究

(1)关于TAFE学院的总体研究。例如张丽英的硕士论文《澳大利亚TAFE探究》，文章全面介绍了TAFE学院的形成发展过程和框架体系，也简单介绍了TAFE学院的教师。[47]年大琦的《澳大利亚TAFE的特色及其对我国发展高职的启示》[48]、郝惠珍和游建民的《澳大利亚TAFE职业教育成功的原因及启示》[49]、李英英和张俊的《澳大利亚TAFE发展历程及其对我国的启示》[50]、秦峰的《澳大利亚TAFE及其对当代中国高等职业技术教育的启示》[51]、于海静的《澳大利亚TAFE的研究及对中国高职的启示》[52]等论文，从宏观上研究TAFE学院，论述了高素质教师队伍对于TAFE学院发展的重要性。有的文章涉及教师专业发展的外部制度，有的涉及教师专业发展的政策，有的涉及教师专业发展的管理办法，但都不全面，不系统。

(2)关于TAFE学院办学理念的研究。黄日强的《澳大利亚TAFE学院职业教育的终身教育理念》[53]等文献都强调了诸如终身教育等办学理念对TAFE学院和学院教师的影响，但对于教师专业发展没有做深入论述。

(3)关于TAFE学院办学经验的研究。刘海的《澳大利亚技术与继续教育TAFE改革发展的因素分析》[54]和吕红的《澳大利亚TAFE体制的特点及其对我国高职教育的启示》[55]等文章都提到了TAFE教师，不过只是只言片语地论述了办学模式和办学经验对教师专业发展的影响，至于有哪些具体的影

---

[47] 张丽英. 澳大利亚TAFE探究[D].华东师范大学硕士论文，2004.

[48] 年大琦. 澳大利亚TAFE的特色及其对我国发展高职的启示[J]. 职教论坛，2005(2)：60-63.

[49] 郝惠珍，游建民.澳大利亚TAFE职业教育成功的原因及启示[J]. 石家庄职业技术学院学报，2008(2)：27-30.

[50] 李英英，张俊.澳大利亚TAFE发展历程及其对我国的启示[J]. 十堰职业技术学院学报，2010(5)：7-10.

[51] 秦峰.澳大利亚TAFE及其对当代中国高等职业技术教育的启示[D]. 南京师范大学高等教育学硕士论文，2006.

[52] 于海静.澳大利亚TAFE的研究及对中国高职的启示[D]. 东北师范大学比较教育学硕士论文，2004.

[53] 黄日强.澳大利亚TAFE学院职业教育的终身教育理念[J]. 安徽商贸职业技术学院学报，2009(1)：61-64.

[54] 刘海.澳大利亚技术与继续教育TAFE改革发展的因素分析[D]. 东北师范大学比较教育学硕士论文，2008.

[55] 吕红.澳大利亚TAFE体制的特点及其对我国高职教育的启示[J]. 职业教育研究，2006，10：176-179.

响、如何影响等,文中都没有展开论述。

(4)关于TAFE学院课程方面的研究。赵明星和金俊美的《浅析澳大利亚TAFE课程评价体系的构建》[56]、樊大跃的《澳大利亚TAFE培训包内容及其框架剖析》[57]、聂玲和黄日强的《澳大利亚TAFE学院职业教育课程的实施》[58]、金俊美的《澳大利亚TAFE课程评价研究》[59]等论文都有所论述,即与课程联系最紧密的两个教育元素一个是学生,另一个就是教师,教师对课程有绝对发言权。这些文章对教师专业发展几乎没有涉及或论述很少,这也可以从另一个角度说明,在与课程相关方面,教师的权限有限。

(5)关于人才培养的研究。王联晓的《TAFE人才培养模式探讨》[60]等文论述了TAFE人才培养模式以及目标的变化促使教师专业发展内容、途径和管理方面的变化。这些文章主要阐述了TAFE人才培养模式和人才培养目标的变化,为本研究提供这方面的资料。

(6)关于TAFE学院管理方面的研究。黄永刚的《学习与思考——澳大利亚TAFE管理模式浅析》阐述了TAFE的教师管理是TAFE学院管理的一个方面[61]。从指导政策角度研读夏伟的《职业教育的国家战略——对澳大利亚TAFE的思考》[62]以及从教学管理角度研究贺彩铃的《澳大利亚TAFE教育中的教学特点分析与借鉴》[63]。从这些研究中我们可以找到教师教学技能方面的信息。

2. 关于TAFE教师专业发展的研究

(1)关于TAFE教师发展外部制度的研究。在沃斌峰的《澳大利亚TAFE

[56] 赵明星,金俊美.浅析澳大利亚TAFE课程评价体系的构建[J].中国电力教育,2010(7):104-107.

[57] 樊大跃.澳大利亚TAFE培训包内容及其框架剖析[J].中国职业技术教育,2007(8):57-60.

[58] 聂玲,黄日强.澳大利亚TAFE学院职业教育课程的实施[J].黄河水利职业技术学院学报,2007(4):68-71.

[59] 金俊美.澳大利亚TAFE课程评价研究[D].河北大学比较教育学硕士论文,2009.

[60] 王联晓.TAFE人才培养模式探讨[J].宁波工程学院学报,2005(2):110-113.

[61] 黄永刚.学习与思考——澳大利亚TAFE管理模式浅析[J].天津职业大学学报,2001(1):49-52.

[62] 夏伟.职业教育的国家战略——对澳大利亚TAFE的思考[J].中国高教研究,2012(1):90-93.

[63] 贺彩铃.澳大利亚TAFE教育中的教学特点分析与借鉴[J].成人教育,2011(9):121-124.

学院教师专业化的举措及其启示》⑥中，"举措"应理解为教师专业发展的政策和途径。文章中列举的教师资格制度、教师专业标准、教师培训等是职业教育教师专业发展的具体途径，也是教师专业发展的外部制度。

（2）关于TAFE教师素养的研究。李世业的《澳大利亚TAFE教师的特点分析》涉及了教师专业发展的具体内容，但是对教师专业素养的提高缺少深层次的分析，还是描述性的研究。⑥

（3）关于TAFE教师专业标准体系的研究。莫玉婉和莫春雷的《澳大利亚TAFE学院高职教师资格标准探析》从入职资格方面展现了TAFE教师专业发展的一个片段⑥。需要澄清的是，TAFE学院不仅仅是高等职业教育的承担者，也是职业教育和成人教育的承担者，TAFE教师入职资格的最低规定具有统一性。

（4）关于TAFE教师师资队伍建设方面的研究。赵聪的《澳大利亚TAFE学院师资建设》⑥、宫絮的《澳大利亚TAFE学院师资队伍建设的特色及其启示》⑥、陈祝林和王建初的《澳大利亚TAFE学院的师资队伍建设》⑥等文章都比较详细地介绍了TAFE教师的结构，并从不同角度介绍了澳大利亚TAFE学院师资队伍建设的途径、师资建设的成果，分析了师资建设的方法以及对我们的启迪。

（5）关于TAFE教师个案的研究。翁朱华在《澳大利亚TAFE教师发展的实践模式及其启示》中，从师资培训角度对具体个案进行了分析，以TAFE新悉尼学院为例翔实剖析了教师专业发展的实践模式，对TAFE教师专业发展的内部制度和外部制度均有所涉及。⑦

⑥ 沃斌峰. 澳大利亚TAFE学院教师专业化的举措及其启示[J]. 外国教育研究, 2009（5）: 92-95.

⑥ 李世业. 澳大利亚TAFE教师的特点分析[J]. 职业技术教育, 2006, 17: 96-99.

⑥ 莫玉婉，莫春雷. 澳大利亚TAFE学院高职教师资格标准探析[J]. 纺织教育, 2011（2）: 169-172.

⑥ 赵聪. 澳大利亚TAFE学院师资建设[J]. 黑龙江教育学院学报, 2010（12）: 30-33.

⑥ 宫絮. 澳大利亚TAFE学院师资队伍建设的特色及其启示[J]. 天津职业院校联合学报, 2013（10）: 43-46.

⑥ 陈祝林，王建初. 澳大利亚TAFE学院的师资队伍建设[J]. 职教论坛, 2004, 21: 63-66.

⑦ 翁朱华. 澳大利亚TAFE教师发展的实践模式及其启示[J]. 全球教育展望, 2011（8）: 45-50.

(6)关于中外教师专业发展的比较教育研究。李明的《澳中"两种"高职学院教师培养、任职、培训比较研究》[71]从比较教育的角度分析了教师专业发展的具体途径和效果,寻找中澳两国在教师专业发展的途径方面的异同点,从中借鉴经验,服务于我国职业教育教师专业发展。

(7)其他关于TAFE教师的研究。陈龙和徐跃进的《论澳大利亚TAFE学院校园文化的形成》[72]一文指出,教师也是校园文化的载体。潘绍来的《TAFE教育的证书体系及思考》[73]和张文静的《澳大利亚TAFE对我国两个证书衔接的启示》[74]论述了TAFE教师在促进证书衔接方面需要进行的努力。

(三)已有研究的评价

就研究数量而言,在涉及TAFE教师专业发展的研究文献中,外文文献多于中文文献,澳大利亚的相关研究最为丰富,可为本研究提供大量的参考数据和背景资料。就研究内容而言,以TAFE教师专业发展为对象的研究,主要见于澳大利亚本国的研究。从国内的研究来看,系统研究TAFE教师专业发展的文献则非常少见。

1. 澳大利亚本国相关文献的评价

澳大利亚本国关于TAFE教师专业发展的研究文献时代感强,紧密联系TAFE教师专业发展的实际情况。不同的历史时期,文献研究的焦点明显不同。在TAFE发展的早期,研究焦点集中在TAFE教师专业化方面,TAFE教师专业发展迫切要求建立一支专业化的教师队伍。经过逾十载的发展,TAFE教师专业发展的研究重点转移到了大幅度提高专业素质方面,研究更多的是制度建设、专业发展途径、专业发展内容等方面的问题。文献中研究报告形式的比例比较大,这类文献对TAFE教师专业发展提出了明确要求。在这些文献中,分析问题的居多,主要就TAFE教师专业发展中出现的问题及原因,给出改革建议,以此来推动澳大利亚TAFE教师专业发展的实践。

---

⑦ 李明. 澳中"两种"高职学院教师培养、任职、培训比较研究[D]. 天津师范大学硕士学位论文, 2012.

⑫ 陈龙, 徐跃进. 论澳大利亚TAFE学院校园文化的形成[J]. 职教通讯, 2013(10):51-54.

⑬ 潘绍来. TAFE教育的证书体系及思考[J]. 南通纺织职业技术学院学报, 2002(4):48-51.

⑭ 张文静. 澳大利亚TAFE对我国两个证书衔接的启示[J]. 高等函授学报(哲学社会科学版), 2009(3):20-23.

TAFE 进入改革发展阶段,TAFE 教师专业发展日趋完善,保障充分。这个阶段的文献显示,关于 TAFE 教师专业发展的研究呈现多样性,研究者多运用质性分析方法探讨 TAFE 教师的知识结构、能力结构、专业发展途径,分析和反馈现有 TAFE 教师专业发展政策及标准的有效性等问题。总之,澳大利亚本国的研究文献内容丰富,研究角度多样,资料数据翔实。但是文献中的研究对象通常是针对 TAFE 教师专业发展的具体现象或问题,而呈现 TAFE 教师专业发展全貌的研究文献较少。

2. 国内相关文献的评价

国内的研究文献总体数量不及澳大利亚本土文献多,文献涉及的 TAFE 教师专业发展的时间跨度从 20 世纪末至今,而且绝大多数都是近年的研究成果,但是相关研究的文献数量增长很快,从中可以看出,对澳大利亚 TAFE 教师专业发展的关注度在不断提高,这已然成为研究热点。然而,国内关于 TAFE 教师专业发展的研究文献多数以介绍为主,主要集中在 TAFE 教师专业发展的概况介绍、TAFE 教师专业发展标准的介绍,以及考察结果的陈述上,缺乏全面系统呈现 TAFE 教师专业发展的研究文献。

总体而言,关于澳大利亚 TAFE 教师专业发展的研究不系统、不全面、不深入。因此,有必要对其进行系统、全面且深入的研究。

四、研究思路与研究方法

(一)研究思路

首先从梳理关于澳大利亚 TAFE 教师专业发展研究的文献入手,阐释关涉本研究的若干核心概念,包括 TAFE、TAFE 学院、TAFE 教师、国家资格框架、培训包等,为本研究确立理论框架和研究范畴。

然后通过历史的梳理,论述 TAFE 教师专业发展的历史阶段和每个阶段的发展概况,对 TAFE 教师专业发展的各个历史阶段的背景、内容、制度、标准、阶段特点进行探究。TAFE 教师专业发展的历史与 TAFE 的发展历史是分不开的,TAFE 教师专业发展的历史是一个动态的、不断变化的过程。

在此基础上,全面阐述 TAFE 教师专业发展的基本制度和专业发展的目标与内涵等,分析 TAFE 学院教师专业发展的标准和规章制度,包括资格制度、教师专业发展标准以及专业发展途径等。

在探究TAFE教师专业发展的全貌之后，采用案例分析的方法，以维多利亚州和新南威尔士州的TAFE教师专业发展为例，详细分析TAFE教师专业发展的内容和实施制度，用事实证明TAFE教师专业发展的规制及实施。

从政治、经济、教育发展、利益集团等角度进一步寻找影响TAFE学院教师专业发展的因素，例如，政治、经济方面的因素及历史文化传统的影响。

之后，概括总结澳大利亚TAFE教师专业发展的经验与特点，阐述TAFE教师专业发展存在的问题和面临的具体挑战。

最后，结合我国教师专业发展存在的问题，系统阐释TAFE教师专业发展经验对我国职业教育教师专业发展的具体启示。研究总体思路见图1-1。

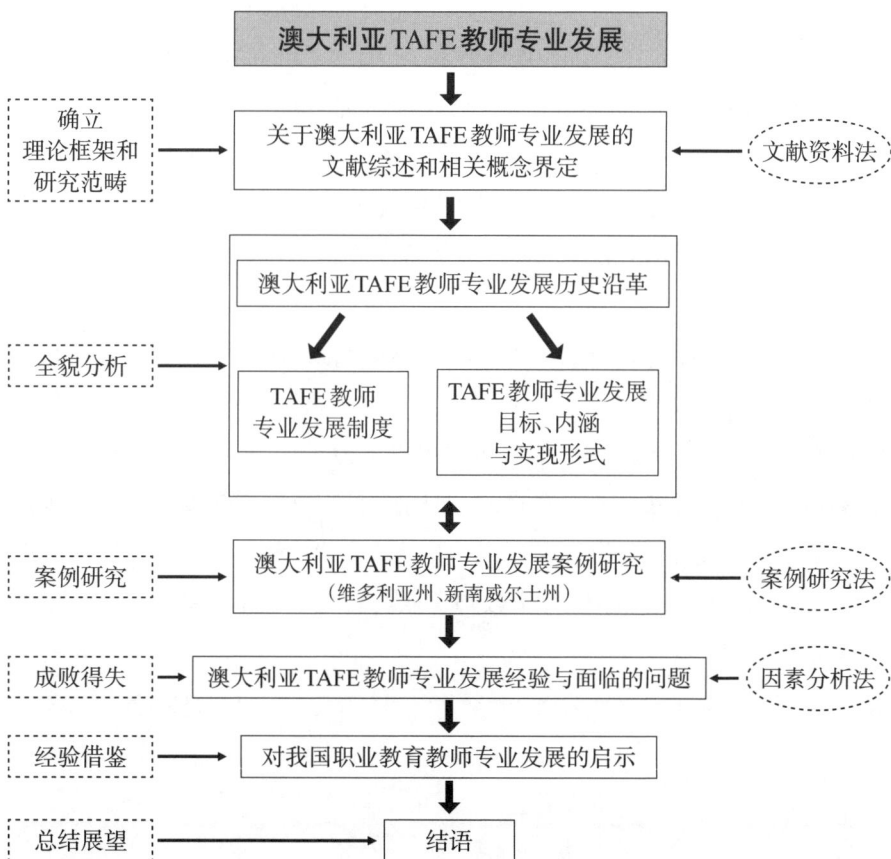

图1-1 研究思路图

(二)研究方法

澳大利亚TAFE教师的专业发展是一个系统问题,只有运用多种研究方法,从不同的维度入手,才能比较全面和深入地揭示其内外部关系和发展规律。本研究主要运用文献资料法、案例研究法、因素分析法等多种方法。

1. 文献资料法

文献资料法是指搜集和分析研究各种现存的文献资料,从中选取信息,以达到某种研究目的的方法。本研究通过对澳大利亚TAFE教师专业发展的相关文献进行整理与分析,发现其中有价值的信息。基本步骤包括文献搜集、摘录信息、文献资料分析等诸多环节。

2. 案例研究法

案例研究法指的是对某一个体、某一群体或某一组织在较长时间里(几个月、几年乃至更长时间)进行连续调查,系统地了解和收集数据和资料,从而发现研究对象发展变化的全过程,这种研究方法也称个案研究法(case study method),是一种收集特定个人的各种有关资料并在此基础上得出结论的方法。本研究通过对维多利亚州等TAFE教师专业发展的案例进行梳理分析,从而获得TAFE教师专业发展的真实经验。

3. 因素分析法

因素分析法指的是分析影响某一事物的因素有哪些、影响的方向程度如何、各因素之间如何相互作用以及我们怎样去改变这些影响的因素,从而改变这一事物的一种分析问题和解决问题的方法。它的实质是分析事物的普遍联系。因为联系是普遍存在的,所以影响某一事物的因素是多种多样的。本研究采用因素分析法来探究分析澳大利亚TAFE教师专业发展的内外影响因素,从中找到促进TAFE教师专业发展的经验和规律。

第二章 澳大利亚TAFE教师专业发展的相关概念阐释

技术与继续教育(TAFE)是澳大利亚职业教育与培训(VET)系统的核心组成部分及主要承担者。澳大利亚TAFE教师的专业发展水平保障了TAFE的高质量教学水平。TAFE教师的专业发展遵循了职业教育的规律和职业教育教师专业发展的规律。TAFE教师的专业发展以澳大利亚国家资格框架和职业教育教师专业发展标准为依据,在联邦政府和州政府的监督管理下进行。为了准确理解与阐释TAFE教师的专业发展的实际情况,在此,首先对本研究涉及的主要相关概念做系统的阐释。

一、教师专业发展

教师专业发展这一概念从本质上说,是教师个体专业不断发展的过程,是教师不断接受新知识、增长专业知识、增强专业能力的过程。[75]国外学者对教师专业发展内涵的界定,归纳起来主要有三种:第一种是指教师的专业发展过程;第二种是指促进教师专业发展的过程;第三种认为两种含义兼而有之。霍伊尔(Hoyle, E)认为,教师专业发展是指在教学生涯的第一阶段,教师掌握良好专业实践经验所必备的知识与技能的过程。佩里(Perry)认为"专业"一词就有多种含义,不同的人在使用它时可能代表不同的价值取向。就其中心意义而言,教师专业发展意味着教师个人在专业生活中的成长,包括信心的增强、技能的提高、对任教学科知识的不断更新、拓宽和深化

⑦⑤ 教育部师范司.教师专业化的理论与实践[M].北京:人民教育出版社,2003: 50.

以及对自己在课上为何这样做的原因意识的强化。就其最积极意义来说，教师专业发展包含着更多的内容，它意味着教师已经成长为一个超出技能范围而有艺术化表现的人；成长为一个把工作提升为专业的人；成长为一个把专业知识和技能转化为权威的人。富兰(Fullan, M.)和哈格里夫斯(Hargreaves, A)指出，在使用教师专业发展这一词汇时，既指通过在职教师教育或教师培训而获得的特定方面的发展，也指教师在目标意识、教学技能和与同事合作能力等方面的全面的进步。利伯曼(Lieberman, A)认为，教师专业发展关注教师本身持续的实践能力发展，把教师看作一个成年学习者。教师专业发展的概念还把教师看作一个"反思实践者"，一个具有缄默知识基础的人，能够对自己的价值和与他人关系不断进行反思和再评价的人。教师专业发展代表了一种更为开放的思想，它不仅是教师与学生一起改进其实践的途径，它还意味着在学校中建立起一种相互合作的文化，在这一文化中教师相互学习的行为受到鼓励和支持。格拉特霍恩(Glatthorn, A)认为，教师发展即"教师由于经验增加和对其教学系统审视而获得的专业成长"。

国内学者认为，教师专业发展是指教师内在专业结构不断更新、演进与丰富，成为成熟专业人员的过程。本文采用我国学者普遍认同的概念："教师专业发展指的是遵循教师专业发展的主体性原则、交往性原则和实践性原则，由非专业人员逐渐成长为专业人员的过程，即教师的内在专业结构不断丰富和提高的过程。"[76]主要是指专业知识与技能技巧的丰富与娴熟，专业信念与理想的坚持与追求，专业情感与态度的深厚与积极，教学风格和品质的独特与卓越。[77]具体说，是教师根据专业发展的目标规划，通过专业发展的活动和途径，提高专业精神、专业知识、专业能力水平，更新教育观念，从一个成长阶段不断进入更高成长阶段的过程。教师专业发展内容包括专业知识、专业技能、专业伦理、专业精神、专业智慧等。专业知识和专业技能是教师专业发展的基础，专业精神是专业发展的动力，专业伦理是教师专业发展的保障，专业智慧是教师专业发展的最高追求和集中体现，它们在教师专业发展中相互联系，相互促进而有机融为一体。[78]

---

[76] 叶澜等.教师角色与教师发展新探[M].北京:教育科学出版社,2001:225.

[77] 钟祖荣. 现代教师学导论:教师专业发展指导[M].中央广播电视大学出版社,2001:1.

[78] 俞洁婷.澳大利亚政府优质教师计划研究[M]. 北京:教育科学出版社,2013:125.

澳大利亚TAFE教师专业发展研究

此外,教师专业发展还包括促进和保障教师专业发展的各种规章制度,如教师资格制度、招聘制度、评价和管理等制度。

二、TAFE教师专业发展

TAFE教师是职业教育教师,包括从事职业教育或评估审查的教师。关于TAFE学院的教师专业发展,澳大利亚本土学者将其界定为在职教师教育,以区别于职前的教师教育,限定教师发展的阶段从入职开始,涵盖教师工作的整个过程。西方研究教师专业发展的学者中,有人认为教师专业发展是整个职业生涯发展,还有人认为应包括教师的培养与培训。由于TAFE教师绝大多数是来源于企业或行业一线,所以,对TAFE教师专业发展的研究起点划定为入职伊始,入职后的专业发展过程贯穿整个职业生涯。在这个过程中,TAFE教师个体专业不断发展的历程是指TAFE教师不断更新知识,提升专业能力,提高专业素质的过程。同时,由于TAFE教师的来源多元化,入职前的职业背景和教育背景丰富多样,因此,作为TAFE教师的专业发展过程只从入职开始考量。

无论是专职教师还是兼职教师,TAFE学院按照终身教育的理念,对每一位教师从入职前到入职后都做了详细的规定,并为每一位教师的专业发展提供机会和保障。TAFE教师专业发展贯穿其整个职业生涯。

澳大利亚教师专业标准把教师专业发展分为四个阶段:毕业期、胜任期、成熟期和领导期。根据澳大利亚教师专业标准和TAFE教师专业标准,结合TAFE教师自身特点,在不同的政策背景下,TAFE教师的划分级别和称谓不尽相同,但新教师专业发展是TAFE教师专业发展的重点。根据职业教育教师专业发展理论,TAFE教师专业发展内容包括教育教学知识和技能、专业知识和技能、教师专业情意等方面。在关于澳大利亚TAFE教师专业发展的相关研究中,对于教师专业道德、专业信仰、专业情感等方面有的统称为教师一般品质(general personality),有的称之为教师情意,在本文中统称为"教师专业情意"。

---

⑲ 赵玉.澳大利亚职业教育教师专业发展探析[J].职教论坛2010 (27): 91-92.

（一）TAFE教师专业制度

TAFE教师专业发展制度是包括联邦政府、州政府和学院层面的法律规定和政策要求等，具体包括TAFE教师招聘制度、在职培训制度和教师管理制度等。针对新教师和老教师的不同，教师的需求不同，对TAFE教师专业发展的具体要求也有不同。

（二）TAFE教师专业标准

TAFE教师专业标准的具体规定以培训与评估培训包的形式呈现。这些标准对TAFE教师应达到的知识水平和能力水平做了详细的规定。标准中对TAFE教师应具备的人格品质没有特定的描述和规定，而是融合渗透在具体的能力规定之中。TAFE教师专业发展标准翔实而具体，易于操作。

（三）TAFE教师专业发展内涵

TAFE教师专业发展内涵主要涉及知识的扩充和能力的提高。知识基础包括教育教学知识和专业知识；能力包括教育教学能力和所从事行业的专业能力。TAFE教师专业发展的主要目的是不断提高专业能力。TAFE教师的专业能力是指扎实的行业知识和丰富的经验，能力的评定通常结合相关行业资格。具有专业能力的TAFE教师熟悉职业的内容，并具有最新的业内经验。专业能力根据行业的不同而要求不同，这主要考虑和参照相关评估准则的规定而确定。TAFE教师专业发展不同于其他类型教育的教师专业发展，其工作领域涵盖教育和经济两个方面，因此，TAFE教师专业发展不仅仅是教育知识与教学能力的发展，也包括专业知识和专业技能的发展，以及良好的个人品格的发展。

三、职业教育与培训（VET）

澳大利亚职业教育发展可以分为四个阶段：19世纪早期到二战前的萌芽阶段；二战后到20世纪60年代的起步阶段；20世纪70~80年代的调整改革阶段；20世纪90年代以后的平稳发展阶段。每个阶段的发展重点不尽相同,并呈现出不同的特点。19世纪早期,以手工业为主的学徒制从英国传入澳大利亚,学徒制在各州通过各种不同的方式在不同的行业与职业领域逐渐普及,影响不断扩大。技工协会、技术学院、中等技术学校以及其他一些职业技术教育与培训机构以各种不同的方式逐渐建立起来。进入20世纪60年代,技术学院发展迅速,高等教育学院开始建立,早期的 TAFE 开始发展。20世纪70年代到80年代间,TAFE 学院的地位得到政府认可,澳大利亚职业教育与培训(VET)体系开始逐渐形成,职业教育地位得到确立;普通高中课程设置大量调整,间接影响了 TAFE 的课程和学生;高等教育学院的职业教育功能开始削弱;职业教育的科研活动日趋繁荣;多项培训计划不断开展。20世纪90年代以来,澳大利亚的职业教育以能力本位教育为核心,不断开发新型课程;《培训保障法》开始实施,国家培训署成立;国家资格框架体系开始建立与实施;新学徒制体系也开始建立。经过澳大利亚政府、企业和学校等多方努力,形成了相对成熟与完善的现代职业教育体系,该体系与普通教育和高等教育有机衔接,形成了各种人才培养的"立交桥"模式。

(一)澳大利亚职业教育与培训的结构

澳大利亚职业教育与培训(Vocational Education and Training,VET)是高等教育的重要组成部分,担负着职业教育和培训的任务,为全社会提供职业教育、职业认证服务和技术技能培训。[80]澳大利亚职业教育与培训(VET)也是一个庞大的独立的职业教育系统,在澳大利亚国家资格框架(Australian Qualifications Framework)、澳大利亚质量培训框架(the Australian Quality Training Framework)和行业培训包(Industry Training Packages)的架构下开展各种职业教育活动。澳大利亚职业教育与培训(VET)具体提供者是在国家注册的培训机构,包括技术和继续教育机构(TAFE)、成人和社区教育机构、农业院校、私人教育机构、社区组织、行业技术中心、商业和企业培训中心等。此外,一些大学和学校也提供职业教育和培训,例如墨尔本理工学院(Melbourne Polytechnic)等高等院校在一些特定行业里提供教育服务。这些也使得澳大利亚的职业教育和高等教育之间的

---

⑧0 Vocational Education and Training. http://www.training.nsw.gov.au/vet/2016-3-10.

界限出现模糊的趋势。[81]上述这些教育机构为澳大利亚提供了全国统一的职业教育与培训。澳大利亚职业教育与培训对澳大利亚经济发展至关重要,它保证了澳大利亚技术人才的培养和培训,并成为澳大利亚的一个重要行业。

(二)澳大利亚职业教育与培训的主要职能

澳大利亚职业教育与培训的主要任务是帮助学生获得就业所需的各种资格和特定的技能。职业教育与培训覆盖了办公室工作、零售业、酒店服务业和各类技术领域等,可以颁发的资格证书范围从二级证书到四级证书以及文凭和高级文凭。职业教育与培训的学生通常是已经完成中学教育的学生和成人。澳大利亚职业教育与培训还包括学徒制度,既包括贸易领域的传统学徒制,也包括面向服务性行业的新学徒制。职业教育与培训为学徒制的学生提供学校和工作场所培训。学徒制通常持续三至四年,学生和学员毕业获得的资格和证书全国通用。

(三)澳大利亚职业教育与培训的管理

各级政府是职业教育与培训的主要管理者和实施者,负责制定政策法规,监督政策实施,监管教学,提供资金支持等。具体负责部门包括联邦政府和州政府的教育与就业部门。澳大利亚职业教育与培训的共同参与者还包括一些行业机构和组织,例如州立培训中心、学徒中心、其他培训中心等。这些机构和组织与政府相关部门和职业院校联系紧密,为职业教育与培训(VET)提供资金、咨询、参与管理、进行教育与培训。另外,还有一些组织机构,如国家职业教育研究中心(The National Centre for Vocational Education Research, NCVER),负责调查研究、数据统计、组织和实施职业教育与培训项目等。国家职业教育研究中心是澳大利亚国有的非营利性公司,负责收集、管理、分析、评估职业教育与培训的相关信息,负责相关组织和人员间的沟通工作。[82]此外,一些知名行业专家和权威机构等也通过自身的影响力,影响着澳大利亚的职业教育与培训。

---

[81] https://en.wikipedia.org/wiki/Vocational_education#Australia. 2016-3-10.

[82] NCVER homehttp://www.ncver.edu.au/wps/portal/vetdataportal/ncverhome/aboutncver/ncverhome/!ut/p/a1/04. 2015-1-12.

四、技术与继续教育（TAFE）

澳大利亚的教育分为学历教育和非学历教育两个系统。学历教育包括小学、中学和大学。非学历教育包括全国各地设立的专门从事初级、高级职业技术培训和继续教育的学校。技术与继续教育是澳大利亚职业教育与培训的重要组成部分。TAFE 是英文 Technical and Further Education 的首字母缩写，即技术与继续教育，通常被称为"技术教育"。"1997年，布鲁斯·摩尔主编的《当代澳大利亚英语简明牛津词典》对 TAFE 的解释为：技术与继续教育，一种提供技术和职业课程的高等教育体制；提供这种课程的学院，当前介于中学和大学之间的澳大利亚高等教育体制的第三部门，即属于专科层次的高等教育。"[83]它是澳大利亚一种独特的职业教育培训体系，是义务教育后最大的教育与培训组织，是国家职业教育和培训（VET）的主要提供者。TAFE 也是一个庞大的技术与继续教育体系，覆盖整个澳大利亚。

TAFE 主要提供高等职业教育课程，课程包括全国培训系统中规定的资格课程、澳大利亚资格框架和澳大利亚质量培训框架中的资格课程。主要专业包括商业、金融、酒店、旅游、建筑、工程、视觉艺术、信息技术和社区工作等领域。承担技术与继续教育的机构称为 TAFE 机构，主要是 TAFE 学院。在许多情况下，TAFE 教育获得的学分可以与大学学士学位课程学分等值。从2002年开始，TAFE 教育部门能够为学生提供学士学位和研究生文凭课程，尤其是行业急需的重点专业。2009年6月，有10所 TAFE 学院（主要在新南威尔士和维多利亚州）可以授予学位证书和研究生文凭。墨尔本理工学院（Melbourne Polytechnic）从2015年开始提供两种硕士学位课程。[84]另外，一些大学，例如查尔斯达尔文大学（Charles Darwin University）和皇家墨尔本理工学院（Royal Melbourne Institute of Technology）也提供职业教育课程（传统上属于TAFE），其费用由所在州和领地政府承担。一些高中也能够提供开发和认证的 TAFE 课程。[85]而大学则有权力和能力来设计和提供自己

---

[83] 李丽. 澳大利亚职业教育教师专业发展能力标准开发与认证研究[J]. 职教论坛, 2013（30）: 89-91.

[84] Melbourne Polytechnic Annual Report. https://en.wikipedia.org/wiki/Vocational_education#Australia.2012-5-10.

[85] Department of Education, Employment, and Workplace Relations, Full Fees and FEE-HELP. http//www.gov.au. 2011-9-19.

的学位课程,每种TAFE学位课程必须经过高等教育认证委员会(Higher Education Accreditation Committee,HEAC)的评估和批准。[86]一些私人机构也可以提供TAFE课程,但是,他们通常提供TAFE不教授的职业教育和培训课程。很多澳大利亚人把所有的副学位课程都称为TAFE课程,不管属于哪些机构开发或提供的课程。在1990年代之前,TAFE几乎垄断了全部的职业教育。TAFE为学生提供学习机会并能够帮他们获得证书资格、文凭资格或高级文凭资格。

(一)TAFE学院概况

TAFE学院是综合性的教育机构,是实施TAFE教育的主要机构。TAFE学院是澳大利亚政府开办的最大的职业技术培训机构,它直接面对产业、企业和个人的需求,为他们提供灵活性的培训和咨询服务。TAFE学院负责澳大利亚国家资格框架(AQF)规定的资格认证,包括一级证书、二级证书、三级证书、四级证书、文凭、高级文凭、毕业证书和研究生文凭资格。TAFE学院通常有四方面的教育:(1)证书教育,即获得行业证书的培训。这种教育针对全体澳大利亚公民(包括移民)。这类证书按照行业职务分为一至四级,即获得某级证书就可以从事某种行业、某种职务的工作。这类证书政府和行业都予以承认。(2)文凭教育。这类教育分为文凭和高级文凭两个层次。高级文凭班所学的课程比文凭班多。这两种文凭证书相当于我国的大专学历,这些学生毕业后可以分别进入初、中级管理层工作,同时,所得学分可以获得大学的认可。(3)普通高中的补课。这类教育主要是针对没有完成高中教育的澳大利亚的公民(包括移民),为他们升入大学服务。(4)中学阶段11~12年级的劳动技术课程。中学生可以通过它获得行业证书四级中的一、二级证书。澳大利亚的TAFE教育与普通高等教育没有等级之分,在经济社会发展中的作用越来越大。

TAFE学院是建立在基于终身教育理念之上的教育机构。TAFE学院的历史可以追溯至19世纪早期,至今已有近200年的历史。TAFE的前身是技术教育(Technical Education)。1973年3月,联邦政府成立了澳大利亚技术

---

86 Rebecca Scott.TAFE Gears Up to Offer Degrees[J]. The Age, 2002(7):29-30.

与继续教育委员会(Committee of Technical and Further Education),明确提出把技术教育与继续教育、学历教育与岗位培训结合到一起,实行柔性的教育培训方式等一系列主张。1977年TAFE网络诞生不久就有196个机构相继成立,这些机构有各种名称,有的称为技术与继续教育学院,有的称为技术与继续教育学校。[87]经过几十年的发展,它们已经形成了覆盖面非常广的教育系统。如今,TAFE学院已经遍布全国各地甚至澳大利亚境外。TAFE学院的这种广泛的地理分布形式保证了TAFE学院为澳大利亚高等教育培养的人数最多。由于TAFE学院分布广泛,其开设的教育专业也不尽相同,一些规模比较大的学院开设专业众多,比如悉尼技术大学依托大学的优势,拥有较强的师资力量,能够提供全方位的课程。一些规模比较小的学院,多数是兼职教师任教,有的借用中小学校作为教学场所,有的开设夜校。经过不断的发展,1998年后,TAFE要求各行业将本行业的职业技能标准集成为培训包,各TAFE学院必须根据培训包的要求设置新课程、组织教学和考核。政府教育机构及职业教育培训机构和TAFE管理机构的调整和合并,形成了今天庞大而有效的TAFE学院和TAFE体系。

　　TAFE学院主要有两种设置模式:一种是独立设置的TAFE学院,绝大多数的TAFE学院属于这种模式。独立设置的TAFE学院往往设若干校区或专业学校。另一种是附设在大学里的TAFE部。由于TAFE体系的不断发展和完善,近年来,在澳大利亚TAFE学院学习的大学毕业生总人数是从TAFE学院毕业后到大学学习总人数的8倍。[88]这种建立在终身教育理念上的TAFE体系,使人们可通过分步骤来实现受教育的目标,并根据当时的社会环境、行业、专业和岗位的需求来逐步调整受教育的阶段和过程。学员可以用学历、学分累计和对某一个专业领域内的技能掌握情况来尽快找到工作岗位,并综合社会对不同岗位的人力资源标准的设定,来规划个人生涯发展,通过再继续接受教育来达到专业知识的积累及技能结构调整的目标。这样可以更合理地对自己的教育投资进行阶段性的分配,而这种教育投资可使人们

[87] Technical and Further Education Council. The Formal Preparation of TAFE Teachers in Australia[R]. Canberra: Australian Government Publishing Service, 1978, 5.

[88] Australian Qualifications Framework - Wikipedia, the free encyclopedia https://en.wikipedia.org/wiki/Australian_Qualifications_Framework. 2013-5-6.

澳大利亚TAFE教师专业发展研究

更有效快速地构建起个人工作发展平台并得到合理的回报。

澳大利亚TAFE学院分布广泛,在大多数情况下是按地理区域分布的。大多数TAFE学院可以为所在地区服务。例如,位于布里斯班的贸易和技术学院(Trade and Technician Skills Institute)(从2006年7月1日开始),为昆士兰州专门培养汽车、建筑、制造、工程和电子/电气方面的技术人才,墨尔本威廉安格里斯TAFE学院(William Angliss Institute of TAFE)可为维多利亚培养食品、酒店和旅游行业的专门技术人才。

(二)TAFE 的发展阶段

现有文献一般认为,自TAFE学院诞生以来,TAFE主要经历了三个阶段:创立阶段(1972~1982)、发展阶段(1983~1992)和改革阶段(1993~今)。其中也有文献以1987年为节点把它划分为两个阶段。虽然在发展阶段划分上有着细微的差别,但基本时间段是一致的。在这里,我们把它划分为三个发展阶段。

1. TAFE创立时期(1972-1982)

TAFE创立伊始,澳大利亚六个州都有TAFE学院,其中四个州的TAFE由州政府的教育部门负责管理。在新南威尔士州和澳大利亚南部,政府建立单独的部门负责管理TAFE学院。在澳大利亚首都直辖区,TAFE由联邦政府的教育部负责管理。而在北方土著人属地,TAFE由联邦教育部门和达尔文社区学院共同管理。除了这些主管的政府部门,TAFE的管理者还包括一些团体。TAFE的职业课程有的由一些高等学校负责设置,有的州是由农业学院负责设置。许多团体也参与成人教育项目,例如新南威尔士的成人教育董事会和维多利亚的成人教育委员会。还有许多历史悠久的志愿者机构,比如工人教育协会。此外,还有其他由志愿者组成的正式和非正式的小型组织。

TAFE学院的规模和所提供的教育服务差异很大。大城市里的TAFE学院拥有最大的个人注册系统,一些大型的机构提供全方位的课程。许多较小的机构充分利用兼职教师的条件,经常用中小学的设施或其他社区中心作为夜校的授课场所。

澳大利亚TAFE学院不仅在规模和类型方面差异很大,而且所提供的课程也同样呈现多样化。TAFE机构在课程管理上没有统一的正式考试入学要求，为各种各样的教育背景和生活经验的人提供机会。TAFE学生有的是一些没有念过书或没有接受过中学教育的学生，也有一些学生只有中等教育基础，也不乏高等教育院校的毕业生。TAFE为年轻人首次就业准备提供课程，为经验丰富的工人继续学习提供课程，也为管理员和经理提供所需要的课程。

澳大利亚各州TAFE所提供的课程均不一样，全国约五分之一的TAFE课程提供学徒或贸易培训，越来越多的课程已经与"技术"关联不大，许多职业技术课程为技术人员和跨行业人员的学习服务。TAFE课程为学习者提供就业之前的培训和其他职业教育。TAFE课程之所以越来越重要，不仅因为它为第一次就业的人提供职前准备，而且也为成人教育提供课程。

TAFE成立初期，TAFE的学生数量多得惊人，当时就有超过一百万人接受某种形式的技术和继续教育。在澳大利亚，就学生规模而言，TAFE是迄今为止正式的学校后教育中除了大学和学院外最大的教育部门。1976年，18岁以上的澳大利亚人有50,000多人在TAFE注册接受职业教育或职前教育。[89]TAFE为年轻人提供的学校后教育机会是其他教育机构不可替代的。

TAFE的意义并不局限于提供给年轻人学习的机会。1976年，在TAFE的所有学习者中，64%的人年龄在20岁以上；在职业和预备课程学习者中，20岁以上大约占59%。对于年龄在30岁以上的学习者而言，TAFE是学校后教育的主要提供者。[90]

2. TAFE发展阶段（1983~1992）

这一阶段，TAFE的发展虽然呈现先"扬"后"抑"的特征，但却逐渐从不成熟向成熟过渡。

这个阶段的前半期，由于澳大利亚社会失业问题亟待解决，政府当局对TAFE采取积极的政策和资金支持，因此，TAFE学院规模不断扩大，数量上

[89] Technical and Further Education Council. The Formal Preparation of TAFE Teachers in Australia[R]. Canberra: Australian Government Publishing Service.1978:7.

[90] Technical and Further Education Council. The Formal Preparation of TAFE Teachers in Australia[R]. Canberra: Australian Government Publishing Service.1978:10.

升,到1982年TAFE学院注册学生大约95万人,[91]而后学生的注册人数增长缓慢,时而出现减少的现象。秉承服务于弱势群体的传统,TAFE也迎来更多的女性学生和土著学生,以及弱势群体参加TAFE学习,TAFE的学生成分更加多样化。同时,TAFE办学也开始迎来国际化,从1987年开始TAFE招收国际留学生,[92]在扩大学生规模的同时,也为TAFE带来了可观的收入(TAFE对本国学生免费)。

此后一段时间,由于资金等方面的问题,TAFE的发展受到抑制。这一时期TAFE教育教学质量并没有得到行业和社会的认可,当时澳大利亚正值经济结构调整,TAFE学院也不能满足经济发展和人才培养的需要。

这一时期,澳大利亚联邦政府实行了一项重要举措,给TAFE带来了重要而深远的影响。20世纪80年代开始,联邦政府对TAFE的资金政策发生了变化,由原来的财政拨款改为付费购买。1981年,就业与行业关系部开始向TAFE学院购买服务。[93]这一政策的实施,不仅改变了TAFE学院和行业企业间的关系,也给TAFE自身管理等方面带来诸多改变。财政上的自负盈亏使得TAFE学院与经济效益的关系更为紧密。

总体而言,这一阶段TAFE发展历经曲折,但发展趋势是积极向上的。

3. 改革阶段(1993~今)

进入20世纪90年代,联邦政府更迭,政府机构分分合合,多次改组,对TAFE的政策也时有变化。最主要的变化之一就是政府对TAFE施行经费削减政策,教育经费的投入减少导致了TAFE多方面受到重创。TAFE学院办学经费紧张,教学设施难以满足学生的需求,抑制了一些学生参加TAFE学院学习的愿望,不利于TAFE学院的发展。[94]TAFE学院数量持续萎缩,从1973年的367所,减少到2011年的63所,学生数量持续下降,TAFE地位低下

[91] Simmon Marginson. Education and Publication and Public Policy in Australia[M]. Cambridge: the Press Syndicate of the University of Cambridge, 1993:4.

[92] 黄立志. 制度生成与变革: 澳大利亚技术与继续教育历史研究[M]. 天津: 南开大学出版社. 2013:107.

[93] Gillian Goozee. The Development of TAFE in Australia[M]. SA: National Centre for Vocational Education Research Ltd.3rd edition, 2001:53.

[94] 黄立志. 制度生成与变革: 澳大利亚技术与继续教育历史研究[M]. 天津: 南开大学出版社, 2013:121.

的状况始终没得到根本改变。[⑤]

为了改变这种不利状况，TAFE学院加快了改革的步伐，实施了弹性教学制度，使得TAFE学生来源更加多样化，TAFE办学更倾向企业化，与经济联系更加直接，与行业和企业的联系更加紧密，受到行业的影响也更大，因此，TAFE教师角色更加多元化。伴随着TAFE对澳大利亚经济和教育发展的贡献，其办学声誉得到了国际社会的认可，并蜚声海内外。进入新的历史时期后，TAFE学院加速改革以应对更多的机遇和挑战。

(三)TAFE的管理

TAFE学院大多数由州政府和领地政府管理和拨款，这一点与澳大利亚的大学是截然不同的。各州政府主要通过州产业培训理事会、州教育培训部及其下设的TAFE办公室对TAFE学院进行管理。20世纪80年代中期以来，TAFE学院以其独特的优势赢得了全社会的青睐和国际社会的瞩目。

(四)TAFE的学生

TAFE学院主要培养学生的就业或升学方面的实用技能。澳大利亚共有约75万名普通高等院校的学生，而TAFE系统约有127万名学生，这个数字是普通高等学校在校生数的1.7倍。[⑥]对于只有约两千万人口的澳大利亚来说是个可观的数字。TAFE学院既向社会输送拥有不同技术等级证书和专业文凭的岗位技能人员，又通过学分积累的方法使其中有志向的学生能够继续到高等学府深造，以获得本科、硕士及博士学位，还可以满足不同社会成员、不同年龄、不同专业领域人员的终身教育需要。它从社会各行业岗位出发，将不同岗位所需要具备的知识支撑点和技术支撑点转变成教学元素，并建立教学模式，将之分解成各个学分，使一个受教育者可以在从事某一个专业学习的深度上，通过完成学分累计来获得学位；同时也可以在从事

---

⑤ 黄立志.制度生成与变革:澳大利亚技术与继续教育历史研究[M]. 天津: 南开大学出版社, 2013:124,129.

⑥ Holmesglen Institute | Melbourne TAFE Courses & Degrees, Victoria
http://www.holmesglen.edu.au/programs/education_and_training/teacher_training.　2013-10-2.

某一个专业学习到一定阶段时,随着社会产业结构的调整或求职机会的变化,停止向深度发展而将所积累的学分转移至另一个社会和行业急需的专业学习,并获得该新专业中的相关学分的连接和积累,从而形成终身教育体系中的人才培养的"立交桥"模式。

TAFE学生的特点也充分体现了TAFE的多样性。TAFE学生不仅仅有完成义务教育的青少年,也有成人。伴随TAFE的发展,土著学生、女性学生数量不断上升,给TAFE带来了新的挑战,TAFE也在探索中不断满足更多学生的需求。

(五)TAFE学院的课程

TAFE的课程——行业培训包设置规范而实用,主要由政府相关部门提供,由国家各个行业培训咨询委员会指定,并经澳大利亚国家培训局审定后颁发。职业课程的教学指导性文件主要有两种:一是课程大纲,二是科目大纲。这些文件在实施前都要由国家认定。TAFE学院的课程实施突破了传统教育的局限,实行弹性教学,教学方式灵活多样,以能力本位为教育目标,以终身教育为指导思想,以市场本位设置专业,以学生本位组织教学,以企业本位建立校企合作,形成了"学习—工作—再学习—再工作"的循环教育模式。

(六)TAFE教师

在本研究中,澳大利亚技术与继续教育教师,即TAFE教师,是指在TAFE学院工作的教师。在澳大利亚,职业教育培训被定义为:"以工作为目标的教育与培训,强调开发和提高学习者胜任工作的技能。"[97]从事职业教育的TAFE教师已经超越传统意义上的教师概念。TAFE学院的课程以职业能力标准和国家统一规定的资格证书制度为依据,并将其转换为具体课程。因此,TAFE教师的职责包括:制订教学计划、课程设计(教材的编写与选取)、授课、评估、对学生进行管理。TAFE教师按水平分为1-8级、特1级和特2级,总共10个级别。第8级教师必须具备双学位,特1级和特2级教师必须

---

[97] 谭佳.澳大利亚TAFE学院研究[D].西南大学硕士学位论文,2007:19.

参加全国考试。教师水平的评价标准由行业教育咨询委员会确定,考核成绩向社会公布。TAFE教师的工资标准根据TAFE学院人力资源部与教师协会谈判的结果来确定,若要提高工资需通过竞争的途径得以实现[98],否则工资待遇提升得十分缓慢并且幅度很小。

教师来源多样化,教育场合不局限于学校内部。"选择教师的标准是:一要有教师证书;二要有5年以上企业工作经验;三要参加每年一次的TAFE的培训,并考试合格。"新南威尔士TAFE相关负责人如是说。TAFE教师都是各领域的专门人才,既有丰富的工作经验,又有合适的学历资质,他们在TAFE学院工作,既可以通过培训获得本行业内的最新知识,又可以重返工场或相关领域工作,以获得最新信息和经验。

TAFE教师按照身份可以分为全职教师、兼职教师和临时代课教师。全职专任教师是指专门担任某一学校的教学工作,并完成规定教学工作量的教师,属于学校编制内人员。全职教师包括在编的长期任职的TAFE教师与合同教师。在编的TAFE教师通常是终身制的,而合同教师则不然,由教师与TAFE学院签订劳动合同,规定任职期限和双方的权利义务。兼职教师亦称兼课教师或兼任教师,兼任某学校课程教学或其他工作的教师,不占学校编制,不定教学工作量,以兼任的工作量取酬。[99]兼职教师有两种,一种是全职脱产在TAFE教学的兼职教师;另一种是身兼多职,既在企业任职又在TAFE学院任教的兼职教师。兼职教师也要与TAFE学院签订劳动合同,因此有时"合同教师"的提法既包括TAFE全职教师也包括TAFE兼职教师。教师按其所处的职业生涯阶段分为新手教师、熟手教师、专业教师、专家教师、首席教师等。按照工作岗位可分为授课教师、评估师、培训教师、管理者、教学辅助人员等。许多TAFE教师承担多个岗位的工作,既是授课教师,也是培训教师,有的还是评估师。TAFE教师主要指全职教师和兼职教师。TAFE的教师培训基本由大学和高等教育学院承担,教师需要获得专业资格证书和教育证书后,方可任职。20世纪90年代以来,TAFE兼职教师比重不断增加,专职教师比例相对下降。无论是专职教师还是兼职教师,TAFE学

⑱ 谭佳.澳大利亚TAFE学院研究[D].西南大学硕士学位论文,2007:31.

⑲ 顾明远.教育大辞典[M].上海:上海教育出版社,1998:675.

澳大利亚TAFE教师专业发展研究

院都没有要求他们具有专业的教育背景。

五、澳大利亚国家资格框架（AQF）

澳大利亚国家资格框架是全国统一的公认的资格框架。澳大利亚是联邦制，因此各州和直辖区对职业教育的管理存在差异。例如，在维多利亚，由同一个部门管理高等教育、职业教育基础教育和劳务。而在西澳大利亚州，负责管理职业教育和培训的部门还管理劳务等，但它又不负责高等教育和基础教育。不同的州和地区的TAFE学院享有自治权的程度也是不同的。职业教育和培训系统在与高等教育和其他学校管理部门的合作方面享有优先权。在改革之前，州与州之间，或与直辖区之间对于职业教育的认证程序是存在差异的，对于资格的认证不是互认的。事实上，在不同的州和地区，即便是相同的资格，由于名称不同，也会导致课程内容和学习过程的不同。改革之后，经过联邦政府、州、直辖区以及相关部门的多方努力，澳大利亚建立了国家资格框架，从而解决了上述问题。

（一）澳大利亚国家资格框架的目标

澳大利亚国家资格框架的目标是提供一个全国通用的、适应当代的、灵活的资格框架：

（1）澳大利亚国家资格框架立足于现在，面向未来，适应澳大利亚教育和培训需求的多样性。

（2）资格框架服务于国家经济，通过与时俱进的、全国一致的资格要求，建立对全国资格评审的信心，统一人才规格。

（3）资格框架保证不同教育背景和培训背景的人获得各种资格的机会，学习者可以在不同的教育和培训部门之间以及劳动力市场之间流动。

（4）资格框架支持个人的终身学习。通过教育和培训，并对学习者的学习和经验进行认证，从而促进人的持续发展。

（5）澳大利亚国家资格框架为国家在教育和培训领域的监管和质量保证提供支持。

（6）资格框架支持并提高毕业生和劳动者在国内乃至国际上的流动性，进而提高澳大利亚国家资格价值和可比性。

（7）澳大利亚国家资格框架与国际先进水平接轨。[100]

（二）澳大利亚国家资格框架的内容

澳大利亚国家资格框架创建了一个涵盖多部门的国家资格体系，包括所有的相关职业资格。该资格体系能够满足日益多样化的劳动力需求以及学生的教育和培训，涵盖的学历资格包括全国的高等教育、职业教育与培训以及高中教育。它于1995年引入，从2000年开始全面实施。国家指导方针是澳大利亚各部门间联系和联合工作的指导性文件。澳大利亚国家资格框架自实施以来，经历了不断补充与发展，在1995年和2007年期间共有四个版本的手册出版，沿用至今。AQF分10个等级，它将高中教育、职业教育与大学教育的学历资格评估整合为一个国家认证体系。1995年AQF资格包括：一级证书、二级证书、三级证书、四级证书、文凭、高级文凭、学士学位（包括学士荣誉学位）、毕业证书、研究生文凭、硕士学位和博士学位。在2004年增加了副学位，2005年又增加了职业毕业证书和职业研究生文凭。

澳大利亚国家资格框架涵盖了所有相关的职业资格，保证了在资格评定方面的透明性和便利性。它是澳大利亚独有的全国性的学习途径系统，涉及12种不同的学历资格，并将大学教育、职业教育与培训以及中小学教育衔接。

澳大利亚国家培训总局认为，澳大利亚国家资格框架（AQF）为全国一致的资格框架。这一综合框架应用于所有的教育部门，包括学校、职业教育与培训和高等教育。资格涵盖了所有义务教育后的学习。（ANTA，1999a：4）[101]

---

[100] Australian Skills Quality Authority. Users'Guide to the Essential Conditions and Standards for Continuing Registration. http://www.asqa.gov.au.. 2013-12-12.

[101] Leesa Wheelahan. National Training Packages: a New Curriculum Framework for Vocational Education and Training In Australia. http://www.academia.edu/311183/National_Training_Packages_a_New_Curriculum_Framework_for_Vocational_Education_and_Training_In_Australia. 2015-1-21.

表 2-1 澳大利亚国家资格框架^⑩

层次水平	资格类型	资格名称
	高级中学证书	不同司法管辖区,证书名称不尽相同,随证书附有解释说明。证书名称在澳大利亚国家资格框架内是高级的中等教育证书。
1	证书 I	证书 I(研究/学科领域)
2	证书 II	证书 II(研究/学科领域)
3	证书 III	证书 III(研究/学科领域)
4	证书 IV	证书 IV(研究/学科领域)
5	文凭	文凭(研究/学科领域)
6	高级文凭	高级文凭(研究/学科领域)
6	副学位	副学位(研究/学科领域)
7	学士学位	学士(研究/学科领域)
8	研究生证书	研究生证书(研究/学科领域)
8	研究生文凭	研究生文凭(研究/学科领域)
9	研究生学位(研究型)	研究生(研究/学科领域)
9	研究生学位(课程型)	研究生(研究/学科领域)
9	研究生学位(拓展型)	研究生(研究/学科领域)(已使用的除外)*
10	博士学位	博士(研究/学科领域)
10	高级博士学位	博士(研究/学科领域)

*例外情况:

i."法学博士"资格允许硕士学位(扩展型)从事法律实践。

ii."……医生"资格允许硕士学位(扩展型)从事五个职业:医疗实践、理疗、牙科、验光和兽医工作。

iii.更多的例外情况参见AQF资格类型添加和删除政策。

⑩ The Office of the Australian Qualifications Framework Council. Australian Qualifications Framework[S]. Adelaide, South Australia. http://www.aqf.edu.au/ 2014-12-3.

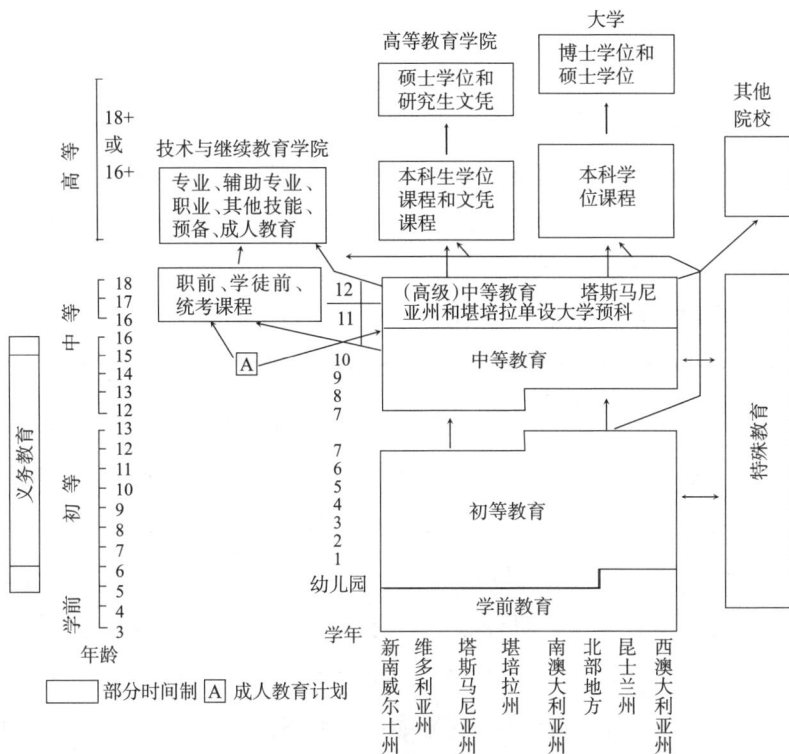

图 2-1 澳大利亚现行学制图[103]

大学和职业教育与培训院校都可以授予专科文凭以及高级专科文凭。大学和其他高等教育院校也可颁发 I-IV 级证书。职业教育与培训院校通常也与大学合作提供研究生证书和研究生文凭课程。职业教育与培训院校授予的学历资格可分为一级至四级证书、专科文凭和高级专科文凭。这些学历课程都符合国家行业标准,并可帮助学生就业或进一步升学。

http://www.doc88.com/p-0098745875577.html. 2015-12-2.

一级证书课程学习时长为4至6个月，获得一级证书的学生可完成指定范围内的日常工作。一级证书涉及各种与就业有关的技能，包括就业准备和参与技能、范围广泛的入门技巧，还包括在某些协作环境下所需的具体工作场所技能。二级证书课程学习时长为6至8个月，获得二级证书的学生须掌握在特定条件下完成工作的技能或者应用所学知识的能力。在相应工作条件下，学生的工作方式有一定的可选择性。学生会被委以一些复杂的、非日常的工作，也会与所在团组中的其他人一起合作。同时，他们必须对其工作承担一定的责任。三级证书课程学习需要12个月。已获得三级证书的学生所掌握的知识和技能具有一定的广度、深度和难度。学生将能够在全新的环境中选择运用已学过的知识和技能，也能为解决问题提出技术性的意见和建议，选择正确的工作方法，发挥某种领导作用。学生必须在大量的技能运用练习中展示其评价和分析现行工作状况、制定新标准和程序的能力。除了展示对他人的领导和引导能力外，学生还必须表现出一定的组织才能。专科文凭课程学习时长为18至24个月，除了职业院校外，大学也授予某些专科文凭。专科文凭课程主要训练学生学会应用已掌握的技能和知识并提出各种创意，可以进行深入、广泛、复杂的方案策划以适应广泛的技术和管理要求，并做好评估和协调工作。获得专科文凭的学生能够自主应用一定的知识和技能，并在某些领域中达到相当深度，使之可以确定策划方案，选择使用适当的设备、服务、技术。获得专科文凭的学生能够参与战略性创意的研发，并在实施复杂的技术操作或其他工作中承担个人责任、发挥自主性。他们既能参与日常工作，也能承担策划与评估工作，还能参与小组或者团队之间的协调。高级专科文凭学习时长为2至3年。除了职业院校外，大学也颁发一些高级专科文凭。高级专科文凭课程训练学生为履行技术和管理职能而进行深入、广泛并具有复杂性的分析、诊断、设计、实施与评估的能力，这包括开发新的标准、应用知识或程序的技能等。学生要学习如何将大量的基本原理或者复杂的技术应用于广泛的、未知的环境中以履行复杂或特殊的职能，同时学习制订广泛的方案、预算和长期计划。学生将学会在工作中对自己和他人负责。[104]

---

[104] http://studyabroad.tigtag.com/application/22962.shtml. 2014-9-9.

在澳大利亚,有教育部、职业教育与培训部、高等教育部三个部门可以颁发证书。除了这些资格外,AQF还包括一个资格部分的完成声明,这是一个正式的记录,证明学习者完成了AQF资格的一部分。[105]

从这一框架我们可以看出,每一个教育部门都会有相应的文凭或证书。大学提供文凭和高级文凭,低级别的学校提供证书。资格框架并不禁止不同教学机构间的课程重复。通常教育机构不接受社会资助,更不会因为接受资助而设置有关课程。但是,现今这一状况逐渐有所变化。对于提供资助并有需求的行业或企业,培训机构设置课程,对培训的人才出具证明或证书,但不出具文凭。

澳大利亚国家资格框架(AQF)是澳大利亚教育和培训资格全国统一的依据。它把每个教育和培训部门的资格整合到一个统一的国家资格框架里。澳大利亚国家资格框架也是一个分类的框架结构,它能给各种学习水平、资格类型、每个分类学习结果进行定义。框架的特色是兼容了业已存在的职业教育系统。在职业教育领域,澳大利亚政府和相关部门采取了一系列措施,培训包的建立使澳大利亚国家资格框架具体化。国家资格框架使各种资格水平全国统一,并明确各个资格之间的关系。

六、培训与教育/评估培训包(TAE/TAA)

培训包又称为整套培训计划、培训一揽子计划或一揽子培训计划,是澳大利亚国家培训框架的重要组成部分。它是指由行业制订并得到国家认证的一整套培训计划[106]。澳大利亚已经有100多种专业的培训包,覆盖了工业、农业、金融业、商业、旅游服务业等大多数行业[107]。 在2000年,澳大利亚就已经开发了66个培训包,与澳大利亚产业中85%的行业配套[108]。培训包不是静

[105] AQF qualifications by education sector. http://www.myaustralianvisa.com/visas/student-visas-for-studying-in-australia/australian-qualification-framework-aqf.html. 2013-10-1.

[106] 陶秋燕.高等技术与职业教育的专业和课程——以澳大利亚为个案的研究[M].北京:科学出版社,2004:37-41.

[107] 纪经纬.澳大利亚教师专业化保障体系研究[D].哈尔滨师范大学硕士学位论文.2012:2.

[108] 黄永刚.学习与思考—澳大利亚TAFE管理模式浅析[J].天津职业大学学报. 2001,(2):49-52.

态文档,它们定期修订,以反映最新的行业惯例和版本控制。全国培训包是一组能力标准的集成文件与评估准则。培训包的依据是澳大利亚国家资格框架(AQF)中的资格,为一个特定的行业或企业服务。包括TAFE教师在内的职业教育教师专业发展需要遵循培训与评估培训包(TAA04)的规定。TAFE教师专业发展的主要依据是澳大利亚培训与教育培训包。TAE培训包是澳大利亚根据职业教育教学的环境多样性和学生多样性制订的一种新的培训方案,它提供了一种新的方法来定义培训者和评估者的能力。培训与评估培训包(TAA04)出台于2004年,2010年培训与评估培训包(TAA04)进一步发展为培训与教育培训包(TAE10)。

(一)国家培训包的内容

国家培训包主要有两个部分,一部分是必须通过国家相关认证的内容,包括资格认证、能力标准和评估指南;另一部分是不必由国家认证的辅助材料,在使用过程中可以根据使用者的需要进行选择。国家培训包自诞生以来就在不断地改变和发展,不断地修正过时和偏颇的地方,目的是紧跟经济的发展并满足行业对人才的需要。

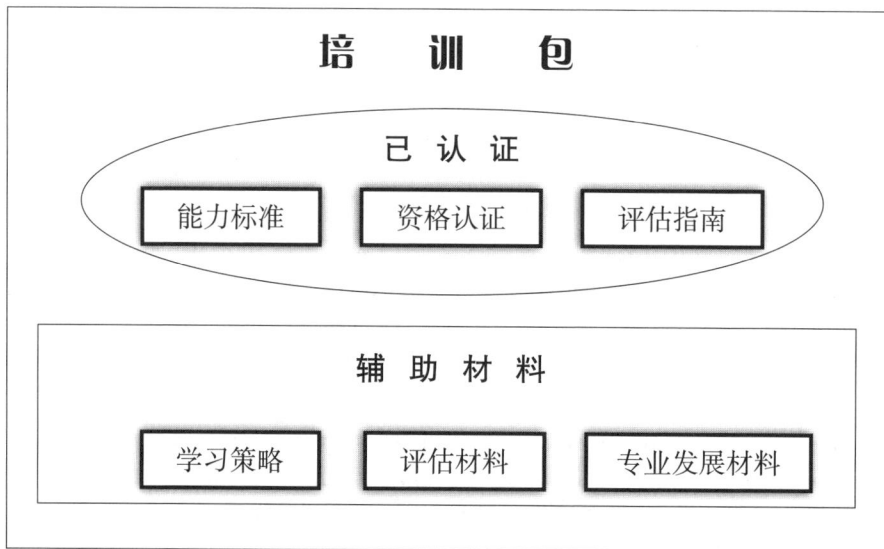

图2-2 国家培训包构成[109]

[109] 张丽英.澳大利亚TAFE探究[D].上海:华东师范大学硕士论文.2004:29

每个培训包都包含许多能力单元。单元规定的不同能力组合起来就是相应资格的满足条件。一般能力分为9个级别，即9种资格。每个能力模块都有用于评估的行为标准。运用培训包进行评估必须是对被评估者能力的直接评估，并且有评估数据记录。评估必须在工作场所进行，不能通过学习结果来推断能力从而进行评估，且评估者必须获得评估资格。培训包通常包括辅助材料，这些材料不必通过国家认证，也不必强制实施。培训包对能力标准描述详细。每单元能力确定一个工作要求，包括知识与技能支撑能力、语言、文字和计算能力、职业健康和安全要求。培训和评估必须坚持按照能力单元进行，以确保一致性的结果。

评估指南提供了一个框架，以确保所有评估满足行业需求以及全国认证的培训方案和标准注册培训机构的要求。评估必须遵循相应的指导方针，以确保评估的完整性，从而获得国家认可的资格证书。

资格认证是每个培训包为资格评定提供的细节，这些单元描述的能力，必须满足AQF资格，以保证培训和评估的有效性，这也被称为"包装规则"。"包装"必须遵循规则，以确保国家认可的资格证书的完整性。

辅助材料包括学习策略、评估材料和专业发展材料。培训包的辅助材料可以与单个或多个单位的能力、一个行业、一个资格或整个培训计划共同使用，也可以选择性使用。培训包的辅助材料是由一系列利益相关者提供，如个人培训师、评估者、私人、商业地产开发商、政府机构等[⑩]。

(二)国家培训包认证步骤

TAFE所有的课程都必须按照培训包的规定进行课程开发，没有培训包作为依据的课程要按照行业标准进行课程开发。培训包的开发主体是国家行业培训咨询委员会(National Industry Training Advisory Bodies，缩写为ITABs)。培训包的内容需要兼顾雇主、政府和被雇员组织的要求。澳大利亚TAE培训包的开发应遵循基本流程和要求，由职业教育专业人员(管理人员和研究人员)、行业协会人员、雇员代表、政府部门代表、注册培训机构和

---

⑩ TAA04 Training and Assessment Training Package. The National Training Quality Council, 2004:18.

其他相关人员组成的咨询委员会负责制定标准,并通过访谈、现场观察等方式获取第一手信息,再经由专家集体讨论达成一致意见,并不断改进。此标准面向职业教育与培训部门的所有教师和培训师,但明确区别新教师和优秀教师的能力标准,是职业教育教师入职和专业成长的重要依据。[⑪]

(三)TAE国家培训包产生的背景和主要发展阶段

当下正在使用的 TAE 培训包是由澳大利亚国家评估和工厂培训组织(NAWTB)孕育而来的。该组织服务于为全国经济发展提供服务的部门,工厂培训和评估培训包的策划是其主要责任之一。在1998年,澳大利亚正式签署文件,颁布了首版培训包BSZ98,作为职业教育教师和培训师专业发展的纲领性文件。之后,国家培训包又经历了两次关键的发展阶段:2004年,在培训包BSZ98的基础上,培训与评估培训包TAA04应运而生;2010年,培训与教育培训包TAE10取代了培训包TAA04。

每一个阶段内,培训包也是在经常变化的,在2004年培训包TAA04出台之后,2008年,TAA04v2.1也出台,对TAA04做出了调整。2010年,培训与教育培训包TAE10取代了培训包TAA04。2011年10月TAE2.0颁布,主要变化:在资格框架里增加了两个文凭认证——职业教育和培训文凭(TAE50111)以及培训设计与发展文凭(TAE50211)。每一次变化,都剔除了陈旧的内容条款,适当增加了新的内容,对于不符合时代特点的条款予以修正,使得培训包的规定更贴切TAFE学院和学生的要求以及行业和教师专业发展的需要,并保证教师专业发展更能满足学院发展的需要和行业对教师的需要,以此保证培养的人才符合劳动力市场的需要。从中我们可以看出,培训包变化发展的根本原则和鲜明特征:符合经济发展规律,满足经济发展需要。

---

⑪ 付雪凌.美、澳、欧盟职业教育教师专业能力标准比较研究[J].比较教育研究,2010,12:81-85.

（四）TAFE 教师专业发展的依据：培训与教育培训包（TAE 培训包）

澳大利亚各个行业的职业教育几乎都有培训包作为标准和指导，职业教师需要遵守的是培训与教育培训包（Training and Education Package），即TAE 培训包。TAFE 教师作为技术与继续教育教师也必须遵守。TAE 培训包帮助包括 TAFE 教师在内的职业教育教师充分理解能力标准和学习结果。只有授课老师和培训教师对能力标准更加熟悉和理解，评估要求才能变得更加清晰，易于执行。培训包的重点在于职业教育成果要满足行业和企业的需要，也要利于教育者灵活使用。培训包本身也是商品，使用者必须从相关部门购买。

TAE 培训和评估培训包规定了 TAFE 教师在关键领域的一系列技能标准，对领域内的工作进行组织、培训和评估。TAE 培训包总共包括 7 个能力单元和一个引入单元。规定教师在如下相关领域的能力：学习环境、学习设计、交付便利化、评估、培训咨询服务、协调、管理和质量培训（评估服务）、语言、识字和计算能力实践以及一个引入单元。引入单元是 TAFE 教师应该具备的与专业领域相关的能力和知识。TAE 培训包与它的前身培训包 TAA04没有本质区别，只是能力单元方面的具体情况有所变化。培训和评估培训包 TAA04（2.1 版本）有 39 个能力单元。能力单元分为 8 个模块：学习环境、学习设计、交付便利化、评估、培训咨询服务、协调、管理和质量培训（评估服务）、语言、识字和计算能力实践，此外还有引入单元。

除了培训包，各州和学院还实施了一些培训项目，保证培训包的规定能落到实处。培训和评估四级证书（TAA，CIV）是全国通用的资格证书。获得四级证书资格是澳大利亚职业教育全国培训包当中对职业教育教师教学和评估的最低要求。完成四级证书的培训和评估并不能保证教师掌握专业发展所需的全部基础知识。培训包对高级资格也做了规定，完成一定的课程和培训，学习者可获得文凭，从而提升资格等级。

TAE培训和评估培训包有两个资格：证书的培训与评估、文凭的培训与评估，就是通常所说的四级证书和五级文凭。

TAE培训和评估培训计划的内容旨在满足职业教育教师当前和未来的能力开发和资格需要，并帮助新的和现有的职业教育教师拥有更多的技能，更适应职业教育和培训工作。TAE培训包提供了一套明确的标准来支持初级能力的培养和正在进行培训的工作人员的专业发展。

（五）培训与评估培训包的变革（TAA04—TAE10）

培训包自应用以来并非一成不变，而是根据各个行业的发展在不断变化，与教育相关的培训包也是如此。以最近一次变革为例，为了适应澳大利亚技术教育的步伐，"培训与评估培训包（TAA）"更名为"培训与教育培训包（TAE）"。培训包在哪一年变更都会使用明显的数字表示出来，并标注版本号。如"TAA04"中"04"意为2004年，也就是指2004年颁布的培训与评估培训包。"TAE10v2.0"的含义为培训与教育培训包于2010年变更，"10"表示2010年，版本为2.0。虽然培训包的主要内容并没有太多改变，但从名称的改变可以看出澳大利亚技术教育的理念变化。技术教育不再片面强调学生的能力本位教育，技术能力不再是学生的单一培养目标，强调技术教育的教育功能也是澳大利亚人本教育、强调人的全面发展、终身发展的体现。TAFE教师专业发展应适应这个潮流，并不断变化。

表 2-2 资格框架变革 TAE10v2.0-v.2.1[112]

TAE10v2.0 资格代码和名称	TAA04v2.1 相关资格代码和名称	备注
	TAA50104 评估培训文凭	资格取消
TAE50111 职业教育 与培训文凭		新资格
TAE50211 培训设计 与发展文凭		新资格
TAE50310 国际教育 服务	TAE50310 国际教育服务 文凭	具体条款修改(体现灵 活性)
TAE70111 成人读写 算教育研究生证书	TAE70110 成人读写算教 育研究生证书	从 TAA04 引入并升级 (体现选择性)
TAE70311 国际教育 服务研究生证书	TAE70310 国际教育服务 研究生证书	资格条款修正,内容增 加

⑫ Australian Government, Department of Education, Employment and Workplace Relations. Training and Education Training Package Making of Qualifications and Units of Competence Archive. https://www.ibsa.org.au/sites/default/files/media/TAE10% 20Mapping% 20archive% 20web%20resource_0.pdf

澳大利亚 TAFE 教师专业发展研究

第三章 澳大利亚 TAFE 教师专业 发展的历史沿革

TAFE教师专业发展伴随TAFE和TAFE学院的发展经历了一系列的变革,经过TAFE教师和澳大利亚相关部门不断的探索,不断的改进,从不成熟走向成熟。

一、澳大利亚TAFE发展概况

澳大利亚TAFE是建立在终身教育理论基础上特色鲜明的职业教育制度,其招生对象没有年龄限制,鼓励人们在一生中不间断地学习,打破了传统的一次性教育的局限,建立了"学校—工作—再回归学校—再工作"的多循环的终身教育模式。同时,不再局限于学历教育的框架,真正从知识本位教育体系转到了能力本位教育体系。它以社会上最新的技术工具、手段和方法来影响职业学校教师的教学工作,行业协会帮助学校建设实训基地。教学会针对不同的学习对象和课程类型,采取灵活多样的方式、方法和手段,为一切愿意接受教育或培训的人提供有效服务。TAFE学院将专业设置、培养目标、课程结构、能力标准、教学模式等方面纳入行业需求的轨道,形成了独特的澳大利亚职业教育风格。

(一)澳大利亚TAFE初期概况

1. TAFE的管理

TAFE正式创立伊始,由州政府的教育部负责管理,在澳大利亚六个州之中的四个州施行。在新南威尔士州和澳大利亚南部,政府创建专门的部门负责管理TAFE;在澳大利亚首都直辖区TAFE由联邦政府的教育部负责管理;而在北方土著人属地TAFE是由联邦教育部门和达尔文社区学院共同管理。除了这些主要的政府部门之外,还有一些团体也参与TAFE的管理。TAFE的课程有的州由相关高等学校负责设置,有的州则由农业学院负责设置。还有许多社会团体、历史悠久的志愿者机构,以及众多正式和非正式的小型组织,如"新南威尔士的成人教育董事会""维多利亚的成人教育委员会""工人教育协会"等,也都参与成人教育项目。

2. TAFE的课程

由于规模不同,各TAFE机构所提供的教育服务差异也很大。大城市里的TAFE学院拥有完善的个人注册系统,并提供全方位的课程。而许多较小的TAFE机构充分利用中小学校的设施和其他社区中心作为夜校的授课场所,并招聘兼职教师,为有需要的学员提供课程服务。

澳大利亚TAFE学院不仅在办学规模和类型方面差异很大,而且在课程设置上同样呈现多样化特征。TAFE学院在课程管理上没有统一的正式考试入学要求,但会给具有各种各样教育背景和生活经验的人提供学习机会。从高等教育院校的毕业生、具有中等教育学历的学生,到没有接受过完整中学教育的人,甚至是没有读过书的人,TAFE学院都可以为他们提供学习和培训。TAFE还可以为年轻人首次就业、经验丰富的工人继续学习以及管理人员和经理人等追求人生价值提供课程。

这一时期,虽然澳大利亚各州的TAFE所提供的课程不一样,但全国约五分之一的TAFE学院会提供学徒或贸易培训课程。然而,它所提供的课程已经与"技术"不太相干了。TAFE课程提供就业之前的培训或再就业技能,许多职业技术课程是技术人员和跨行业人员在学习。TAFE的课程之所以越来越重要不仅是因为它为第一次就业的人提供职前准备,而且也是成人教育课程的主要提供者。

3. TAFE的学生

初期,TAFE的学生数量就很惊人。就学生的规模而言,TAFE是迄今为止在澳大利亚正式的学校后教育中除了大学和学院外最大的教育机构。当时就有超过一百万人接受了技术与继续教育课程培训。1976年,在18岁以上的澳大利亚人口中,有5万多人在TAFE接受了职业教育或职前教育[113]。TAFE为年轻人提供的学校后教育机会是不可替代的。

TAFE的意义并不局限于给年轻人提供学习的机会。1976年,在TAFE的所有学习者中有64%的人年龄在20岁以上;在职业和预备课程学习者中,大约59%的人年龄在20岁以上。对于那些年龄在30岁以上的学习者而言,TAFE是学校后教育的主要提供者。[114]

(二)澳大利亚TAFE调整阶段的概况

这一阶段TAFE的发展虽然呈现先"扬"后"抑"的特征,但是不可否认这一阶段TAFE逐渐从"不成熟"向"成熟"过渡。

1. TAFE的管理

这一时期,澳大利亚联邦政府施行了一项重要举措,给TAFE带来了重要而深远的影响。19世纪80年代开始,联邦政府对TAFE的资金政策产生了变化,由原来的财政拨款改为购买付费,1981年,就业与行业关系部开始向TAFE学院购买服务。[115]这一政策的实施,不仅改变了TAFE和行业、企业间的关系,也给TAFE自身管理等许多方面带来诸多的连锁改变——TAFE与经济的关系更为紧密,其自身也要考虑盈亏问题。

2. TAFE的学生

此阶段的前半期由于政府对TAFE的政策和资金的支持,加之这一时期澳大利亚社会失业问题亟待解决,TAFE成为澳大利亚政府解决这一社会问题的举措之一。因此,TAFE学院规模不断扩大,数量上升,到1982年,TAFE学院注册学生大约95万人[116],而后学生的注册人数增长缓慢,有时甚至有减少的现象。秉承服务于弱势群体的传统,TAFE也迎来了更多的女性学生和

[113] Technical and Further Education Council. The Formal Preparation of TAFE Teachers in Australia[R]. Canberra: Australian Government Publishing Service.1978:7.

[114] Technical and Further Education Council. The Formal Preparation of TAFE Teachers in Australia[R]. Canberra: Australian Government Publishing Service.1978:10.

[115] Gillian Goozee. The Development of TAFE in Australia[M]. SA: National Centre for Vocational Education Research Ltd.3rd edition, 2001:53.

[116] Simmon Marginson. Education and Publication and Public Policy in Austrilia[M]. Cambridge: the Press Syndicate of the University of Cambridge, 1993:4.

土著学生,这些弱势群体的加入,使 TAFE 的学生来源更加多样。同时,TAFE 办学也开始变得国际化,TAFE 从 1987 年开始招收国际留学生[117],这一改变在扩大了学生规模的同时,也为 TAFE 带来了可观的收入(TAFE 对本国学生不收学费)。

TAFE 此阶段后期由于资金等方面的问题,发展受到抑制。这一时期 TAFE 的教育教学质量并没有得到行业和社会的认可,当时澳大利亚正值经济结构调整时期,TAFE 并不能满足经济发展和人才培养的需要。

总体而言,虽然这一阶段 TAFE 发展轨迹曲折,但总体发展趋势是积极向上的。

(三)发展阶段的澳大利亚 TAFE

进入 20 世纪 90 年代,联邦政府政党更迭,政府机构分分合合,多次改组,对 TAFE 的政策也时有变化。最主要的变化之一就是政府对 TAFE 施行削减政策,教育经费投入的减少,导致了 TAFE 多方面的发展受到重创。TAFE 学院办学经费紧张,教学设施难以满足学生的需求,这限制了一些学生进入 TAFE 学院学习的愿望,不利于 TAFE 学院的发展[118]。TAFE 学院数量持续萎缩,从 1973 年的 367 所,减少到 2011 年的 63 所,学生数量持续下降,TAFE 地位低下的状况始终没得到根本改变[119]。

TAFE 学院施行弹性教学,学生来源多样化,办学倾向企业化,与经济联系更加紧密,与行业和企业的关系也更紧密,因此受到来自行业的影响也更大。TAFE 教师传统教学受到冲击,其教师角色开始变得多元化。TAFE 学院在新时期面临更多的机遇和挑战,它对澳大利亚经济的贡献、对澳大利亚教育的贡献,已然得到了国际社会的认可。

---

[117] 黄立志. 制度生成与变革: 澳大利亚技术与继续教育历史研究[M]. 天津: 南开大学出版社, 2013:107.

[118] 黄立志. 制度生成与变革: 澳大利亚技术与继续教育历史研究[M]. 天津: 南开大学出版社, 2013:121.

[119] 黄立志. 制度生成与变革: 澳大利亚技术与继续教育历史研究[M]. 天津: 南开大学出版社, 2013:124,129.

二、澳大利亚TAFE教师专业发展的阶段划分

澳大利亚TAFE教师专业发展伴随澳大利亚TAFE的发展而发展。目前国内学者对于TAFE学院发展阶段划分,基本上都是三段论:TAFE的初创阶段、TAFE的调整阶段和TAFE的发展阶段。TAFE的正式创立以1973年"康甘报告"为标志,20世纪70年代至80年代初为TAFE初创阶段;20世纪80年代至90年代初为TAFE的调整阶段;20世纪90年代至今为发展阶段[20]。澳大利亚教师专业发展大致可分为四个阶段:前教师专业化阶段、教师专业化的兴起阶段、教师专业化发展阶段和科学化的教师专业化发展阶段。时间跨度从18世纪中期至今,其中科学的教师专业化发展阶段从1990年至今[21]。按照这一思路,并结合TAFE学院发展阶段的特点,TAFE教师专业发展可以按以下几个阶段来研究:20世纪70年代初到80年代初,这是TAFE的正式创立初期,TAFE教师专业发展主要解决的是教师准备问题;20世纪80年代中后期到90年代初,这是TAFE的调整发展时期,TAFE教师专业发展主要关注教育知识和能力提升的问题;20世纪90年代中后期至今,是TAFE的改革发展时期,由于经济和行业发展的影响和要求,TAFE教师能力多元化,教师专业发展的具体内容和要求更多、更复杂,对教师的专业素质要求更高。

(一)TAFE教师专业发展初期

澳大利亚的职业教育起源可以追溯到一个世纪之前,TAFE的前身是澳大利亚已经存在的形形色色的职业学院。1871年创立的巴拉特矿业学院是澳大利亚的第一所技术学院。20世纪70年代TAFE学院开始组建时,就包括矿业学院、农业学院等规模大小不一、办学质量参差不齐的众多技术学院和专科院校。除此之外,许多夜校、业余学校之类的培训机构、继续教育学院、社区学院和一些中等层次的职业技术学校也通过重组、合并等方式转变为TAFE学院。因此,TAFE教师最初的来源十分复杂。有的TAFE教师是

⑳ 黄立志.制度生成与变革:澳大利亚技术与继续教育历史研究[M].天津:南开大学出版社,2013:16.
㉑ 纪经纬.澳大利亚教师专业化保障体系研究[D].哈尔滨师范大学硕士学位论文,2012:1,10.

澳大利亚TAFE教师专业发展研究

经招聘进入TAFE,有的教师是随着其他院校的改组而并入TAFE,有的教师是因为TAFE的紧急需要暂时应急而入职TAFE,有的教师来源于行业内且根本没有教育背景。总之,教师的水平与背景千差万别,授课水平也相差悬殊,这一时期,TAFE教师没有统一的评估标准。直到1974年,"康甘报告"正式提出"技术与继续教育",确定了TAFE的高等职业教育地位。经过当时的执政者和学者的多方努力,TAFE结束了粗线条的发展状态,TAFE体系正式开始建立和运作,结束了TAFE学院和TAFE教师杂乱无章的、粗线条的发展状态。可以说,在TAFE体系的法律地位确立以前,TAFE教师系统的专业发展处于空白,研究鲜见。

1972年,惠特拉姆领导的工党在澳大利亚大选中获胜,该政党对TAFE的政策推动了其快速发展,为TAFE的相关研究提供了良好的政治背景。1974年,审核委员会把"澳大利亚在技术与继续教育(TAFE)方面有所需要"的报告呈送给了联邦教育部部长,委员会主席也就是迈耶·康甘。报告明确关注TAFE教师的专业发展情况,委员会也就如下事宜提出建议:澳大利亚政府根据TAFE的实际需要采取的适当行动;财政援助资金的数额与分配;财政援助的审批条件[122]。报告对TAFE急需的基建经费和日常经费提出了具体建议,并且还建议:为各州提供一笔100万澳元的专门用于日常经费的基金,以维持全面提供职业教育和继续深化职业教育发展的需要;成立一个专门调查小组,调查TAFE教师的上岗培训情况;应给各州拨付2,000万澳元,以补偿TAFE学院自1974年7月1日起因取消收费所造成的损失。各项建议的实施,带来了其后10年TAFE的蓬勃发展。[123]在20世纪70年代,有许多部门和研究者关注了TAFE教师的情况,并做了相关报告,应该说这一时期的TAFE教师专业发展的主要目标是"补救",从各个方面提高TAFE教师的总体素质,满足TAFE教育工作的需要。

(二)TAFE调整阶段的TAFE教师专业发展

澳大利亚执政党对TAFE的政策保证长期一致,这有利于施政纲领的贯彻执行。TAFE学院在20世纪80年代初期发展迅速的两个重要原因是经济

---

[122] Gillian Goozee. The Development of TAFE in Australia[M]. SA: National Centre for Vocational Education Research Ltd.3rd edition, 2001.

[123] 王国富, 王秀珍. 澳大利亚教育词典[M]. 武汉: 武汉大学出版社,2002:180.

结构调整和失业问题严重。当时的政府希望通过发展 TAFE 进而促进就业，缓解许多社会问题。惠特拉姆领导的澳大利亚工党重视教育，并将教育政策向工人阶层倾斜，在其施政纲领中就承诺给予民众免费的高等教育，为学生提供更多的助学金。TAFE 教师专业发展也是 TAFE 发展的重要内容，所以工党的这些政策契合了 TAFE 的发展，使其在资金和政策方面都得到了便利条件。

20世纪80年代后期到90年代初期 TAFE 的发展放缓。放缓的原因有多个，包括政府部门重组、合并和撤销、政府的资金投入减少、对 TAFE 重视程度降低、TAFE 自身教学质量受到质疑等。1983年到1991年，在霍克领导的工党执政时期，教育政策比前期有了明显变化，从康甘的普识教育转向了技能培训[124]。1992年澳大利亚国家培训局（ANTA）成立，这给 TAFE 的发展带来了巨大影响。受到资金、利益团体等因素影响，虽然 TAFE 教师专业发展受到一些限制，但是总体上 TAFE 教师专业发展依然得到了多方重视。

（三）TAFE 发展阶段的 TAFE 教师专业发展

20世纪90年代中后期，由于国家机构改组、TAFE 的经费投入下降、能力本位教育受到质疑、职业教育地位整体低下的状况没有根本改变，TAFE 被迫进行改革。从经济基础与上层建筑的角度而言，TAFE 的发展不能适应和满足经济和行业发展的需要，这也推动了 TAFE 改革。TAFE 教师改革是 TAFE 改革的重要组成部分。20世纪90年代后期，培训包制度对教师的资格和级别做了详细的规定，为 TAFE 教师专业发展提供了系统的能力标准。伴随着 TAFE 的改革，TAFE 教师专业发展也取得了显著的成绩，为 TAFE 改革做出了重要的贡献。

三、TAFE 初创阶段的 TAFE 教师专业发展

（一）TAFE 教师总体情况

TAFE 初创伊始，关于 TAFE 教师专业发展更准确的表述应该是教师准

---

[124] 黄立志. 制度生成与变革：澳大利亚技术与继续教育历史研究[M]. 天津：南开大学出版社，2013:25.

备。因为这个时期的TAFE教师资格没有统一标准,各个学院教师素质参差不齐,能力水平差异很大,有的教师甚至从来没有经过教师培训。教师来源复杂多样,接受过高等教育的TAFE教师可以说是凤毛麟角,有的教师是从行业直接进入TAFE工作,有的教师是由于其他院校转变为TAFE学院从而成为TAFE教师,有的教师是从企业或其他院校借调而来的……可以说,TAFE教师专业发展在TAFE的创立伊始处于百废待兴的状态。

TAFE正式成立初期,有过半数的TAFE教师具有丰富的教育经验或已经在TAFE学院工作。但是依旧有相当一部分TAFE教师没有教育经验,大约88%的全职TAFE教师没有教师资格。全职教师中,大约30%的教师持有从事贸易领域工作的最高资格证书但是没有教师资格证;约有14%的教师持有职业三级证书或两年全日制文凭;约4%的教师持有研究生文凭或更高的学位[125]。大多数教师在入职TAFE之后会选择相关培训课程补充教育知识和技能。

(二)TAFE教师专业发展管理机构与相关组织

虽然1974年的"康甘报告"对于TAFE教育的定位为高等职业教育,许多TAFE教师工作一段时间后已经有了提高教学技能的机会,但是与高等教育的大学和学院相比,TAFE管理部门从未强制要求教学人员进行正式的职业准备项目。那么,TAFE管理部门如何实施全职教师的职业准备呢?事实上,各个州的TAFE管理部门对于TAFE教师的职业培训政策各不相同。举例而言,在新南威尔士州、维多利亚州和南澳大利亚州,教师入职培训由高等教育部和TAFE学院共同负责,TAFE管理部门确定培训内容,通过特殊辅导、现场咨询等方式培训新教师。但是各州的TAFE管理部门并没有系统制订新教师培训计划,如通过正式课程开展培训,因此,一般要求教师自行开展学习。有时通过教师借调或选取有经验的员工到大学参加讲座来完成教师的准备计划。昆士兰州等三个州对于TAFE教师的职业发展表现得更为积极。在昆士兰州有专门的教育课程用于新教师入职培训,课程的开发由

---

[125] Technical and Further Education Council. The Formal Preparation of TAFE Teachers in Australia[R]. Canberra: Australian Government Publishing Service, 1978:32.

高等教育和TAFE管理部门共同进行。在塔斯马尼亚州,也是由TAFE管理部门和高等教育通过专门机构对新入职的教师进行培训,教师通过培训均有奖励。西澳大利亚州的新教师入职培训课程是由TAFE管理部门单独制订,没有高等教育部门的参与。⑫

TAFE教师专业发展已经开始得到相关团体组织的关注和支持。教师协会的政策倾向于通过三个阶段对新入职教师进行职业培训。但是大多数通过面试的新教师更希望在入职后的第一年晚些时候或第二年开始再接受入职培训。而且大多数还认为,入职初期新教师应至少利用两周的时间停课,接受入职培训。在TAFE教师专业发展的初期,专业和学术特长同样要更新和发展。TAFE教师来自工业、商业、公共服务业等行业,并且至少工作了五年,而且以后会从事与其行业相关的教学工作。但是依旧有教师反映,即使有了一定的工作经验,相关专业的理论和技术知识依旧难以满足教学需要。因此,TAFE学院和教师协会支持新教师在所任教专业方面的学习和研究。

(三)TAFE教师专业发展特点

1. TAFE教师专业发展模式以课程培训为主

TAFE教师专业发展的主要模式是培训课程,目的是取得不同层次的文凭,包括大专文凭、本科文凭和研究生文凭。稍有不同的是,TAFE教师当中的贸易专业的教师比例相对较高。TAFE管理部门从TAFE正式成立时就坚持新入职教师要有至少五年相关专业经验,而且绝大多数的授课教师都已经满足此类入职条件。

在昆士兰州,无论TAFE教师入职时的教育背景如何,他们都会统一接受高等教育本科层次的课程学习。在南澳大利亚州,虽然也为新入职的TAFE教师提供本科层次的课程,但对于已经取得本科层次学历证书的TAFE教师,政府鼓励他们进行研究生层次的学习。在西澳大利亚州和塔斯马尼亚州,所有新入职教师都要注册学习,但是能为他们提供文凭和展开研

---

⑫ Janet Scarfe. National Review of TAFE Teacher Preparation and Development[R]. Adelaide:the Commonwealth Department of Employment, Education and Training and the State&Territory TAFE agencies, 1991.

究的大学或高等教育学府的数量明显不足。新南威尔士州和维多利亚州提供本科层次和研究生层次的双重课程安排,参加培训的教师只要进行课程注册,全国有效。首都地区,政府为所有新入职的TAFE教师都安排了本科层次的培训课程。出于教师的年龄、文化背景、能力等多方面的考虑,教授中等层次课程的教师和教授专业课程的教师培训课程是不同的。

不同的州为TAFE教师提供课程的范围也不同。在南澳大利亚州,TAFE教师参加高等教育课程,如果教师已经拥有大学或高等教育学位或文凭,则会被鼓励学习研究生课程。西澳大利亚州和塔斯马尼亚州新入职的TAFE教师没有教学资质。在新南威尔士州、维多利亚州和南澳大利亚州,培训项目涉及两个本科文凭(UG2级别)课程和研究生教育文凭(PG1级别)课程,TAFE教师只要注册课程开始学习,即被视为达到某种学历水平的一个开端。在南澳大利亚州,TAFE教师还要学习两个级别的本科文凭课程——UG3副文凭和UG2文凭课程,这两个课程既是取得专科证书的课程也是取得中级资格的课程。[127]

对于新入职的TAFE教师,如果是高校毕业生,要进行的培训项目是教育文凭(Diploma of Education, PG1);不是高校毕业生的TAFE教师要参加的项目是教学文凭(Diploma of Teaching,JG2)。在有的TAFE学院,非高校毕业的教师要比高校毕业的教师入职培训时间长。

表3-1 TAFE教师培训项目和时间[128]

TAFE 学院所在地区	课程培训项目	总共课时数	无学分培训项目天数
悉尼	教学文凭(UG2)	540	10天
	教育文凭(PG1)	540	10天
塔斯马尼亚	教学资格证	180	

[127] www.aitsl.edu.au/ta/go/home/pid/799
http://catalogue.nla.gov.au/Record/6458416?lookfor=tafe%　20teacher&offset=1&max=393, 2014-6-3.

[128] Technical and Further Education Council. The Formal Preparation of TAFE Teachers in Australia[R]. Canberra: Australian Government Publishing Service.1978:200.

TAFE学院所在地区	课程培训项目	总共课时数	无学分 培训项目
托伦斯	副教育文凭(UG3)	478	
	教育文凭(PG1)	862	
	教学文凭(UG2)	414	
西澳大利亚	教育学位(UG1)	1,402	
	教学资格证	387	
	教学文凭	737	
堪培拉	副教学文凭(UG3)	624	
	艺术学位(UG1)	1,072	

2. TAFE教师专业发展内容倾向于教学基本知识和技能的学习

不同地区的TAFE学院，其基础课程和导向课程的培训时长，从两周到四周不等，但这些课程都会提供机会满足新教师的自我需要，包括TAFE学院管理和组织方面的知识。这样的课程通常安排在第一学期，并普遍受到新教师的欢迎。

例如，TAFE教师获得的"教育哲学研究"的文凭项目可以分为两大类。第一类是伟大的哲学家的教育理念，包括思想家柏拉图、亚里士多德、阿奎那、洛克、欧文、赫尔巴特和杜威。第二类是教育领域的关键概念，这其中的许多概念和观点能帮助TAFE教师分析思考教育，促使其意识到教育的价值，考虑自己的基本学习和教学，比较自由教育和职业教育的目的和性质，了解知识和课程以及民主和课程的作用，帮助教师理解权威的教育以及现代科技和教育的关系等。教育社会学包括教育的一些比较常见的主题，诸如：各种社会的发展、发达国家和发展中国家资本主义和社会主义。受澳大利亚各类社会组织或社会机构的教育，以及社会团体、工业和技术变革的影响，经常有特殊学徒需要技术教育和成人教育。教学文凭项目包含英语和传播学课程，绝大多数课程旨在帮助教师了解沟通过程，提高沟通技巧，改善教师与学生、员工和同事的沟通，提高他们的语言艺术欣赏能力。课程方面提供与基础技术写作、高级技术写作、阅读、演讲、辩论、讨论、大众媒体和文学研究等相关的课程。

澳大利亚TAFE教师专业发展研究

新教师普遍重视教学方法,会抓住一切机会进行授课实习和听课,并利用录音、录像设备辅助学习。在昆士兰州教师预备中心,新教师的课业习题、教学材料和教学行为都会连续几年被详细评估。教学方法课程涵盖教学设计、教学策略、教学资源和教学评估。第一学期学习教学方法,第二学期开始在指导下授课。

3. TAFE教师专业发展的时间安排紧凑

除了南澳大利亚州和新南威尔士州为TAFE入职教师提供职前计划外,澳大利亚大多数州都会为教师提供在职培训计划。其中有五个州对新入职的全职教师有全天培训或半天培训计划,培训计划通常安排在工作的前两年。昆士兰州采取"三明治模式"培训新入职的教师,新教师要在TAFE教师发展中心培训总共10周时间,并在高等教育学院学习满两个学期,同时作为全职教师在一定的指导下从事短期教学。新教师往往为了完成培训任务和教学任务而加班。⑫

4. 向英美职业教育教师专业发展处于领先水平的国家学习

由于与英美国家存在各方面的紧密关系,因此澳大利亚也积极借鉴这两个国家的先进经验。澳大利亚政府曾派人去往英国、欧盟和美国参观学习,进入社区学院实地考察,参观一些教师专业发展项目等。美国很早就已经开发出了各种系统的教师入职、监督和评估方法。澳大利亚TAFE管理部门也向美国相关部门寻求过帮助,并积极研究美国职业教育教师专业发展的种种方法。

5. 充分利用TAFE图书馆资源

由于科技等方面条件的限制,TAFE教师专业发展尚不能依靠电子信息技术,而是在很大程度上需要依靠图书馆资源,尤其是在授课方面,TAFE教师更是需要使用图书馆资源。全国高校图书馆资源的材料目录中心为教师们提供了一些选择,如澳大利亚国家图书馆、澳大利亚咨询委员会的书目和学校图书馆等资源,都为TAFE教师专业发展服务。

---

⑫ Janet Scarfe. National Review of TAFE Teacher Preparation and Development[R]. Adelaide:the Commonwealth Department of Employment, Education and Training and the State&Territory TAFE Agencies. 1991.

(四)TAFE初创阶段TAFE教师专业发展亟待解决的问题

1. TAFE教师培训机构的评估标准全国不统一

在澳大利亚,虽然每个州或地区的高等教育学院都提供TAFE教师教育,但各个州的TAFE管理部门参与TAFE教师准备工作的情况差异很大。在新南威尔士、维多利亚和南澳大利亚这三个州,正式负责TAFE教师准备的人员一般都是在高等教育部门任职的专业人员,各州的TAFE管理部门选择的教师培训方式不尽相同,有的州通过特殊辅导和现场咨询等方式培训新入职的教师,而有的州则是通过政策委员会和理事会成员研究教师培训的相关政策来参与其中。在昆士兰州、塔斯马尼亚州和西澳大利亚州,TAFE管理部门在TAFE教师准备过程中更加活跃。在昆士兰州有一门高等教育课程,这门课程可以用于新入职教师培训,为期两年。TAFE管理部门为全职员工提供了更广泛的课程选择,确定了教师服务的协调人,成立了教师培训的机构。在塔斯马尼亚州也有与TAFE学院合作的高等教育机构,这促进了TAFE教师专业发展。澳大利亚西部,是唯一一个没有教育权威或高等教育学院用于对TAFE教师进行最初的专业培训的地区。⑬

TAFE教师教育也对教育学院和TAFE机构进行评估。大学的教育学院专家也经常到TAFE机构进行教学指导。通常高等教育教师参与TAFE教师培训,国家TAFE总部员工和TAFE学院工作人员等也都参与TAFE教师教学评估,这种评估没有全国统一标准。

2. 澳大利亚各个州的TAFE教师专业发展管理差异较大

在昆士兰州,大量的教师没有参加正式的教师入职准备,可是有许多教师又急于进行教师专业发展。在新南威尔士州,对于成功完成初期培训的教师没有系统的奖励办法。在维多利亚州,TAFE学院由州管理,在自主管理的第一年,维多利亚州就确定了TAFE教师所要参加的高等教育培训课程和相关费用。在西澳大利亚州,TAFE管理部门没有正式发布教师入职培训计划,允许没有资质的教师在短期合同中进行全职工作,从事教学活动。

---

⑬ Technical and Further Education Council. The Formal Preparation of TAFE Teachers in Australia[R]. Canberra: Australian Government Publishing Service, 1978:76.

虽然澳大利亚各个州的TAFE教师都接受了培训课程,但课程内容和课程教学方法没能充分考虑TAFE教师的多样化背景、年龄和能力,未能进一步做科学规划和课程设计。培训课程中对TAFE教师教学方法和教育心理学方面准备不充分。TAFE教师准备的过程中对TAFE教师实际操作水平的关注不够,人文学科没有得到高度重视。TAFE教师经常反映,他们的教学方法和教育心理学方面的知识不足,兼职教师这方面的缺失更为严重。早期的培训借鉴中小学教师的培训,但是TAFE教师面临的学生却是青少年和成人。这个时期TAFE教师教学还是课程本位的,教学倾向理论方面,因此,教师专业发展也倾向理论学习。

TAFE机构和TAFE管理还未能真正服务于TAFE教师专业发展。澳大利亚的实践表明,只有成立有效的管理机构,才能制订可行的计划,从而对TAFE教师进行各种有效培训。但是,大学目前提供的课程仍然针对TAFE教师教育关注的焦点。在国家层面上可以看到各种TAFE教师培训机构,对这些机构的评估和监管需要进一步的工作,在这方面TAFE管理部门有责任进行监管。权威的教师培训机构应确保补充教师所需要的任何技巧,为他们提供早期阶段的准备计划。这些组织应该提供学习技能援助、咨询和其他支持服务。但是由于TAFE的地位刚刚确立,许多具体的责权分工没有细化,因此总体而言,TAFE教师专业发展的专门机构不够明确,应该如何培训,培训的具体内容是什么,TAFE教师专业发展应达到的目标是什么等许多问题,没有专业的机构能够全面系统地解决。

3. 在TAFE教师准备的过程中教师培养方式不统一

TAFE学院初创阶段TAFE教师专业发展在各个州之间或同一个州的各个学院之间,并没有形成行业、政府和学院共同参与的系统模式,甚至没有先进的教育认证登记制度或教师资格制度。由于新教师入职培训压力很大,有少数教师不热衷于教师专业发展,因此有的教育者提出,新教师入职阶段的专业发展可以分阶段进行。有的TAFE学院便考虑此方法,从而延长了新教师入职阶段的时间,比如在南澳大利亚州,非本科毕业生入职TAFE学院之后,若要获得所教层次对应的文凭,需要花费至少六年的时间。

以TAFE教师专业发展导师制模式为例。成熟教师作为新教师的导师,带领他们进行教学实习是TAFE学院和其他一些高等院校的通常做法。但在实际过程中,根据新教师反映,这对他们的作用不大,不过是收获一些"恭维话",对教学能力的提升没有多少实质帮助。为此,昆士兰州开始施行"以老带新"的教师成长模式,"老教师"和"新教师"被单独指定,并且由"老教师"负责"新教师"入职培训的全过程。在南澳大利亚州,通常是合作工作的"老教师"负责"新教师"的专业发展,并且承担TAFE教师入职培训的高校教师对TAFE教师入职初期的教师专业发展同样负有责任。在教育比较发达的几个州,政府对于TAFE教师取得专业发展方面的进步会给予奖励,包括经济方面的奖励、福利方面的奖励等,比如,完成UG2文凭可以得到基本奖。[131]

4. 资金问题

TAFE教师专业发展存在经费问题,它没有明确统一的政策或制度保障,容易出现资金短缺的问题。庆幸的是这个现象已经引起有关部门和人员的重视,尤其是在"康甘报告"之后,政府逐步增加了对TAFE的投入,TAFE教师专业发展得到了更多的资金支持,TAFE学院获得的联邦基金除了用于TAFE学院的硬件设施建设之外,还把师资队伍建设和教师专业发展纳入了资金使用范围。

5. TAFE教师专业发展未注重科研

TAFE教师科研能力不足,在教师专业发展过程中既不能完全满足教学需求,也不能满足教师自身持续发展的需求。TAFE教师来源于工业、商业、公共服务业等各行业,并且至少有五年的工作经验,而且后续会从事该方面的教学工作。但是有教师反映,即使有了一定的工作经验,相关专业的理论和技术知识依旧难以满足教学需要。因此,已经有TAFE学院和教师协会支持新教师在所教专业方面的学习和研究。TAFE教师希望他们的教学研究作为自身专业发展的重要内容,能与其他的教师专业发展内容等值。

---

[131] Janet Scarfe. National Review of TAFE Teacher Preparation and Development[R]. Adelaide:the Commonwealth Department of Employment, Education and Training and the State&Territory TAFE agencies. 1991.

四、TAFE调整阶段的TAFE教师专业发展

(一)TAFE调整阶段TAFE教师专业发展背景

1. 政府开始重视TAFE教师专业发展

从TAFE初创阶段发展到调整阶段,澳大利亚的社会形势发生了一系列的变化,政坛人物更迭,政策也在不断变化,各个方面都在直接或间接影响着TAFE和TAFE教师。可以肯定的是,虽然调整阶段的TAFE教师面临诸多不确定因素,但是从澳大利亚联邦政府到州政府再到澳大利亚职教体系,都非常重视TAFE教师专业发展。重视TAFE教师专业发展既是澳大利亚政府重视职教的体现,也秉承了一直以来的传统,同时各方面对TAFE教师专业发展的关注也表现出了许多新变化。

2. 企业开始参与TAFE教师专业发展

正规的教师培训是由企业推动的,并且是企业和TAFE学院都认可的。同时,企业和TAFE学院联合安排TAFE教师进行高等教育课程学习和合理的在职培训,包括企业承担费用的培训课程和校企签约的培训课程。

3. 教师的教学方式和方法有了很大变化

尤其是多媒体技术和电脑技术的应用,大大改变了教师传统的授课方式。虽然不能明确定义TAFE教师使用的传统教学方法,但是所谓的"粉笔+对话"式的传统教学,已经在改变。课程设计和传授方式更加灵活,TAFE教育允许教师自己确定授课进度,灵活进行理论和实践的交叉授课,根据客户要求进行具体的课程设计等。能力本位的教育使TAFE教师更加注重学生和自身技能的培养。由于国家税收政策的影响(澳大利亚相关部门规定企业必须为员工培训提供资金保障,否则政府将会没收相应数量或比例的资金),企业从TAFE购买培训服务,推动了TAFE的课程也在不断发展变化。TAFE与企业的关系也在变化着,TAFE教师需要不断重构自身与企业的关系。澳大利亚社会的变化也促使TAFE教师专业发展内容发生变化,出现新的发展趋势。比如工作的女性越来越多,受过高等教育的女性也越来越多,学生中女性的比例也在不断增加,女性问题已成为TAFE教师专业发展需要关注和学习的方面。

4. TAFE学生多样化

学生的变化,对TAFE教师专业发展提出了新的要求,这也是促使TAFE教师专业发展变化最大、最快的因素。

(1)学生来源多样

TAFE教师在课堂上明显感觉到,学生和以前不一样了,相应地,教师的授课方法也要发生改变。首先,TAFE的学生数量将持续增加,学生差异性增大。其次,由于很多持续的社会变革、平权措施和相关的政府培训政策,主流职业学生数量增多。TAFE管理部门在招生政策方面和自身发展方面的一系列变化也使得学生差异性增大。例如,完成12年或试图完成12年教育的学生增多;更多的女性从事非女性传统职业,因此需要到TAFE学习;许多成熟工人受益于TAFE的成人学徒制,学徒制出现新的趋势;更多的学生来自弱势群体,比如土著学生和残疾学生。再次,TAFE对社会有一个长期承诺,对弱势群体提供教育和就业服务。弱势群体的学员彼此差异很大,尤其是在教育背景和宗教信仰方面。最后,TAFE实施的弹性学习更加剧了学生的多样性,即使是同一个班级的学生,他们的学习进度和学习需求等方面也会出现很大差异。

(2)特殊群体学习需求

由于特殊群体学生不断增多,比如女性学生、土著学生、残疾学生等,他们的学习风格和学习需要得到了TAFE学院和TAFE教师的特殊照顾。许多土著学生没有文化甚至读写都有困难,TAFE教师在备课和授课过程中尽量让其模仿操作,而不强调技术知识和理论知识。举例而言,一位教授贸易领域知识的教师,在他的班级里会有几种类型的学生:"传统的"学徒(男青年)、"非传统的"学徒(女性、残疾人、在职成人)、长期失业者、TAFE学院的客户(由企业雇主承担费用派来培训或进修的雇员)。在同一课堂上,按照同一教学大纲,TAFE教师要兼顾所有学生的需要,照顾所有学生的背景,这对TAFE教师的能力要求很高。[132]

(3)学生教育机会平等

许多学者呼吁TAFE教师不仅仅应该关注学生的学习需求和学习习惯,

---

[132] Kronemann, Michaela. TAFE teachers: Facing the Challenge. http://www.avetra.org.au/ papers%202001/Kronemann.pdf. 2014-1-2.

第三章 澳大利亚TAFE教师专业发展的历史沿革 ⓪⑦⑤

也应该熟悉政治和哲学知识，以此来影响他们的学生和教学。比如，许多TAFE教师鼓励残疾学生融入主流行业，TAFE教师的这一做法也招致了许多批评，批评者提出TAFE教师在鼓励残疾人融入主流社会的时候没有考虑到他们是否能正常工作，也没有考虑到他们的生活是否能像正常人一样。许多学者也建议TAFE教师多学习一些社会文化背景知识，在对女性学员的授课过程中，要考虑她们的社会地位、面临的窘境、教育背景等问题。对于TAFE教师诸如此方面的要求已经超越正常的职业教育教师资格的要求，因此，诸多的变化使得TAFE教师在选择授课方法时都很谨慎。

（二）TAFE调整阶段教师专业发展的重点

由于20世纪80年代TAFE的教学由知识本位开始向能力本位转变，而能力本位教学倾向学生的操作能力和岗位能力，因此许多学者建议TAFE教师有必要学习新的教学技能，而有的学者则认为应该强化现有技能在新形势下的运用，比如，在自设课程和开放教学中，如何灵活运用各种教学方法。总体而言，此阶段教师专业发展的内容重点是教学知识与技能、管理能力、行业联络能力以及个人品质及其展现。

1. 教学知识与技能

TAFE教师的教学知识与技能包括教学方面、科技运用方面、课程开发方面和合作教学方面等内容。在新南威尔士州的教师准备课程中，新入职的教师必须完成的内容就包括比较全面的教学知识和技能。获得教学文凭需要进行的课程有四方面：教学研究、TAFE研究、专业研究和职业教学。教学研究包括：教育媒体概论、沟通技巧、课程研究、职业教育教学。[133]TAFE研究探讨教育、社会和政治对TAFE的关键影响，在当前背景下TAFE的问题，以及TAFE教师的角色。专业研究和职业教学是关于自身专业方面的研究和教学。以表3-2新南威尔士TAFE教师入职培训课程为例：

---

[133] Technical and Further Education Council. The Formal Preparation of TAFE Teachers in Australia[R]. Canberra: Australian Government Publishing Service.1978:107.

表3-2 新南威尔士TAFE教师入职培训课程[134]

学期	培训课程	学期	培训课程
入职第一年	教学理论和实践Ⅰ	入职第二年	教学理论与实践Ⅱ
	教育心理学Ⅰ		教育心理学Ⅱ
	教育媒介		计算机教学应用TAFE课
	沟通和研究技能		程设计
	课程研究		TAFE研究
	职业研究Ⅰ		职业研究Ⅱ
			两个专业研究选修课

　　新南威尔士州的TAFE入职培训课程反映了这样一个观点,即新入职的TAFE教师应该开始为他们的职业发展和以后的教学做准备。相关专业的学习可为教育提供理论支撑。

　　北部地区的TAFE教师专业发展课程大纲规定的学习单元包括:教学策略、教学规划、教学技能、学习管理、教学研究、教育技术、多媒体教学设计、职业教学沟通研究、学生评估和评价、TAFE系统和TAFE教师。[135]课程内容强调TAFE教学的实践以及与课程内容直接相关的课堂和车间的情况。专科证书包括一个广泛的主题,比如社区发展、管理、成年人教育、学科专业化、驾驶指令、教学识字、视频制作、计算、办公技能、健康教育和社区维护等。

　　维多利亚州在此阶段的TAFE系统大范围重组后,TAFE委员会在1985年回顾并总结了TAFE新入职教师培训的情况,强调了以下几点的重要性:教育有效性和组织结构的整合;有意识地规划最初的教师培训和教师发展之间的关系;至关重要的是学院的实践课和教师的发展;供应商和客户之间保持有效的联系。委员会还提出,TAFE教师教育者应该首先确定:TAFE教师理想的专业素质,特别是高度发达的技术技能、应对变化的信心、广泛的

---

[134] Technical and Further Education Council. The Formal Preparation of TAFE Teachers in Australia[R]. Canberra: Australian Government Publishing Service.1978:220.

[135] Technical and Further Education Council. The Formal Preparation of TAFE Teachers in Australia[R]. Canberra: Australian Government Publishing Service.1978:232.

澳大利亚TAFE教师专业发展研究

第三章　澳大利亚TAFE教师专业发展的历史沿革　077

个人技能和教育技能;教学的补救问题,特别是有助于提升乡村教师教学能力方面的培训项目应具有更高的灵活性,例如通过短期课程,增加新的教学技术[139]。为了快速提高TAFE教师的知识与能力培训,TAFF委员会强调专业发展导师的重要性;指明教学之间相互借调的好处;进一步解释TAFE教师培训和TAFE体系;指出其他相关机构在TAFE教师专业发展中的重要作用,强调职业教育相关研究的重要性;提出TAFE教师具有良好的人际交往能力的重要性,以及TAFE教师应具备高水平专业技术能力;指出TAFE教师培训的必要性及当前TAFE教师职业发展准备计划的必要性。同时,委员会也承认TAFE教师工作不稳定。委员会要求从各方面、多角度认识TAFE教师的角色多样性和职业路径多样性。TAFE教师的基本要求是高技能、应变能力强、有广泛的生活经验和系统的理解能力。此外,他们的教育需求和个人需求也应得到满足。关于TAFE新入职教师的强烈需求,委员会认为,他们的技术能力和行业经验应该得到承认,同时也应补充他们的教学技能。经验丰富的TAFE教师,根据评估,也需要技术和知识的提升,使之有能力面对可能出现的问题,如机会平等、职业健康和安全等问题。因此,此阶段TAFE教师培训的目的是让TAFE教师在他们工作的第一年发展教学的知识、态度和技能,特别是教师发展中的相关能力,即设计、实施和评价学生的有效学习经验,发展自己专业的和专家的角色,促进自身在教育、专业和个人领域相关教学的发展。

维多利亚州新入职TAFE教师的培训开始于一个专业发展指导项目,该项目对TAFE教师的专业发展指导不少于100小时。项目也包含课程培训,课程包括必修课和选修课。TAFE教师工作第一年和第二年的学习课程基本相同(如表3-3),但是内容不同,整体上是一脉相承的。

---

⑬ Technical and Further Education Council. The Formal Preparation of TAFE Teachers in Australia[R]. Canberra: Australian Government Publishing Service.1978:240.

表3-3 维多利亚州TAFE教师入职培训课程[137]

学期	培训课程	学期	培训课程
入职第一年	关于学习的教学和课程 Ⅰ,Ⅱ	入职第二年	关于学习的教学和课程 Ⅲ,Ⅳ
	教育心理学 Ⅰ		教育心理学 Ⅱ
	语言和交际 Ⅰ,Ⅱ		语言和交际 Ⅲ
	教育技术和社会 Ⅰ		教育技术和社会 Ⅱ
	教学实践		教学实践

三门选修课的可选课程:成人教育、教育专业计算机、教育公平研究、职教数学、教学技术、工场培训与学习,每门选修课的结果只有"通过"与"没通过"。[138]

2. 管理能力

管理能力包括教学管理能力、学生管理能力、人力资源管理能力、企业管理能力、行政管理能力等。该培训课程强调处理客户需求的能力、企业联系的能力、作为教师理解TAFE和TAFE作用的能力、衔接TAFE和高等教育的能力、衔接TAFE和中学教育的能力、课程设计的能力以及帮助学习者学习情境迁移的能力等。

TAFE教师的教学不同于传统的教学,TAFE教师被称为"学习的管理者"。因此,教师对学生学习的管理包括课堂学习或工场学习的监督、管理、记录和分析。TAFE教师作为学生学习的管理者,对学生学习负责。这一点对开放式学习和能力本位教学都有影响。

能力本位教学和开放式教学的课程要求教师具有广泛的项目管理技能,涉及很多的文字工作、传统的教学方法运用等。灵活的入学制度、分析学生的记录和数据要求TAFE教师具有更多的管理技能。由于记录管理计算机化,教师还需要更多的计算机知识,能灵活运用各种软件。教师要面对

[137] Technical and Further Education Council. The Formal Preparation of TAFE Teachers in Australia[R]. Canberra: Australian Government Publishing Service.1978:220.

[138] Technical and Further Education Council. The Formal Preparation of TAFE Teachers in Australia[R]. Canberra: Australian Government Publishing Service.1978:119.

澳大利亚TAFE教师专业发展研究

复杂的学习管理的行政安排,要参与人力资源管理,为TAFE学院的发展出谋划策,具体而言,TAFE教师要具备的管理能力有如下几方面:

(1)规划学院发展的能力

TAFE教师应具备企业规划能力。能够进行理性决策;能够进行社区需求的分析;能预测TAFE学院的发展;能够理解新技术;能够进行组织管理并能设定发展目标。

(2)人员管理能力

TAFE教师应具备各类委员会的管理技能。能够激励员工;能鼓励员工进行职业发展;能组织代表团;能解决各类矛盾;能处理TAFE的新问题。TAFE教师还应具备团队技能,能保持良好的劳资关系,创造良好的"工作环境";能倾听各级员工的心声并尊重其他专业人士。

(3)TAFE学院管理能力

TAFE教师应具备一定的财务管理、处理预算和决算相关问题的能力。能够协调学院内部各个部门的关系;能够支持学院的商业化发展;具有创业精神。

(4)教育领导能力

TAFE教师具备一定的领导能力。能够保持学院教育发展的先进性,鼓励员工发展;能够为教职员工和学生的提供一个榜样;能够制定切实可行的标准;能够清楚地阐述教育哲学;能够鼓励创新。

(5)沟通与交流能力

TAFE教师应具备的沟通能力包括人际沟通能力和公共关系能力。人际沟通能力包括与人沟通、公共演讲和读写能力。TAFE教师能够发展与社区、行业和其他教育机构的关系;维护TAFE总部和其他院校的关系以及学生和工作人员的关系;作为学院的倡导者,能够寻求资金帮助等。公共关系能力包括媒体应对能力、谈判能力、创造机会的能力。TAFE教师能够发现学生的担忧,捕捉学院营销方面的需求。

(6)自主专业发展能力

TAFE教师在完成正式的岗前培训之后,应具备自主发展的能力。包括能够进行本专业的文献阅读;能够进行论文写作并能够出版;能自主参加相关专业委员会并参与学习;工作中能够熟练应用本专业知识并不断进行知识提升。

（7）其他专业能力

TAFE 教师的其他相关专业能力还包括时间管理能力、理解劳资关系和TAFE 体系的能力、解释和执行政策文件的能力、计算机等数字工具应用能力、文字处理能力、行政管理能力等。

3. 行业联络能力

TAFE 和行业之间的关系不断改变，"TAFE 和行业应该开发更具活力的互惠互利的伙伴关系，不再是目前简单的供应商和消费者的关系"。[⑲]在所有的中学后教育中，TAFE 与行业的关系长期以来最为亲密。相当数量的TAFE 学生在注册时已经是雇员，他们的职业发展和定期审查项目涉及行业参与、协商和批准。课程咨询委员会在国家、州和地方层面都有来自工商业的会员。在一些州，TAFE 为特定行业客户设计和交付人才培养方案已经许多年了。在这些州，TAFE 是一个法定机构，董事会成员都来自行业（雇主和工会）以及政府和社区。行业一直是 TAFE 公认的最强大的客户端。

TAFE 调整阶段，无论是管理部门还是 TAFE 学院都开始强调 TAFE 教师与企业或行业的关系，并把 TAFE 教师与行业或企业的关系视为教师的重要能力之一。TAFE 最引人注目的发展是一直强调该行业潜在的创业活动，如咨询公司和工商专业培训项目。越来越多的报道、文章和手册上出现了TAFE 发展新方向和新现象所需的技能。TAFE 为企业提供主要的咨询服务，作为行业咨询主要机构的 TAFE 学院作用甚广：奖励和进行行业重组、设计和重新设计工作、设计培训计划和个人发展计划、研究和评价工作本位的学习以及控制和评估质量。TAFE 的传统专业课程的设计、开发、评估、权利和公平性等方面都已经被认为更容易适应市场。TAFE 装备精良、开发定制课程，足以满足培训需求，特别是在非贸易领域。TAFE 市场部门任务艰巨，因此，TAFE 教师需要更具创业精神。

为了承担行业咨询公司等任务，TAFE 必须不断参与竞争。20 世纪 90年代联邦政府资助的 TAFE 教师专业发展指南特别强调，TAFE 教师的专业发展内容包括企业管理技能、营销领域的就业和培训服务。这一时期出版的手册或评估报告以及关于商业或工业应用的研究表明，TAFE 教师可以满足以上绝大部分需求。

---

⑲ McDonald, R. Integration Theory and Practice[R]. Victorian TAFE Papers, 1987: 10.

澳大利亚 TAFE 教师专业发展研究

第三章　澳大利亚 TAFE 教师专业发展的历史沿革　081

TAFE 教师加强与企业或行业的联络,有利于 TAFE 的创收,也为 TAFE 教师专业发展客观上创造了条件。联邦政府更加重视技术教育和培训,这也有利于巩固 TAFE 在培训行业内的地位,有利于推动联邦政府的行业培训立法。TAFE 教师加强行业联络不仅是 TAFE 教师专业发展的重要方面,也是 TAFE 发展战略的重要组成部分,保证了工业生产和产业重组可以使培训需求得到最大限度的满足。

4. 个人品质及其展现

面对各种变化,很难用以前的概念来描述 TAFE 教师需要的新知识和新技能。有的学者为了方便描述,称之为"一般个人素质",或态度技能(attitudinal skills)。它们包括诸如应变能力、自身终身学习的能力、决策能力、热情工作的能力、创造力、职业道德水平、服务意识等方面。

面对变化的适应性。在一个时刻变化的 TAFE 系统中,应对这种变化的能力是至关重要的。TAFE 教师必须能够适应与其专业领域相关的变化,包括技术变化和组织结构变化。TAFE 教师已经开始经历当地 TAFE 机构的重组,包括工资报酬结构变化或行业本身的重组。大多数行业也有重大变化,这都是 TAFE 教师要面对和适应的,因为这些都会对职业和相关的培训产生深远的影响,并要求教师适应"多面手"的教育方法。同时,关于 TAFE 教师教学变化的探讨,虽然声音微弱,但星星之火,可以燎原,已经引起各界对 TAFE 教师能力改变的关注。这意味着 TAFE 教师要对自己的学习负责,并鼓励他们的学生继续学习。TAFE 教师"有信心处理变化,因为他们一直拥有或被要求拥有更广泛的教育和人际沟通技巧"。[140]

人际关系技能。人际关系技能是 TAFE 教师所需的关键技能之一。人际关系技能不仅被认为是至关重要的,而且是在不同的工作环境中所必需的。谈判技巧、与同事协同工作的能力、领导技巧和为人热情都是人际关系的范畴。

研究技能。TAFE 教师需要做研究,TAFE 教师的研究技能在 20 世纪 90 年代的教师专业发展中越来越重要。TAFE 教师的研究以往集中在教育问题上,现在主要是在当地进行应用研究,关注行业的发展,如寻求适当的和

---

[140] McDonald, R. Integration Theory and Practice[R].Victorian TAFE Papers, 1987:10.

有效的方式满足公司的培训需求。协作能力也是TAFE教师研究技能的一个方面。

决策能力。许多关于TAFE教师的文献,都强调了决策能力的重要性。TAFE教师需要更多参与决策的能力,如果企业需要,他们能迅速做出恰当决定。在对TAFE教师的研究中有人得出的结论:TAFE教师的决策角色受到多方面限制,通常该能力的发挥都是在课堂教学过程中。TAFE教师的"决策能力……需要锻炼和发展"。

(三)TAFE调整阶段影响TAFE教师专业发展的因素

无论政府与TAFE有关的政策如何变化、社会趋势如何发展,对TAFE教师影响最大的莫过于两个领域:教师的角色和课程内容。在职业教育和培训领域学生的变化、与企业关系的变化、弹性授课制等方面的变化对TAFE教师的教学产生重大影响。

1.教学方面的变化

(1)课程的变化

澳大利亚TAFE教师在课程设置领域的责任在各个州之间略有不同。TAFE课程设置变化对TAFE教师提出了更高的要求。在维多利亚州,TAFE教师遵循着传统的程序,与企业和行业合作、与教学专家合作进行课程开发和实施,抑或教师独自完成整套课程,抑或教学小组共同完成。维多利亚州的TAFE教师在课程评估和课程设计方面为全国的课程开发起到示范作用。要满足不同的课程设置,需要TAFE教师提高课程设置、教学设计等方面的教学技能,而TAFE教师教学技能的提高要依靠专业发展来实现。

同时,这一时期,课程政治化问题未能解决。课程内容的选定需要克服社会偏见,强化学生未来要做的工作。学生思维培养方面强调批判性思维,这是TAFE教学中可喜的趋势。非传统教学方法的应用给TAFE教师教学带来冲击。能力本位教育、开放式教学给TAFE课程设计和教学带来巨大影响。最明显的影响就是教材方面。教材是教学内容的主要载体、教学的媒介、实践和评估的依据。教材包括多种学习材料,不再局限于书本,TAFE教师本身也是重要的教学资源。学习材料的呈现形式包括书本、录像、幻灯片、互动视频等,每个单元都有一个集成包,课程的各项规定都据此进行。

可以证明的是,学生的技能明显提高,与职业高度融合,这说明当前TAFE教师授课的高效性。总之,TAFE部门最明显的变化就是课程方面的变化和教师教学方式方法的变化,这些方面影响了TAFE教师专业发展的内容和方向。

(2)学生的变化

对TAFE教师影响最大的因素是TAFE学生的变化。TAFE学生数量和质量的变化不仅仅影响了TAFE教师的教学风格,也影响了课程设计。TAFE教师的备课需要兼顾中学毕业生和高等教育层次的学生,抑或没有接受多少正式教育的学生。比如,TAFE教师需要设计短期课程,以满足具有高等教育背景的学生,同样的课程内容教师还需要教授给来TAFE培训的企业工人,而企业工人几乎没有接受过多少正规教育。学生的多样性要求TAFE教师必须提高教学技能,转变教师角色,而这些方面同样依靠TAFE教师专业发展来实现。

(3)TAFE学院与企业关系的变化

TAFE与企业在传统意义上的关系发生了很大改变,对TAFE教师的教学提出更高要求,给TAFE教师专业发展带来影响。企业需要TAFE教师传授企业需要的技能,并为其支付报酬。由于企业需要的课程内容更加具体,因此课程设置由企业主导。一旦企业客户的需求有变化,企业对TAFE课程的要求就会变化。企业作为职业教育的直接客户,通常敦促TAFE教师教学或指定职业课程,因此TAFE教师面临的新问题主要表现在工场教学压力、学生的学习机会、教师和学生的职业健康与安全、教学管理、技术整合等,但对于TAFE教师而言,企业又无法提供更好的帮助。为了应对这些复杂的关系与矛盾,TAFE教师必须通过专业发展,调整自身状况,以应对变化。

2. 能力本位的职业教育与培训

除了科技手段的运用,还有一个重要的原因导致TAFE教师专业发展内容发生巨大变化,那就是能力本位教学和开放式学习带来的冲击。

(1)能力本位教学

基于能力本位的教学方法与评估无疑对TAFE的发展产生了深远的影响。TAFE的课程、教学和教师都因此发生了巨大的转变。TAFE能力本位课程的实施始于20世纪80年代,澳大利亚经济发展和企业发展的需要,推动了TAFE能力本位教学和培训。毫无疑问，能力本位教学是澳大利亚TAFE教育在这一时期甚至是未来一段时期的特色和重点，能力本位教育的实施要依靠TAFE教师，TAFE教师的专业素质是能力本位教育的关键和保证。传统的教师，在传统的教室里，运用的教学方式主要是"粉笔+对话"的形式。在能力本位教育的要求下，教室和工场都是授课地点，课程进度由教师根据不同的学生自行把握。同时上课的学生在教育背景、学习方式等方面可能大相径庭，但是参加同一门课程的学生都要面对TAFE教师准备好的教学材料、教学资源，参与同样的讲授过程，通过同样的考试。因此，既要体现公平性，又要照顾学生的差异性，对TAFE教师的授课和评估提出了更高的要求。

能力本位教学首先要求教师有过硬的教学技能，还要有课程管理的能力。教师需要具备的教学技能有：提高学生学习的能力（不能仅仅呈现学习内容）、所授课程融会贯通及综合运用教学材料的能力、维持课堂秩序的能力、教师作为个人和团体成员合理评估的能力、激励学生发展的能力等。课程管理能力包括：熟悉电脑软硬件，监督工场（对学生和设备的管理），保证工场安全等。

能力培训中的能力标准问题是众多学者关注的重点，以往运用传统教学方法的教师必须提高教学技能，才能保证能力本位教学。约翰·福斯特（John Foyster）提出TAFE教师还需要能够：对学生合理评估；甄别和选择教学材料；钻研促进学生能力发展；钻研技能学习方法；强调企业发展中个人作用，而不仅仅是为了满足教师个人需要。[141]

合理评估是能力本位教育与培训的重要组成部分，也是教师能力本位教学的重要步骤。许多澳大利亚同时期的相关研究表明，无论是TAFE教师还是企业培训者，他们的评估能力普遍不足，主要表现为：TAFE教师对评估要求把握不准确，比如技能、能力等用语在评估过程中所指的具体内容是不一样的；对评估的目的理解不到位，评估的目的是发现学生做得有多好，而不是衡量学生已经知道了多少知识。

TAFE教师对学生能力的评估对于学生的学习越来越重要。学习的渠

---

[141] John Foyster. Getting to grips with competency-based training and assessment [R]. TAFE National Centre for Research and Development（Australia），2000.

道有好多,在校学习、在职学习、自学等等。然而,TAFE教师需要创建特定的工作场景,按照要求评估学生在具体工作情形中的技能掌握情况。那么TAFE教师首先要有能力准备充足的评估材料和评估设施,为学生的顺利评估创造条件。

(2)开放式学习

开放式学习是为了给学生提供更多的学习机会。TAFE教师进行开放式教学,即教学的设计者,也是管理者。TAFE管理部门对开放式教学没有明确的范围界定。开放式教学是为了满足学生多种学习需求,实现弹性学习的一个重要措施。然而,在TAFE学院,随着弹性学习安排越来越多,TAFE教师的开放式教学技能也受到了关注。为了适应开放式教学,TAFE教师需要承担多重角色,具备多项能力:学习的设计者,能与其他教育者、企业和学生良好合作;学习的管理者,能提供教育教学支持;咨询者,能帮助学生注册课程、解答关于课程的疑问。也就是说,在开放式学习/教学过程中,TAFE教师已不是传统意义上的教师,需要很强的学习设计和学习管理能力,既要担当教师的角色,也要从学习者的角度考虑课程的实施等方面。

无论是传统的面对面授课还是开放式教学,都有各自的特色,不应刻意舍此取彼。无论何种授课方式,所有的TAFE教师都应该有能力胜任。也就是说,所有的TAFE教师既要能从事面对面的教学也要能进行开放式教学,TAFE教师既是课程的开发者、情境学习的专家,也是评估标准的制定者和实施者。当然,没有任何一门课程是完全开放或完全封闭的。即使是开放式学习/教学,师生也需要用传统的方式进行沟通,在这一点上与传统的教学方式是一致的。这要求TAFE教师专业发展的内容不是简单的变化,而是在原有基础上更加强调适应性。

(3)课程互认

TAFE在这一时期明显的变化和特征之一就是实施课程互认。学生的学分可以在各个学校得到互认,避免重复学习,这更利于实现人的全面发展。TAFE的课程融通要求教师在课程设置和教学方法上都顺应其发展。比如,维多利亚州培训委员会就列举出该时期TAFE课程融通的关键策略,"促进公立培训部门与私人培训机构之间的学生成绩互认"。

在这一时期,TAFE课程融通的具体细节还没有完成,TAFE课程融通究竟是纵向的还是横向的还不清晰,课程融通的立交桥还未建立,TAFE教师究竟具体要在课程知识的哪一方面提高也不确定。尤其是,在确定了学生的学分可以被其他院校认可这一原则之后,哪些课程的学分可以互换,哪些课程属于同一类或近似课程,都需要进一步研究。许多文献和资料表明,TAFE的学生进入高等教育之后,他们其中大部分都有学习困难、学习能力不足、自律性差等问题。对于希望由TAFE转入高等学院学习的TAFE学生而言,TAFE教师对他们的影响更为重要。熟悉高等教育课程,了解大学生的学习方法和学习环境,同时又对企业甚是了解的TAFE教师可以帮助TAFE学生顺利转学。

总之,能力本位的培训与评估对TAFE教师影响很大。教师的教学风格、课程设计、课程管理、评估方法等都因此而改变。受此影响,TAFE教师专业发展的目标和内容都有所变化,对TAFE教师专业发展的要求也更高了。

3. TAFE教师的技术更新受到多方因素影响

TAFE教师掌握先进的技术保证了TAFE教育的高质量。近些年,澳大利亚本土和国外的研究都提出职业教育教师应该是学科专家,以应对科技的迅速发展。澳大利亚联邦从20世纪80年代以来一直重视教师职业技能的提高。但专业技能是一个复杂的方面,尤其对于TAFE教师而言,专业技能的提高需要更多的支持、更多的努力。20世纪90年代,影响TAFE教师专业发展的是:科技变化、教师的知识和技能发展能否满足工场劳动力的需要、企业复杂的要求等。因此,教师关于科技和职业技能的概念要扩大其内涵和外延,除了质量控制和管理之外,还有职业健康、安全和雇佣机会平等其他方面需要TAFE教师了解和学习。

(1)科技的变化

有效回应持续的科技变革是所有职教系统教职员工长期专业发展的目标。联合国教科文组织(UNESCO)的技术和职业教育大会会议草案就强调了目前和未来科技变革的范围和速度,还强调了教师持续更新科技信息、知识和技能的重要性。⑫

---

⑫ Education for the 21st Century.http://en.unesco.org/themes/education-21st-century. 2015-12-20.

没有企业面对科技的发展会坐以待毙，TAFE的企业性质要求TAFE也同样需要将科技进步融入课程设置、设备和设施更新等方面。州政府和地区政府考虑到科技带来的各方面变化都加大了资金支持，这其中就包括加大对TAFE教师专业发展的投入。大多数TAFE教师希望提高自身的学科知识，认为学科知识的持续学习是很有必要的。另一方面，许多TAFE教师并不主动把握教师专业发展的机会，面对科技的发展，并不是所有TAFE教师都主动学习，因此要提高全体TAFE教师的职业知识和技能并不是一蹴而就的事，需要多方努力。

另一个关于TAFE教师专业技能和知识的问题是，TAFE教师的技术水平在他们各自的行业中是处于领先水平，还是只是普通水平？就业教育和培训部提供资金为TAFE购买设备，这些设备也基本上是企业正在使用的设备，也就是说TAFE的硬件和企业的硬件处于同一科技水平，那么TAFE教师使用这些设备进行授课，他们的技能与企业的需要也应是相对应的。事实上不尽然，企业的多样性在TAFE教师的授课过程中很难体现。

（2）产业结构重组的影响

经济发展和产业结构重组将对TAFE教师学科技能的发展产生重大影响。一个明显的结果就是TAFE教师需要更新和修订职业分类中的主要课程设置和内容，拓宽执业范围。TAFE教师教授的技能不仅包括传统的学科领域，也包括相关学科领域，甚至是全新的、完全陌生的领域。

（3）职场生活技能

为了学生能够有效融入未来的职场生活，TAFE教师首先要意识到社会、工作的环境、企业是一体的。企业的发展变化意味着社会的发展变化，TAFE教师专业发展也应有培养学生关注社会发展、提升自身生活质量、关注消费、保障雇员自身利益的意识与行为。这方面也应是TAFE教师自身的素养。

此外，法律保障、职业健康和安全、机会平等、职业压力等方面都在影响着职业环境和职业发展，这些也应是TAFE教师专业发展的内容。

（四）调整阶段TAFE教师专业发展的特点

调整阶段的TAFE教师专业发展已经体现出TAFE在教师专业发展方

面的先进理念,是职业教育教师专业发展的先进模式之一。TAFE教师专业发展体系初具雏形,为后来的教师专业发展奠定了基础。

1. TAFE教师专业发展的主要任务是应对各种变化

随着经济和科技的发展,各州的TAFE相关部门都在变化,持续变化的压力要求TAFE教师扩充知识、提升能力,以此满足他们的工作需要,适应持续改变的环境。越来越大的压力给工场和教育带来很大影响,导致一些变化,这些变化包括技术、人口趋势、社会经济动态、新的劳动力模式等。然而,为了应对这些变化,TAFE教师需要通过专业发展来满足自身和学生持续发展的需要。这些知识应该掌握到何种程度,能力需要提升到何种程度,都是包括TAFE教师在内的许多研究者和教育者关心的问题。

关于未来职业教育和培训的变化,TAFE系统内部和外部都面临许多议题,比如:学生特点的变化、行业的变化(报酬结构、职场生活质量),以及TAFE与企业关系的变化,这一变化要求TAFE对企业要相当熟悉,甚至熟悉其专业知识,即使特定行业也不例外。这一阶段各个州的TAFE教师专业发展项目和课程也都反映了提高TAFE教师的专业素质的必要性。简而言之,这种变化给TAFE的发展和TAFE教师的素质提出了新的要求,促进TAFE教师专业发展和各方面的提升,不仅有利于提升个体教师的效率,也有利于整个TAFE系统高效运转。

2. TAFE教师专业素质倾向成人教育

成人教育知识也是现阶段TAFE教师专业发展的重要方面,用成人教育理论充实TAFE教师的知识,体现了TAFE生涯教育和终身教育的特点。澳大利亚首都直辖区TAFE教师培训课程大纲中规定,第一年:成人教育1a(教学大纲研究)、成人教育1b(理论和实践教学)、成人教育1c(教学沟通研究)、成人教育1d(教学);第二年:成人教育2a(课程研究)、成人教育2b(教学的理论与实践)、成人教育2c(语言和教学交流)、成人教育2d(教学,高级);第三年:成人教育3a、成人教育3b(成人学习的本质)、成人教育3c(教育管理和领导)、成人教育3d。[143]

这些课程总共安排了四个主题:课程、教学与学习、交流和教学实践,但

---

[143] Technical and Further Education Council. The Formal Preparation of TAFE Teachers in Australia[R]. Canberra: Australian Government Publishing Service.1978:197

都是成人教育范围。昆士兰州TAFE教师专业发展课程大纲也有成人学习心理基础和成人与职业教育基础。当时只有南澳职业教育教师专业发展课程的内容大纲在教学文凭的目标中提及成人和青少年。该教学文凭有四个目标:

指明教师专业发展的知识和技能,要求形成良好的教学理论框架,该框架服务于成人和青少年进一步的教育;

允许教师决定个人的继续教育,教师有权决定个人发展需求,并做出合理的选择来提高个人专业知识;

提供发展机会,提高所教学科的知识、技能和理解;

教师作为教育者要拓宽自己的兴趣,发展新的见解,形成新的技能,为学生提供进一步受教育的机会。

课程安排在四个方面:

基础单元(专业研究的一个组成部分)。分析实习前教师的学习和职业抱负,在当前和未来的背景下成人教育工作者在不同的教育环境中的角色;

专业的研究。对所需知识、技能的认知,对成人教育的认知,对成人教育的理论框架和成人学习的心理基础的认知;

职业研究(专业知识)。教师学员可以免除36个单元中的24个单元的学习,包括专业教学区域熟练度、技能和态度,要求学员更新他们的专业知识并承担一个相关研究项目;

个人发展研究或选修课。教师学员可以在南澳大利亚大学或其他高等教育机构的任何一个学科注册。向选修课程协调员咨询相关问题,特别是教师培训和职业发展方面的问题。教师自由选择的目的是照顾学员背景的多样性。

3. TAFE教师专业发展表现出紧迫性

TAFE教师专业发展面临诸多的问题,使得政府、行业、TAFE学院以及许多专家学者认识到了TAFE教师专业发展的紧迫性与重要性。为了满足TAFE教师持续发展的需求,TAFE国家中心于1987年出版了三卷关于TAFE教师最初和继续教育的主要研究:《TAFE教师培训课程》《TAFE全职教师的继续教育需求》《TAFE学院高级教师的专业发展需求》。

诸多研究显示,绝大多数TAFE学院承认教师在教学领域保持先进性的紧迫性和重要性。有的专家给出了建议:高等教育机构应该更多考虑TAFE教师的需要,包括他们的本科和研究生课程教育;TAFE管理部门应更加强调贸易领域教师的专业发展需要,应该强调为了TAFE,在工业/商业开展员工开发活动,安排工业/商业进行员工发展活动;联邦政府应当认真考虑为TAFE全职教师设定特别基金和进行定期行业内容发布;TAFE教师专业发展负责人应该能够探索员工发展的具体路径和方法,帮助TAFE全职教师可以定期更新他们的技术知识和技能;TAFE管理部门应该开发TAFE教师自我评估或教师同行评价的具体方法,这样TAFE就可以定期对教师进行专业发展评估。专业发展对于每个TAFE教师的职业生涯都是至关重要的,无论他们在学院中的职位如何。

1989年,新南威尔士技术与继续教育部总结了该州的TAFE教师培训情况,具体对象为技术与成人教育学院(ITAFE)、猎人高等教育学院。调查发现了新南威尔士州TAFE教师准备方面的一些变化:新入职教师培训内容与步骤趋向统一;教师教育者与实习教师的比例在减少;对新教师基本教学技能的教授在文凭课程的前两周进行;新入职教师欢迎有经验的教师到自己的课堂听课;教师管理者的专业发展强调对新入职教师的责任。该调查还建议对培训课程做一些弹性改变,比如:调整课余时间上课,利用12月份和1月份进行教师入职培训。

TAFE的重组,震动巨大,和TAFE有关的系统都受到波及。TAFE教师和员工受到的影响自然也很多。因此尽快提升TAFE教师、管理者和从业者的个人技能的呼声很高。拓展教师专业发展路径,关注教师行业经验,职业发展路线要能平衡课堂、企业和研究的关系,寻求共同发展。地方教师培训涉及企业和工作经验,采取措施优先升级TAFE教师的教学技能和教学经验,以及支持企业直接赞助和支持TAFE教师回归企业。强调职业发展规划与职业生涯规划的重要性及其解决方法等许多观点和建议推动了TAFE教师专业发展,为下一阶段的TAFE教师专业发展留下了空间。

4. TAFE教师专业发展资金支持增加

这一阶段,TAFE的资金支持呈增长趋势,因此TAFE教师专业发展在资金方面也得到了支持。在新南威尔士州,负责教师持续的专业发展和技术能力发展是学院内部几个部门之间共同负责,包括教学部门、管理部门、教

澳大利亚TAFE教师专业发展研究

师和人力资源开发部门。部门重组给教师教育网络和教师教育管理增加了压力,影响了TAFE教师专业发展的多个方面。所有TAFE教师发展的基金应用都是通过人力资源部门来统合,因此可以集中资金进行各种项目与州际应用项目,如教育计算机技能、教学方法、考试和评估程序、课程实施等。

北方地区地理位置偏远,人口稀少,距离省会城市遥远。这里的TAFE教师参加全面的职业发展课程有很多困难。基金方面,通过地区教育部和大学教育学院得到的资金是有限的。因此,教师专业发展的大多数活动都是在本地进行并通过当地大学或TAFE中心展开工作的,教师专业发展政策的解释者和关键培训者有时需要从其他州邀请。当地最常见的教师专业发展形式都是一些本地的课程,偶尔集中于工场进行(视需求而定)。在基金允许的情况下,TAFE教师会参加州际会议和研讨会。TAFE的员工可能会收到来自当地教育部的特殊帮助,参加在达尔文举行的研讨会,与会TAFE教师可享受返程机票、十天带薪休假的待遇。资金有三个主要来源:学院、地区政府和联邦政府。

如同在澳大利亚其他州和地区一样,昆士兰州有各种途径保证有经验的TAFE教师持续的专业发展,就业教育和培训(DEVET)专业发展分支部门系统地负责TAFE学院人员发展和个人计划。专业发展部门提供一系列发展项目,并以满足学院的需要为基础。它还为经验丰富的教师提供管理和高级管理项目,这些项目由中央资助,按当地的需要,由学院出资。TAFE教师发展基金都包含在每个学院的拨款中。在大多数TAFE学院,学院基金分配董事在学院员工发展委员会的建议下分配资金,也有一些员工发展委员会自行分配支出。越来越多的教师重返企业更新他们的技能,还有许多教师参与教育或培训组织,从事交流和研究,以此发展他们的专业技能,这些都是由相关组织资助。中央基金也为各种专业发展项目提供不同级别的奖学金。越来越多的TAFE教师参加高等教育项目,但通常由教师个人负责支付高等教育的费用。

在南澳大利亚州,TAFE教师、教师管理者、就业和技术与继续教育部(DETAFE)三方共同负责TAFE有经验教师的专业发展,资金都来自就业和技术与继续教育部。按照就业和技术与继续教育部的年度预算,资金分配给学院(40%)、项目(40%)、特殊系统计划(10%)和中央人员开发部门

（10%）。[145]据估计，专业发展基金至少等于年度DETAFE预算资金的数量。教学技能提高途径包括指导、教学监督、参加短期课程、会议和高等教育课程等。除了高等学位课程之外的课程都可以由学院的预算资助，教师的教学技能发展由各学院自己负责，更高的学位课程必须由个人负担，TAFE资金只报销本科课程费用。TAFE教师提高专业技能的各种方法包括，参加课程和会议、回归企业、参加高等教育项目、参加各类项目、非正式的交流与借调以及加入专业协会等。学院预算资金有各种来源：行业、学院委员会和个人。管理和行政能力的发展，被视为TAFE教师专业发展越来越重要的领域，TAFE教师可通过参加项目和短期课程、借调、代理更高的职位进行专业交流。资金来源于学院可用预算和个人资金。创业技能的提高是通过参加项目开发工作和短期课程、参与咨询公司等方式实现的。各类高校和企业大学委员会等也是此类活动的资金来源。

维多利亚州TAFE教师专业发展由当地组织和中央支持。每个学院都可以满足自己内部大部分员工的发展。活动基金、组织项目的预算都基于学院对教师专业发展需要的评估。所有学院都有员工发展负责人（全职或兼职）或一个委员会。维多利亚州所有的TAFE教师有权每年参加至少一周的专业发展活动。以学院为基础的教师专业发展活动由于环境差异，费用也有所不同。据估算，1990年约1,410万澳元已经分配给TAFE学院用于教师专业发展。相比之下，中央资金支持TAFE教师专业发展就少很多（120万澳元）。该州培训委员会办公室没有教师发展中心，但是会集中支持项目，在1990年，有8个员工发展项目和6个管理开发活动，这主要与联邦要求TAFE教师专业发展优先和州政府政策有关。各个TAFE学院参加国家发展项目的情况与每个学院的年度绩效有关联。[146]

应该说此阶段TAFE教师专业发展初具规模，与各个方面的资金支持是分不开的。

5. 人员和设备共享策略

TAFE学院与行业人员和设备实施共享的策略。TAFE教学可以无偿使

---

[145] Home of Department of Education and Training.https://www.education.gov.au/funding.2013-12-22.

用企业的设备。TAFE学院的教师大部分是行业和企业精英,许多教师是跨行业工作,既是企业和行业的技术人员也是TAFE学院的教师,因此从一开始TAFE教师就具有双重身份。TAFE教师的双重身份有利于校企联系、资源共享,并保证了TAFE教学的先进性。

(五)TAFE调整阶段TAFE教师专业发展存在的主要问题

1. TAFE教师专业发展制度不完善

调整阶段,TAFE教师专业发展制度已经初步建立,但是许多方面存在问题,需要进一步完善。

TAFE教师资格不统一。 调整阶段,TAFE教师资格并没有实现全国统一,许多TAFE教师代表都在呼吁应给予他们的教师资格足够的重视,并且全国通用。资格统一有利于提高TAFE教师的工作待遇,调动TAFE教师的工作积极性,促进TAFE教师积极进行专业发展。

国家政策和制度的保障不足。政府政策对于促进TAFE教师专业发展的重要性是显而易见的,但是在调整阶段,事实上,国家层面上的统一政策不足。除了TAFE教师资格缺乏全国统一的标准之外,在TAFE教师专业发展策略上各自为战,TAFE教师专业发展法律法规等政策在地方、州和国家层面上都没有明确的一致性。TAFE管理部门的目的、特征、客户、未来规划等方面没有明确的定论或规定性文件,影响TAFE教师对自身和专业发展方向的认识。统一的政府政策有利于正视、理解并应对TAFE各方面的变化,有利于TAFE教师提高工作效率,有利于整个TAFE系统健康发展。

2. TAFE教师专业发展重点不够清晰

调整阶段,TAFE教师专业发展强调成人教育理论的学习和应用,这既是特点,也是问题,反映出TAFE教师专业发展过程中对TAFE学生的多样性认识不足。从南澳大利亚州的教师专业发展课程大纲内容和安排上看,虽然提及为青少年服务,但是依旧倾向于成人教育,这难免会造成TAFE教师专业发展的理论提升不足。马吉恩关于TAFE教师专业发展需求的研究反映出TAFE教师专业发展的需要集中在提高技能或他们现在的职位等方面。网络等新技术的应用、联系沟通、信息获取和交换等能力,都是TAFE教师急于学习和提高的。

准确定位TAFE教师专业发展的重点,既是TAFE教师专业发展自身的重要工作,也需要TAFE管理部门和研究者的共同努力,它有利于迅速提高TAFE教师的整体素质。

虽然在这一阶段,TAFE教师专业发展已经得到了政府重视,各方面的保障政策不断出台,同TAFE初创时期相比,TAFE教师专业发展取得了很大的成绩,但是依然存在诸多问题,如TAFE教师专业发展保障制度不完善;管理水平各州差异太大;教师专业发展水平参差不齐等。问题的存在也为TAFE教师专业发展提供了动力,促使TAFE改革发展阶段的TAFE教师专业发展更加完善、科学。

从90年代中期至今,TAFE教师专业发展一直处于发展时期,而对当前TAFE教师专业发展的研究将在后续章节中展开。

第四章 澳大利亚TAFE教师专业发展制度

TAFE教师专业发展以澳大利亚国家资格框架、培训与教育培训包为基础,由联邦政府和州政府相关部门负责,诸多相关组织和团体共同参与。TAFE教师专业发展制度是指澳大利亚各级政府及相关部门、组织为了促进TAFE教师专业发展而出台的法规、制定的政策和采取的措施。

澳大利亚TAFE教师专业发展强调教师的能力发展,针对TAFE教师所处的专业发展阶段,相关部门、组织以及TAFE学院都采取各种措施促进教师专业发展。TAFE教师专业发展制度主要是根据TAFE教师专业发展阶段制定的,强调各个专业发展阶段的专业发展重点,兼顾绝大多数TAFE教师的需要,全面促进TAFE教师专业发展。TAFE教师专业发展制度包括TAFE教师资格证书制度、聘任制度、入职培训制度、在职提升制度、回归企业制度等。

一、TAFE教师资格证书制度

教师资格证书制度,又称教师资格认证制度,"主要是指证书的管理部门(政府的管理机构或教师专业组织)依照教师所需具备的知识技能,先行制定认证与检定的标准,想要从事教师职业的人,向有关部门申请认证与检定时,若合乎标准便被颁发教师证书。拥有教师证书表示此人具有教学所需的基本知识与技能,可以胜任教师职务。"[146]澳大利亚TAFE教师必须具有资格证书才能申请入职上岗。

---

⑭⑥ 荀渊,唐玉光.教师专业发展制度[M].北京:教育科学出版社,2011:42,43.

（一）TAFE教师资格

澳大利亚国家资格框架规定，TAFE教师资格从四级证书资格、文凭资格、高级文凭资格、学士资格、研究生证书资格一直到博士资格。根据澳大利亚国家资格框架，TAE培训包明确规定了TAFE教师的"较低"和"较高"资格，即四级证书资格和文凭资格。

（二）TAFE教师资格的认定

1. TAFE教师资格认定机构

通常而言，TAFE教师的资格证书由大学、TAFE学院和国家注册培训机构认定和颁发。但文凭及其以上资格却只能由大学、TAFE学院认证，而文凭资格以下的资格如四级证书资格可由除大学、TAFE学院之外的国家注册培训机构认证，例如企业的培训部门进行培训、认证与颁发证书。

2. TAFE教师资格认定形式

TAFE教师的资格认定必须通过课程培训和评估两种形式，两者缺一不可。课程培训的形式通常和学业考试相结合。以"文凭"资格为例，TAFE教师可以选择在TAFE学院或大学选择相关课程，课程学习结束需要参加理论考试。与此同时，TAE培训包对具备"文凭"资格的能力做了详细的描述，根据培训包对"文凭"资格能力的规定，申请教师必须具备对应的能力，通过专门机构的评估，才能获得"文凭"资格。

二、TAFE教师聘任制度

教师聘任制度是指"有关单位根据教育教学的需要设置工作岗位，向社会公开发布招聘信息，依据一定的程序接受、审核申请人的申请，并对申请人进行面试，以确保聘用有教师资格且具有行业经验的优秀申请人担任TAFE教师职务的制度。"[147]

⑭⑦ 荀渊，唐玉光.教师专业发展制度[M].北京：教育科学出版社，2011: 140.

(一)TAFE教师聘任条件

澳大利亚政府明确规定,应聘入职TAFE的教师必须具备相关资格。

1. 持有国家承认的资格证书

要应聘TAFE教师,应聘者必须具有四级培训和评估证书(CIVTAE)。持有该证书的应聘者被认为具备入职TAFE的最初资格。原则上,TAFE教师应聘者持有的学历水平不得低于其所应聘专业的水平。对TAFE教师应聘者的学历要求不断提高,一般都要求具有研究生或以上学历。

2. 具备充足的行业实践经验

由于TAFE教师的教学环境不同,从邻家小院到TAFE校园,从工作场所到学校教室,同一位教师要在各种教学场所进行教学。在不同的情境教学,要求教师掌握不同的技能。因此,TAFE教师的第一个条件就是具有相关行业经验的证明。无论是全职教师还是兼职教师都需要有一定的行业经验。虽然对相关领域工作的具体年限没有硬性规定,但通常要求有与所教专业相关的3~5年的工作经验。TAFE教师不必像大学教师那样有丰富的学术背景,但是TAFE教师必须熟练掌握他们所教授学科的详细知识。在一个领域的资历越高,应聘TAFE教师职位就越有把握。

(二)TAFE教师聘任程序

1. 向社会发布TAFE教师聘任需求信息

各州的TAFE官方网站、政府部门的相关网站以及TAFE学院的门户网站上,应聘者都可以搜索到与TAFE教师相关的信息,这其中就包括教师的招募信息。各个TAFE学院通常会有人才储备库,应聘TAFE教师的人员完成登记后,其相关信息就会存储于学院的人才储备库中。TAFE学院会从人才储备库中择优选择未来的TAFE教师。

2. 资格遴选

TAFE学院的人力资源部门负责对TAFE教师应聘者的资格进行筛选。筛选的内容包括应聘者的学历、工作经历、行业经验、教师资格、个人信用等。通过资格遴选的应聘者有资格参加面试。

3. 面试

通过 TAFE 教师的应聘资格审查之后,TAFE 学院对应聘者进行面试。面试工作由面试小组负责。面试小组的成员,包括 TAFE 学院的领导和人力资源部门的相关人员、来自企业和相关协会等组织的代表或一线专家,有时还有其他 TAFE 教师。遵循公平公正的原则,TAFE 学院会邀请一定比例的女性教师参加对新教师的面试。面试小组成员多样化,以确保招聘的 TAFE 教师具备足够的知识和能力为 TAFE 服务,而不仅仅是资格的持有者。

4. 签订合同

通过面试的应聘者要与所在 TAFE 学院签订工作合同。无论是专职教师还是兼职教师都要与所工作的 TAFE 学院签订劳动合同。合同中明确 TAFE 教师的工作岗位、工作时间、教师的权利、义务和待遇等。由于 TAFE 教师中兼职教师比重很大,绝大多数来自行业一线,服务于 TAFE 学院的同时也在相关企业工作,所以许多 TAFE 教师会拥有多份合同。维多利亚州的多雇主协议允许 TAFE 教师签订多份工作合同,协调 TAFE 学院、企业和 TAFE 教师之间的关系,对 TAFE 教师的多重身份给予法律保障。签订合同有利于兼职 TAFE 教师明确权利和义务,服务 TAFE 教学。通常入职 TAFE 的教师还要加入一些相关的协会或组织,一方面为了加强对 TAFE 教师的管理,另一方面也有利于 TAFE 教师维护自身的权益。

澳大利亚 TAFE 教师流动性较强,尤其是兼职 TAFE 教师,在 TAFE 学院工作的年限通常较短,除非 TAFE 教师有严重的错误或触犯法律,TAFE 教师被解聘或辞退的情况较少。

三、TAFE 教师入职培训制度

为了让新教师尽快进入角色,完成从新手教师到资深教师的过渡,澳大利亚 TAFE 学院建立了专门的 TAFE 教师入职培训制度,对新入职教师进行入职培训。培训的内容包括教育教学方面专业知识和专业技能的培训,主要形式是参加培训课程。此外还有导师制、加入专业发展组织等培训方式。

(一)参加课程培训

TAFE新教师专业发展通常是以培训课程的形式进行。大学和许多培训机构,包括TAFE学院本身都提供一系列的培训课程,这些培训课程主要针对TAFE教师最初的专业发展。完成这些课程可以取得相应的资格证书或文凭和学历。课程的目的是帮助TAFE新教师获得教师资格,具备教学和教育的知识与能力。课程内容包括心理学、教育学、社会学、读写算能力培养、人类学等。仅仅是为了获得教师资格证书的课程通常时间相对较短,一般是一年。但是有的课程,通常是高等教育学院或大学开发的课程,在TAFE教师完成之后不仅会取得教师资格证书还会取得文凭或学历,这些课程通常要花费TAFE新教师2~3年的时间和大量的精力。由于地区差异和教师选择的课程不同,具体内容也会有所不同。完成课程取得证书即可视为TAFE学院新入职教师实现教师专业发展的一个目标。

1. 培训与评估四级证书(CIV)资格的培训课程

TAFE新教师面临的第一个任务就是取得TAFE教师资格。培训与评估四级证书是TAFE教师的最低资格。没有培训与评估四级证书的新入职TAFE教师,要在入职TAFE的最初时间内尽快取得四级证书,否则职业生涯将受到影响。培训与评估四级证书的相关课程可以在国家注册机构和职业院校等机构申请,课程时间相对较短。课程内容是所执教专业的相关内容。

例如在昆士兰州,官方要求新入职的TAFE教师必须有TAE/TAA四级培训和评估证书。职业技能必须相当于或高于所教授的课程水平,有与所教学科有关的当下行业或企业的工作经验。培训与评估四级证书是全国统一的认证资格,持有该四级证书的人才能在职教和培训领域工作。四级证书的相关课程可以在昆士兰州的TAFE学院学习,也可以在其他大学、学院或国家注册机构学习。参加培训的学习者,对于以前的学习和资格可以通过学分转移或先前学习确认(RPL)得到认可。[148]教师的学习地点不局限于教室,还有工作场所和线上教学。目前,昆士兰州急需TAFE教师的专业主要

---

[148] RPL是英文recognition of prior learning的缩写,意为"先前学习确认"。对于学习培训与评估四级证书的学习者,可以通过提供证明等一系列的程序,使以前学过的知识和技能得到认可,避免重复学习。相关的程序称为"对先前学习的确认"。这种情况在其他证书等课程学习中也是允许的。

澳大利亚TAFE教师专业发展研究

是自动化、电子、信息科技、建设建筑、设计、医护、服务接待、旅游、零售等。对于急需专业,如机械和电子通信,TAFE教师入职时可以没有教育文凭,但如果有两个文凭(机械和电子通信文凭)该教师还需获得四级证书,在这之前他可以教授图片处理和网站设计课程,但需要有资格的TAFE教师监督,直至他获得四级证书。TAFE学院对教师在获得四级证书之前的教学场所有所限制,比如只能在TAFE学院内。专业的文凭,必须高于所教课程水平,并能证明相关行业经验。据有关研究统计,TAFE教师未获得四级证书的比例高达40%。[149]因此,TAFE教师新入职时对于四级证书的学习保持着较高热情。从TAA/TAE培训包规定的学习内容和参与学习者人数近年的持续增长可以看出各方对四级证书的认可和关注。

表4-1 四级证书和文凭学习人数的变化[150]

资格	2008年	2009年	2010年	2011年
四级证书	28,797(人)	32,609(人)	36,794(人)	39,295(人)
TAA文凭	885(人)	1,309(人)	1,578(人)	1,491(人)

2. 文凭课程

根据TAE培训包的标准规定,TAFE教师可以选择培训与评估四级证书和文凭两种国家资格。[151]这就意味着,TAFE教师有"低""高"之分。四级证书是TAFE教师入职的门槛,当然,如果TAFE教师自己愿意,也可以选择"文凭资格"作为入职TAFE的最低标准。根据澳大利亚国家资格框架,文凭课程通常由大学或教育学院等授课。课程安排时间跨度相对较长,完成相应课程的教师可获得国家资格框架规定的相应文凭。

3. 教师资格课程

TAFE教师,尤其是专职教师和长期执教的兼职教师可以选择师范教育

---

⑭ Hugh Guthrie & Pamela Every. VET Teacher, Trainer and Assessor Capabilities, Qualifications and Development: Issues and Options. Work-based Education Research Centre. http://www.voced.edu.au/content/ngv66800,2015-12-5.

⑮ Vocational Education and Training. http://www.training.nsw.gov.au/vet/2016-3-10.

⑯ TAE Package.Innovation & Business Skills Australia2015. https://www.ibsa.org.au/training-education-tae#resources.2015-5-10.

课程以获得教师资格。对木匠等个别专业的实践课教师不做硬性规定。这一点与普通教育和高等教育教师的要求是一致的。TAFE教师可去大学或教育学院选择教育类课程或直接选择师范类教育,完成相应的课程。TAFE教师完成师范类教育通常最少也要2~3年,除了获得教师资格外,还可以获得相关学历证明。

4.学历教育课程

TAFE教师除了可以选择与TAFE教师资格相关的课程,比如培训包规定的文凭资格,也可以选择单独的学历教育。学历教育根据国家资格框架的规定实施课程并颁发证明(证书、文凭和学位)。学历教育需要TAFE教师投入更多的时间和精力,大多数TAFE教师难以承受。

(二)导师制

新入职的TAFE教师都可以自愿选择一位导师,或者由学院安排导师。导师由资深教师或专家型教师担任,他们具备多年的执教经历,积累了丰富的经验,可帮助新TAFE教师答疑解惑,解决工作中遇到的种种问题。没有完全具备TAFE教师资格的新教师在导师的监督下授课,在导师的指导下选择专业发展项目,参加专业发展活动,加入相关组织。

(三)专业发展组织

澳大利亚各类团体组织众多,职业教育领域的专业组织也非常多。TAFE协会、TAFE教师协会以及各类教师组织和行业组织,TAFE教师都可以申请加入。TAFE教师加入各类组织不仅可以获得更多的信息和参加更多的活动,促进自身专业发展,而且可以增加TAFE教师的群体力量,有助于维护自身权益。

四、TAFE教师在职提升制度

TAFE教师在职进修的具体方式通常是通过有针对性的专业发展项目和培训课程来实现的。无论是专业发展项目还是培训课程既有长期的,也有短期速成的。多数情况下,TAFE教师可自由选择。

（一）专业发展项目

TAFE教师专业发展项目策划依据是澳大利亚国家资格框架和TAA/TAE培训包对TAFE教师的相关要求。项目可以采取活动的方式，也可以是培训课程等方式，但通常都聚焦于明确具体的专业发展目标。如昆士兰州的学士和硕士文凭项目（格里菲斯大学成人教育和职业教育学学士），教师完成学业后会得到相应的学位或文凭。再如针对教学教师的读、写、算能力提高的项目（悉尼科技大学的成人读写教学研究生文凭）。[152]还有针对教授国际课程或从事留学生和海外教学的国际教育的相关培训项目等。

（二）课程培训

国家资格水平的相关课程从四级证书课程到九级资格（各种硕士水平），课程面向所有人，大家可自由选择。目前，这些课程有五级文凭（AQF5）课程、副学士学位（AQF6）课程和学士学位（AQF7）课程、研究生证书和文凭（AQF8）课程。这些课程都是根据TAE10培训包制订的，由高等教育部门参与、组织、实施。多数情况下，TAFE教师是在他们入职TAFE，具有了一定的实践经验之后，才开始寻求技能和资格的提升，尤其是四级以上的资格。无论TAFE教师完成最初的资格，还是获得更高级别的资格，任何相关TAFE教师专业发展都基于TAE培训包认证模块。TAFE教师专业发展的这种做法符合TAFE教师的工作特点。TAFE教学资格通常在职获得，这种做法有利于TAFE教师开展有目的的发展活动，获得持续的职业发展，规避TAFE教师专业发展的风险，并避免TAFE教师标准与TAFE教师资格不衔接。

---

[152] Hugh Guthrie & Pamela Every. VET Teacher, Trainer and Assessor Capabilities, Qualifications and Development: Issues and Options. Work-based Education Research Centre. http://www.voced.edu.au/content/ngv66800,2015-12-5.

（三）其他方式

澳大利亚职业教育教师的专业发展得到政府和相关部门的支持，TAFE教师在职进修的方式和途径也是不拘一格，多种多样。除了特色项目和培训课程、TAFE教师还有多种方式可以促进专业发展，如教师成长档案、导师制、绩效评估等。每所具备职业教育教师培训的大学都要提供专业发展课程，TAFE教师可以自由选择。大多数TAFE教师课程培训的成绩都要被记录，通常TAFE学院采用以教师档案的方式记录教师专业发展的过程和结果。TAFE教师所有的专业发展活动要记录在绩效表格（the Performance Development Form）中，表格要收录于TAFE教师专业发展档案内。包括TAFE在内的职业教育教师都有专业发展档案，该档案不仅仅记录教师的绩效，还有对每年TAFE教师都要完成的相关技术提升、参加的各种活动的记录和反馈。TAFE教师所在学院或机构的系主任或主管领导负责教师的专业发展记录管理。TAFE教师的专业发展档案记录也是相关人力资源部门对教师进行聘任的依据。完成资格框架（AQF）七级认证的TAFE教师被认为是高水平的职业教育教师，允许其在中等和高等教育中工作。认证的意义在于不仅证明TAFE教师的能力，而且督促TAFE教师进行持续的教师专业发展。

五、TAFE教师回归企业制度

"我们选择教师的标准是：一要有教师证书；二要有5年以上企业工作经验；三要参加每年一次的TAFE培训，并考试合格。"一位新南威尔士州的TAFE学院负责人说，"师资都是各领域的专业人才，既有丰富的工作经验，又有合适的学历资质，他们在TAFE工作，既可以通过培训获得本行业内的最新知识，又可以重返工场或相关领域工作，以获得最新的信息和经验。"⑬

根据TAFE教师专业发展的相关规定，TAFE教师必须定期主动回归企业，以保持足够的行业先进性。具体方式包括在企业顶岗实习；到企业参观、学习；与企业的相关人员积极沟通、保持足够的联系；参与企业与TAFE

---

⑬ TAFE教育在澳洲[N]. 中国教育报, 2002年1月28日第4版. http://www.cn-teacher. com/runwen/xklw/yy/200809/405423.html. 2014-12-2.

学院联合举办的相关项目；参与企业的某些生产或研发活动；通过教师协会、TAFE协会等团体组织参加企业相关活动等。

TAFE教师回归企业的具体步骤通常同其他专业发展活动的步骤大致相同。教师首先向所在TAFE学院提出申请，TAFE学院的相关部门和领导会在评估之后给出答复，得到批准的TAFE教师可以请假或利用假期到企业去。对于回归企业进行专业发展活动、圆满完成并且取得成果的TAFE教师，有的TAFE学院还会给予奖励，与薪资待遇挂钩。这足以证明TAFE教师回归企业进行专业发展对于TAFE的重要性，也表明了TAFE学院对此的支持态度。

六、TAFE教师专业标准

教师专业标准是"衡量教师专业的准则与指标"[154]，是为不同岗位、不同专业发展阶段的教师制定的指导性的文件。根据TAFE人才培养目标的需要和TAFE教师能力的需要，澳大利亚在联邦层面、州层面和TAFE学院层面都针对TAFE教师专业发展制定了一系列的政策，专业标准的核心内容是TAFE教师应具备的能力。澳大利亚TAFE教师专业发展的主要纲领性文件包括澳大利亚国家资格框架、培训与教育培训包。州层面也有专业发展框架，各TAFE学院教师专业发展同样有相关政策，这些构成了包括TAFE教师在内的所有职业教育教师专业发展标准体系。澳大利亚TAFE教师专业标准通常划分为专业知识、专业实践和职业承诺三个维度，以明确对TAFE教师专业知识、专业能力和专业情意的要求。无论TAFE专业标准的内容如何划分，其目的是发展TAFE教师的各项能力、加强TAFE教师沟通技巧、提升教师的合作能力、促进学习、进行知识管理、生成群体的实践智慧、建立合作的运行机制。

（一）TAFE教师专业标准对TAFE教师资格的规定

根据澳大利亚政府规定，从事职业培训的职业教育教师的一员也必须满足澳大利亚国家资格框架的要求，TAFE教师作为职业教育教师必须执行

---

⑮ 朱旭东，李琼. 教师教育标准体系研究[M]. 北京：北京师范大学出版集团，2011: 20.

该规定。第一,持有TAE40110培训包中规定的培训与评估四级证书;第二,持有相关职业能力证明;第三,满足培训包的具体规定或要求;第四,能证明具有当前的行业需要的技能并接受相关的培训或评估;第五,通过专业发展活动,不断开发和改进以下几个方面的知识和技能:职业教育和培训的知识和技能、相关行业的知识和技能、培训师/评估师的知识和技能。如果TAFE教师不具备这些能力,将被认为不具备职业能力,不能单独对学生进行评估。不具备四级资格证书的教师可以在具有资格和能力的教师的直接监督下进行工作。直接监督是指不具备资格的教师在指定教师的监督和指导下进行培训工作。指定的教师也就是导师,负责对有需要的教师进行监督和指导,并监控其教学。

(二)TAFE教师专业标准对TAFE教师知识方面的规定

对于TAFE教师的知识基础的要求并没有单独的文件,但是澳大利亚国家资格框架和培训包对TAFE教师的能力要求,可以明确TAFE教师的知识基础。

培训与评估四级证书是对TAFE教师最低的资格要求,涵盖的是对TAFE教师最低的专业知识的要求。无论是大学提供的文凭和高级文凭,还是低级别的学校提供的证书,都需要TAFE教师参加定期的课程,这些课程包括心理学、社会学、教育学、成人教育学、人类学,以及不同领域的专业知识等。从中可以看出,TAFE教师知识基础包括广泛的教育学知识、职业教育知识和专业知识。教育教学知识和专业知识在TAFE教师的专业发展过程中还要随着经济发展、TAFE的发展和学生等各方面的变化而不断提升,所以在TAFE教师专业发展中,尤其是新教师专业发展中,课程培训一直占主要地位。

(三)TAFE教师专业标准对TAFE教师核心能力方面的规定

澳大利亚关于职业教育教师的专业标准在TAE培训包里有详细规定。TAFE教师必须遵从培训包对其能力的要求。根据培训包规定,TAFE教师的核心能力包括7种:

(1)学习设计能力。TAFE教师要能够针对学习者需求,设计和开发学习项目,包括明确项目目标、开发项目内容、设计项目结构并开发学习资源和策略;使用培训包和学习项目,实现行业、组织和个体的能力发展。

(2)实施培训的能力。TAFE教师要能够通过讲授和演示工作技能进行教学;计划和组织小组学习;计划和组织工作场所学习;参与组织实施远程学习;监督工作场所的学习;实施网络教学。

(3)进行高级学习项目的能力。TAFE教师要能够开发组织环境中的高级学习项目,包括评估和设计最佳学习方式,进行管理和监督,分析并完善学习方案;作为高级管理团队的成员,设计、检查和落实企业网络学习方案。

(4)评估能力。TAFE教师要能够积极参与评奖活动;设计评价方案和实施计划;实施评价:建立和维护评价环境、收集信息、做出评级决定、记录和回报评价决定;参与评级监督;设计和开发评价工具。

(5)培训咨询服务的能力。TAFE教师要能够收集整理培训和评价信息,提供关于培训和评价服务的信息和资讯;进行组织培训需求分析,提供咨询建议。

(6)国际教育的管理能力。TAFE教师要能够为国际学生提供关照服务;遵守国际教育的相关法律规定解决国际教育中的问题,推动项目实施,包括国际学生招生和选拔、安置,教学过程的管理等;开发和管理跨国教育合作项目,包括联合培养、交换生等;进行国际教育组织的财务和行政管理;研究当前国际教育的发展趋势,开发国际教育项目。

(7)可持续发展能力。TAFE教师要能够分析自身的持续发展能力并将其应用到学习项目中;研究行业领域需要的持续发展能力;在持续发展能力与培训之间建立联系;开发针对性的学习项目。[155]

TAE培训包规定能力标准,没有机械地将教师能力固定在理论框架之内,而是灵活地遵循TAFE教师专业发展规律,将教师专业能力与TAFE发展的需要有机地相融合,既满足经济和教育对TAFE教师专业发展的需要,也满足教师自主专业发展的个体需要,为教师专业发展指明了方向。

---

⑮ Department of Education, Employment and Workplace Relations, The National Training Quality Council（NTQC）. TAE10v2.1[S]. Hawthorn: Innovation&Business Skills Australia Ltd, 2010.

(四)TAFE教师专业标准对TAFE教师专业情意的规定

TAFE教师专业情意首先强调的是良好的人格品质,因为良好的人格品质不仅是TAFE教师一切工作的基础,也是澳大利亚TAFE教育的传统。在此基础之上,才有TAFE教师的爱岗敬业、无私奉献等高尚的职业道德,以及坚定的职业信念。按照专业标准的规定,TAFE教师工作中都会有职业承诺这一项重要内容,公开承诺自身的职业规范,表明遵守职业道德的信心,接受各方监督。

(五)TAFE教师专业发展其他标准

在澳大利亚,TAFE教师专业发展有许多标准,如新南威尔士州TAFE教师专业发展框架、维多利亚州TAFE教师资格框架等。近些年,联邦和州/地区政府赞助了许多计划,这些计划旨在进一步明确澳大利亚TAFE教师需要的知识和技能。越来越多的人认为建立这些标准会给TAFE教师专业发展带来更多的参考。标准的制定与实施也包括了大多数实习教师。TAFE教学专业人员需要遵守强制性的国家标准,通过能力培训、国家培训计划、相关教师专业发展项目等,获取关于TAFE教学的实质性知识和技能。

在澳大利亚有两种主要标准应用于TAFE教学领域:第一种标准定义了一名教师的基本任务或职责,即教师做这些事情的通用标准是什么,学校管理者通常有权判断教师是否在做基本的工作;第二种是关于教学好坏的标准,即教师在具体学科和具体领域里的标准,这些标准是以教师的职业价值观和学生高质量学习为基础的。[156]最近关于澳大利亚教学标准研究建议,"标准基于对教师专业发展本质和专业发展的理解,TAFE教师专业标准兼顾国家行业标准和培训与评估的需要。"[157]国家TAE培训包提供的标准框架对行业能力的规定,其中也包括TAFE教师的教学能力。澳大利亚质量培训框

---

[156] Ingvarson, L. Professional Development as The Pursuit of Professional Standards: The Standards-based Professional Development System[J]. Teaching and Teacher Education, 1998:14:1, 127-140.

[157] Jasman, A. Teacher Professional Expertise: Its Nature, Development, Enhancement and Assessment for Recognition and Reward[R]. Canberra: Department of Education, Science and Training(in press), 2003.

澳大利亚TAFE教师专业发展研究

架关于能力的规定,也是建立教师标准的基础之一。"知识经济工作者必须超越基本能力。"这意味着在对劳动力的教育和培训方面,教师不仅要达到监管要求,还要更加注重加强教学职业性和提高教学质量。"TAFE教师是高质量教学的重要保证;TAFE教师若缺乏教学技能会对学习者产生严重的负面影响。"[158]

(六)专业标准的实施

1.标准实施的负责机构和负责人

澳大利亚TAFE教师专业发展得到政府和相关部门的支持。提供TAFE教师专业发展课程培训、专业发展项目等专业发展活动的组织和机构必须以TAFE教师专业发展的各项标准作为依据。这些组织和部门包括各个具备职业教育教师培训资格并提供职业教育教师专业发展课程的大学、TAFE学院、国家注册机构等。所有的专业发展活动都要记录在TAFE教师的绩效表格中。包括TAFE教师在内的职业教育教师都有专业发展档案,每年教师都要完成相关的技术提升并记录在档案内。教师所在学院或机构的系主任或主管领导负责教师的专业发展记录管理。教师的专业发展档案记录也是相关人力资源部门对教师进行聘任的依据。这将为TAFE教师提供能力和评估,允许其在中等和高等教育领域工作。

2.标准实施的具体形式

具体实施主要是通过绩效考核和评估,比如教学方面,建立教学标准,强调TAFE教师专长的实际应用。标准当中的阐述确保促进教师专业发展,包括教师教学和教师研究等。在学校教学的背景下,教师的教学专长要有效地服务于教师的专业发展,教师教学水平需要同具体的学科教学共同发展。在工作场所的背景下学习,专业技术知识的嵌入性是教师专业性的一个关键特征。过去,教师专长一般从有效教学的角度进行讨论和理解,或从新手和资深教师的角度去理解。然而,在20世纪90年代期间,专业特长用胜任、能力和竞争力来描述,现在教师专业特长以教学实践来描述。

---

[158] Office of Training and Tertiary Education. From Responsive to Leading Edge: Transformation of the Victorian Institute workforce[R]. Melbourne:Institute Workforce Working Party, OTTE, 2002.

TAFE教师专业标准复杂而具体，在TAFE教师签订的合同中均有表述，也是对TAFE教师绩效考核的依据。绩效考核的目标是提高TAFE教师整体素质。绩效考核对于TAFE教师管理的贡献和教师专业发展的成效也是有目共睹的。对管理要求本身或标准本身也要定期评价，得到TAFE教师和相关部门认可的管理规定将被保留，反之将被取消。总之，对于TAFE教师的要求越多，意味着TAFE教师专业发展的要求就越高。

(七)TAFE教师专业标准的特点

1. TAFE教师专业标准强调TAFE教师的知识、技能和专业情意

TAFE教师专业发展标准，从知识、技能和个人品质三个重要方面做了详细规定，明确表明这是TAFE教师专业发展最重要的方面；其描述了TAFE教师应知和应会的内容，并规定了通过何种课程、何种方式证明达到了标准；详细描述达到标准要求的行为；将符合教育需要的价值观融入教师实践，清晰地说明了TAFE教师在教学实践中应展现的教育价值观。TAFE教师专业发展标准重视TAFE教师的专业品质，强调TAFE教师广博的知识基础和实践能力，遵循教师专业发展的阶段性规律，为TAFE教师专业发展指明了方向；为评价教师教学质量、评估质量提供依据；为提高TAFE教师专业地位奠定了坚实的基础；体现终身学习的理念，为TAFE教师专业学习提供了系统的、循序渐进的专业发展台阶，进而为促进TAFE教师终身发展奠定了基石。

2. TAFE教师专业标准制度化

TAFE教师专业标准的制定与发展由政府组织和实施，TAFE教师自己通过他们的专业协会进行参与。专业标准的制定和实施是基于绩效的，相关数据描述教师应该具备的知识和能力，并且规定的是能够做到的实践内容而不是课程清单。虽然TAFE教师专业标准内容复杂，但各级标准均强调TAFE教师的工作是专业知识的运用，是教师价值的体现。TAFE教师专业发展的目标是获取教与学的实质性知识，解决教师需要学习的是什么和什么能真正促进教师具体学科的教与学的问题。教师评估策略需要合理地判断教师在真实教学情境下的真实工作。绩效考核的评估本着教学标准是教师学习和教师专业发展的基础性工具来进行。TAFE教师专业标准从制定、

实施到反馈全程均呈现制度化的特点。

3. TAFE教师专业标准不断提高

TAFE教师专业标准呈现出要求逐渐提高的发展趋势。TAFE教师教学严格的行为标准在各级教学工作中都被视为必要的,包括行业准入标准,并且有呼声要求提高TAFE教师准入标准。各级标准均强调不断提高教学质量与学习质量,包括理论教学和实践教学,专业教学标准依托教育改革和教学质量。通用标准是以具体学科和不同水平的具体标准为基础的,标准包含关于教学的通用和特定元素。各级各类标准关于教学的规定有的高度概括,有的非常具体,可操作性强。标准的发展模式都是以教师个体为前提,基于教师个体的发展和专业成长的过程,体现了教师学习理论和情境学习理论。[59]

七、TAFE教师管理

(一)负责澳大利亚TAFE教师专业发展的主要组织

澳大利亚多个部门对TAFE教师专业发展都有管理责任和权力,包括相关政府部门、行业组织、重要的教师组织等。TAFE教师专业发展主要是在澳大利亚就业、教育、培训与青年事务部(Department of Employment, Education, Training and Youth Affairs)的要求下,由行业咨询委员会(Industry Consulting Council)制定政策,主要由TAFE学院具体实施。行业协会和教师组织在行业咨询委员会的事务包括政策调研、参与工作、提供意见、表达看法、监督观察,以此影响TAFE教师专业发展。包括TAFE学院在内的国家注册培训机构具体承担TAFE教师的课程培训和专业发展项目的实施。除了TAFE学院之外,还有多个重要组织负责管理和参与TAFE教师专业发展。

1. 国家技术标准委员会(The National Skills Standards Council, 缩写为NSSC)。它是一个代表委员会,相关代表是由高等教育领域最高水平的专家组成。该组织负责职业教育和培训的国家培训包的注册,是服务于职业

---

⑤⑨ The Business Council of Australia(BCA)and the Australian Chamber of Commerce and Industry(ACCI). Employability Skills for the Future. http://www.dest.gov.au/archive/ty/publications/employability_skills/index.htm. 2002,5.

教育,尤其是高等职业教育的重要国家机构。对于TAFE教师而言,专业发展的最高标准、方针、政策都来源于此。

2. 行业技能委员会(Industry Skills Councils)。行业技能委员会由行业专家、职业教育专家等组成。他们负责制定国家培训包,并向国家技术委员会报备。TAFE教师专业发展的能力标准——TAA/TAE培训包也是经由此而来的。

3. 注册培训机构(Registered Training Organisations, 缩写为RTOs)。澳大利亚国家注册培训机构,既是职业教育和培训单位,也承担包括TAFE教师在内的职业教育教师培训。注册培训机构和其他职业教育培训利益相关者,在政府的监督下,负责国家资格框架的使用,为职业教育服务。TAFE教师专业发展的培训机构除了TAFE学院之外,还有众多的国家注册培训机构,尤其是培训与评估四级证书的学习,很多时候都是在国家注册培训机构中进行的。

4. 澳大利亚技术质量局(The Australian Skills Quality Authority,缩写为ASQA)。该局负责国家资格框架的实施,以及在职业教育和培训领域向国家注册培训机构授权并进行管理。根据国家资格框架,TAFE教师专业发展的指导与管理也在其责任范围之内。

5. 其他相关组织和团体

TAFE教师专业发展除了要遵循国家组织机构的意愿之外,还受到社会团体和其他组织机构的影响,这里不乏与TAFE联系紧密的"利益相关者"。如一些企业团体会通过对人才培训的要求间接影响TAFE教师专业发展,或直接对TAFE教师提出要求。教师团体在自身不断的发展中,也逐渐重视主张自身权利。参加教师协会和TAFE教师协会的TAFE教师可以对自身教师专业发出声音,从而实现自主发展。

(二)TAFE教师管理的主要步骤

首先,国家技术标准委员会(NSSC)通过调研认定TAFE教师的能力,并保证认定标准能够满足TAFE教师适应不断变化的"培训和评估能力"的需要。与此同时,对于TAFE教师能力的认定不再延续简单的"一刀切"和极简主义的做法。除了联邦政府的相关部门,州政府也运用他们的监管权力,出台政策,鼓励和保证教师的职业能力和教学能力的平衡发展。

而后,国家注册培训机构(RTOs)根据联邦政府和州政府相关部门的政策规定,依据国家资格框架,将TAE培训包的内容转化为培训课程或培训项目,服务于TAFE教师专业发展需求。具有代表性的教师专业发展培训机构可以帮助其他小型培训机构和培训者设计和实施教师专业发展项目。许多专业发展项目提供者(国家部门或国家注册机构)依据TAFE教师能力框架进行调查,基于对调查数据(JMA)的分析,收集关于职业教育教师当下的技能情况,发现技能缺口(与国家平均水平比较),帮助教师设计专业发展计划。

澳大利亚从政府到学院都支持TAFE教师获得各种高级资格。运用一流国际发展项目,创建专业中心支持各种不同形式的专业发展。支持方式多种多样,包括经济支持、个人支持、减少课时和进修请假制度等。但是无论何种专业发展方式都必须进行教师/培训者登记,因此澳大利亚相关报告和文件对此有要求。[60]这就如同英国的继续教育教师通过学院学习也需要注册、澳大利亚中小学教师也需要注册一样,澳大利亚TAFE教师无论在任何一个培训机构进行专业发展活动,都必须进行登记,并且所在教学单位也要进行记录。

最后,通过绩效评估和劳资关系约定等方式对TAFE教师专业发展进行约束。TAFE教师的专业发展要求和资格等条件包含在劳资关系协议中或通过某种过程进行规定。为了保证TAFE教师专业发展的有效性,员工评估和表现与工资挂钩,对于获得更高专业资格的教师或绩效评估表现好的教师采取发放奖金等激励措施,以此鼓励TAFE教师的专业发展。一些公共服务提供者(例如维多利亚州、新南威尔士州、南澳大利亚昆士兰州、澳大利亚西部和北部地区的相关部门)建议提高TAFE教师准入资格,这个资格要高于TAE四级证书资格。维多利亚州TAFE协会在官方网站上明确列出了对于TAFE教师通过各种考试的奖励。堪培拉理工学院对教师奖励办法就规定,教师的资格是考虑是否给予更高薪酬待遇的首要条件,该院规定还指出,TAFE教师需要持有成人学习与发展的高级文凭(CIT)或同等学力。塔斯马

---

⑥ Guthrie, H. A Short History of Initial Teacher Training[R]. Adelaide: NCVER, 2010.

尼亚州对教师的薪酬奖励没有明确规定,但指出专业发展就是TAFE教师能够不断"获得技能和专业知识并在工场教学中实际运用","这些技能和知识"就是教师进步的"客观标准"。[161] 虽然许多私立TAFE学院可以做出有利于自己学院的劳资关系安排,存在弱化教师专业发展的情况,但是对每年员工发展和绩效考核依然有所提及,专业发展也是奖励依据之一。私立TAFE学院的这些政策对教师专业发展和教师培训的权利和支持组织没有明确表述,但是强调了教师新技能、知识和经验应符合组织需求,并确保教师具备让人满意的表现。[162]

---

[161] Hugh Guthrie & Pamela Every. VET Teacher, Trainer and Asserssor Capabilities, Qualifications and Development: Issues and Options[R]. Work-based Education Research Centre. http://www.voced.edu.au/content/ngv66800,2015.

[162] Guthrie, H. Professional Development In The Vocational Education And Training Workforce. Adelaide: NCVER, 2002.

第五章 澳大利亚 TAFE教师专业发展 的目标、内容与实现形式

澳大利亚TAFE教师专业发展遵循职业教育教师专业发展规律,不仅有着完善的专业发展制度做保障,还有着清晰具体的发展目标、丰富全面的发展内容和形式多样的实现方式。

一、澳大利亚TAFE教师专业发展的目标

教师专业发展目标是指教师专业发展的指向,或者说是对教师专业发展结果的预期。[163]早在康甘·迈耶建立TAFE之时,就提出TAFE教师应具备的关键能力:沟通、团队协作、问题解决、计划和组织、自主发展、持续学习、掌握新技术等能力。[164]伴随着澳大利亚经济和社会的发展,TAFE已经几经变迁,对TAFE教师的能力要求也有了变化,TAFE教师专业发展目标根据实际情况也在不断地变化。如今TAFE教师专业发展的目标在许多相关文件中都有一定的阐述,根据各个地区的差异和教师个人发展的需要,TAFE教师专业发展目标的细微要求也会略有不同,但是在根本上TAFE教师专业发展目标是以培训包和资格框架等国家文件为依据的。

(一)沟通能力[165]

TAFE教师的沟通能力强调的是服务客户的能力(communication that

163 孙宏安.谈教师专业发展的目标[J].辽宁师范大学学报(社会科学版), 2010(9):53-56.

164 Goozee, G. The Development of TAFE in Australia[M]. Adelaide: National Centre for Vocational Education Research, 2001.

165 Department of Education, Employment and Workplace Relations, The National Training Quality Council. TAA04 Training and Assessment Training Package[S]. Hawthorn: Innovation&Business Skills Australia Ltd, 2008:10.

contributes to productive and harmonious relations across employees and customers）。TAFE的客户不仅包括企业，也包括TAFE学院的学生。因此，TAFE教师要具备与客户沟通的能力，培养高效和谐的营商关系。TAFE教师要能做到：认真倾听和理解；能够清晰和直接地表达；能够明确地做记录；能够负责任地进行谈判协商；有独立阅读和较强的计算能力；有同情心，能理解客户的需求，善于建立和使用人际网络；有效说服力，自信，乐于共享信息；能够运用除英语之外的其他语言进行口语沟通和写作。

（二）团队协作能力

TAFE教师能够不断加强团队合作能力。能够做到：与不同年龄、性别、种族、宗教或政治信仰的教师共事；能够知道如何定义一个角色，作为团队的一分子，如何依靠团队合作安排工作，比如规划未来、解决危机等；能够学习团队成员的长处，学会指导和咨询技巧，包括给予反馈的技巧。

（三）问题解决能力

TAFE教师要不断提升问题解决能力。具体而言，要能够：创新性地提出问题的解决方案。问题解决过程中要能显示出独立性和主动性，并能依靠团队解决问题；能够使用多种策略，考虑环境和背景，解决客户的问题以及复杂过程中的问题。

（四）组织管理能力

TAFE教师要能够计划和组织长期与短期的战略规划，能做到：合理安排自己与他人的时间，协调任务，主动参与决策，合理调配资源，应对突发事件，建立清晰的任务目标并预测目标的可行性。TAFE教师还应具备相应的预测能力——能够权衡风险，评估备选方案并收集、分析、组织和运用相关信息，以此预测相关事件或任务的风险性。

（五）自主发展的能力

TAFE教师要不断加强自我管理，提升员工满意度。TAFE教师要有个人愿景和目标，有评估和监控的能力，要具备知识和信心以实现自己的观点和愿景，能将自己的观点和愿景合理联系起来，有责任感。

（六）持续学习的能力

TAFE教师要能够不断地学习，持续改进和巩固员工和公司的关系以及合作成果,要能做到:管理自己的学习,特别是工作场所的团体学习;愿意通过各种途径,包括同行、网络、IT资源、课程、技术知识等学习产品知识;愿意通过解决与人相关的问题学习人际交往和文化方面的知识;有持续学习的热情,愿意学习,无论在岗学习和离岗学习都能够主动参加,以开放的态度对待新思想和新技术,愿意投入时间和精力学习新技能,以应对变化。

(七)掌握新技术的能力

TAFE教师要不断学习新技能,提高技术,保证职教任务的有效执行。要掌握一些基本的IT技术,要能够应用IT技术作为一种管理工具,能够用IT技术来组织数据;要拥有与职业健康与安全知识相关的知识和技术。[166]

这些能力是行业对包括TAFE教师在内所有职业教育教师就业能力的要求,也是教师专业发展的目标和方向。TAFE教师专业发展目标遵循职业技术教育教师实践教学的规律,强调TAFE教师具体的实践能力,最终目的是服务于新学徒制,满足能力本位教学的需要。

二、澳大利亚TAFE教师专业发展的内容

澳大利亚TAFE教师作为职业教育教师,其专业发展遵循教师专业发展的一般规律,也有职业教育教师专业发展的独特性。TAFE教师专业发展内容包括专业知识、专业能力和专业情意,体现了教师专业发展的一般规律。TAFE教师的专业知识包括自身学科知识、教育教学知识和岗位技术知识,专业技能包括教育教学能力和岗位技术能力,专业情意体现在专业承诺中。TAFE教师专业发展最终体现在教育教学中、对客户的服务中,以及学生和企业的发展中。

(一)TAFE教师的专业知识

关于TAFE教师的知识基础,澳大利亚本土学者做了广泛的研究,包括

⑯ Department of Education, Employment and Workplace Relations, The National Training Quality Council. TAA04 Training and Assessment Training Package[S]. Hawthorn: Innovation&Business Skills Australia Ltd, 2004:37.

澳大利亚TAFE教师专业发展研究

教师效能和过程的结果研究；教师的研究思维、行动研究、反思性实践和专业判断；教师专业发展、专业学习和知识结构等。其中，研究者贾斯曼（Jasman, A）将专业知识定义为教师的知识和技能的演示（理论、实践和教育知识）。[167]本研究对相关研究进行了分类和整理，将TAFE教师的专业知识归纳为以下几个方面：

1. 学科教学法知识

TAFE教师的知识基础首先强调的是教学法知识。学科教学法知识（简称PCK）最先是由时任美国教育研究会主席的斯坦福大学教授舒尔曼（LeeS. Schulman）针对当时美国教师资格认证制度缺失而提出来的一个重要概念。"学科教学知识是教师综合运用教育学知识和学科知识来理解特定主题的教学是如何组织、如何呈现给特定学生的知识。"[168]它是教师在教学过程中融合学科与教学知识而形成的知识。在TAFE教师专业发展中，学科教学知识也被许多学者认为是最重要的部分之一。他们认为，学科教学知识是教师通过将学科内容转化和表征为有教学意义的形式、适用于不同能力和背景的知识而成的知识，是教师独一无二的领域，是最能区分学科专家与普通教师的一个知识领域，也是教师自身专业理解的特殊形式。学科教学法知识是区分新手和专家教师的一个基本标准。舒尔曼提出教师知识构成为："教材内容知识、一般教学法知识、课程知识、学科教学法知识、有关学习的知识、教育情景的知识、教育目的与价值的知识。"[169]学者马格努森（Magnusson）认为，"学科教学法知识由五部分组成：关于教学观念的知识，关于课程的知识（教学目标知识、学科知识）、关于学生的知识、关于学业评价的知识（学习评价的内容知识、学习评价的方法知识）、关于教学策略的知识（关于具体学科策略和具体问题策略的知识）。"[170]研究者特纳（Turner

---

[167] Jasman, A. Teacher Professional Expertise: Its Nature, Development, Enhancement and Assessment for Recognition and Reward[R]. Canberra: Department of Education, Science and Training, 2003.

[168] 舒尔曼（著）. 王艳玲等（译）. 实践的智慧[M]. 上海: 华东师范大学出版社, 2014:125-166.

[169] Marta L. Magnuson. Teaching Philosophy. http//www.google.com/site/martamagnuson/teachi...2013-7-15.

[170] Palincsar, AnneMarie Sullivan; Magnusson, Shirley J.; Marano, Nancy; Ford, Danielle; Brown, Nancy. Designing a Community of Practice: Principles and Practices of the GISML Community[J]. Teaching and Teacher Education, 1998,1(14).

Bisset)基于舒尔曼的理论提出了 TAFE 教师的 12 项知识基础。(见表 5-1)

表 5-1 特纳(2001)提出的 TAFE 教师应具备的 12 项专业知识基础⑰

专业知识	备注
学科知识	与事实、概念、模块和框架相关的内容知识,用于建议的表达和实施
学科信念	关系到教师对历史的理解和学科目的的理解
课程知识	这是一个广泛的概念:整合知识与政府资源、商业资源和其他利益
一般教育知识	此为通用知识,主要是关于教学的程序性知识,可以在教学实践中获得,并得到发展
知识/模型教学	作为信仰来描述:什么构成良好的教学实践。教师作为一个学习者,通过自己的经验学到了什么
学习者的知识(经验方面的知识)	关于学生的年龄、兴趣、社会背景、行为模式等知识
学习者的知识	关于学习理论的知识
认知方面的知识	具体学习环境下学习者的反应和表现
关于自我的知识	关于教师自我与职业融合的知识。关系到教师的自我认定,教学反思等方面
教育情境知识	教学情境的设置方面的知识
关于教学结果、教学目的和教学价值的知识	基于这样一个前提:教学是一种有目的的活动。专家教师能够使教学目的和教学价值明确
教育内容知识	这些知识嵌入教师其他所有知识之中。教育内容知识不可能孤立于教师其他知识而独自发展

从此表可以看出,教学知识是 TAFE 教师专业发展强调的重点内容。虽然 TAFE 教师大多来自行业,缺乏教育背景,但是 TAFE 对 TAFE 教师丝毫没有降低教学水平要求,突出强调教育教学知识在 TAFE 教师专业发展结构中

⑰ Ian Robertson. VET Teachers' Knowledge and Expertise[J]. International Journal of Training Research, 2008,v6n1:1-22.

的地位,由此保证了TAFE教师的高水平教学。

2. 关于学习者和学习理论的知识

TAFE教师要具备设计和开发学习策略(TAADES501B)的知识和能力,包括根据培训包和课程要求制定学习策略的能力。学习策略被描述为概述或大纲。TAFE教师要能够:确定学习目的;确认目标群体(学生)的特点和需要;发展与考虑适当的学习策略和教学设计原则,设计教学内容、构建学习策略。TAFE教师要能预计使用成人学习理论方面知识、设计教学、评估、考虑文化敏感性、职业健康和安全;遵守其他有关政策、立法、规范实践和国家标准。具体的参考文件有培训包、澳大利亚国家质量培训框架(AQTF)、澳大利亚国家资格框架(AQF)、行业和企业的规定等。

3. 关于学习资源的知识

TAFE教师要具备运用和开发学习资源的知识,并且运用教学设计原则,按照职教规定的系统步骤,处理培训包规定的学习结果。TAFE教师要研究和解释学习资源;规划学习内容;开发和评审学习资源,评价设计和开发的过程;能证明职教系统规定知识的合理性、流程和教学设计原则的科学性;掌握学习理论的主要分支,形成学习风格、文化意识、语言读写能力、计算能力等方面的知识。

4. 实践教学的知识

TAFE教师要促进学生的行动学习,促进学习者的可持续性发展,促进小组评价和学生自我评价。TAFE教师要形成一定的教学风格和模式,设计工作场所的行为学习。同时,TAFE教师还要通过创建职业实践的概念框架和经验框架,综合应用学习理论知识,控制复杂的学习环境,运用不同的教学方法进行教学演示,并相应地调整实践,以此来满足不同学习者的学习需要,促进复杂环境中的学习。TAFE教师要通过一系列展示和促进方法,运用支持个人、小组学习的模式等来证明自身的能力。TAFE教师要能反思经验,包括关键问题的反思和自身能力的反思,审查记录和批判性地评估个人的表现。

5. 关于评估的知识

TAFE 教师专业发展的重要指导性文件——TAE 培训包[172]中对相关知识基础的内容做了详细的解释与要求,明确了教师专业发展具备相关知识基础的标准与表现。TAE 培训包并不是抽象地罗列出 TAFE 教师应具备的每项知识内容,而是描述了 TAFE 教师专业发展需要达到何种程度和要求才表明具备相应的知识基础。

TAFE 教师不仅要进行教学评估、学生评估,还要熟悉本行业的技术评估以及相关理论知识等。TAFE 教师需要维护和加强专业实践,模拟高标准的工作行为。TAFE 教师要具有组织目标的知识和能力,使目标、法律、伦理相兼容;TAFE 教师要反思和评估专业实践,与同事共同研究和相互咨询;TAFE 教师要具备决定个人发展需求的能力,能自我评估专业发展需求,并参与相关的专业发展。这不仅需要 TAFE 教师具备职业教育知识,也要具有评估领域的知识。TAFE 教师要能建立合理的和有区分性的评估理论框架,开发任务规范,审查和验证建立评估体系的评估工具,在此基础上制定出差异化性能评估工具。因此,TAFE 教师还要具备关于评估的知识,包括评估质量保证的知识、评估和发展学习理论的知识、评估和发展能力标准方面的知识。TAFE 教师要能够将通用技能融入教学实践,整合自身和学生的通用技能,运用恰当的教学理论知识,完成职业教育。[173]

6. 相关行业/企业的知识

TAFE 教师要进行创新教育和培训,满足更广泛的功能需要,包括教学、学习支持、学习服务,如学生管理、技术支持、规划、营销和推广。这要求

---

[172] TAE 培训包是 2010 年在 TAA 培训包的基础上修订而成的,通常为 TAE10。TAE 全称"培训与教育"即英文 Training and Education 的缩写。TAA(Training and Assessment)培训包是培训与评估培训包的简称,2004 年在先前的培训包版本基础上修订而成,因而通常称为 TAA04,目前为止是澳大利亚职业教育教师应用最多的一个培训包版本。TAE 培训包与 TAA 培训包在具体内容上基本一致,TAA 培训包有 8 个基本能力模块,在 TAE 培训包中精简为 7 个基本能力模块和 1 个备选模块,其指导精神和具体细节未做较大改动。TAE10 培训包和 TAA04 培训包总体结构相同,每个能力模块下的具体内容都有对应的能力编码(例如:TAAENV501B)和具体描述。

[173] The National Training Quality Council. TAA04 Training and Assessment Training Package[S]. Hawthorn: Innovation&Business Skills Australia Ltd, 2004:51.

澳大利亚 TAFE 教师专业发展研究

TAFE教师检查当前的创新工作在提高教育成果方面的作用;分析成功创新的影响因素;建立内部和外部伙伴关系,发展和维持教育培训机构的创新能力。

TAFE教师需要进行组织培训需求分析,识别组织/客户需求,进行培训需求分析,为客户提供建议。TAFE教师需要具备有关行业必需的知识:相关行业的能力标准和培训包,行业和企业知识,一系列的培训需求分析研究方法;相关政策、立法、守则和国家标准。

7. 多媒体知识

TAFE教师要具备促进网络学习的知识和能力。这要求TAFE教师能构建学习环境,介绍、指导、促进、监控和审查网络学习。行为标准包括对学习者的学习风格和学习特点的解释说明,以及评估网络学习的适应性。TAFE教师需要研究和设计电子学习资源,研究和解释电子学习资源的要求,为电子学习生成选项资源,创建并完成在线学习设计理念。开发和评估电子学习资源要求,参与开发、试验和评价的电子学习资源原型,在发展电子学习资源中充分协作。因此,TAFE教师要具备相关的知识包括:信息技术和多媒体学习、网络教学设计、面对面教学和网络学习的不同之处、项目管理及相关政策和法规以及国家标准等。

TAFE教师是职业技术教育教师,其教师的本质决定其必须具备所有教师都具备的教育知识和相关能力。TAFE教师的知识构成首先是与普通教育教师一致的教育教学知识,自身领域的相关知识。其次,TAFE教师作为职业技术教育教师的独特性体现在其实践教学知识和行业知识。再次,TAFE能力本位教学的特点要求TAFE教师必须具备评估知识,评估知识是TAFE教师评估学生学习成果和自身教学成果的基础。此外,为了满足TAFE教师持续的专业发展,多媒体知识等前沿科技知识同样必不可少。

TAFE教师的知识基础是TAFE教师专业发展的先决条件,最终目的是满足学生和环境的复杂要求,包括教学中传递新的学习技术,评估学生对学习内容和学习技术的掌握情况,有效地向学生呈现理论教学。满足澳大利亚国家资格培训框架规定的TAFE教师"已经拥有一种广泛的知识基础,有一定的深度整合理论和概念,可以在一定的领域、在遇到技术问题或管理要求时,应用相关分析和计划方法评估信息,并使用它来预测、规划研究目的;

能够转换和应用理论概念或技术,创新技能,负责自己的输出与指定的质量标准;对于众多的教学结果,能承担相应的责任"。[174]

(二)TAFE教师的专业能力

TAFE教师的专业能力应该是个人的能力和集体赋予的能力的整合,并在团队协作中得以施展。许多研究和报告表明TAFE教师的工作角色正在扩大[175]。然而,这些角色之间的关系却是相互依赖和不断变化的。比如,TAFE教师的工作场合范围扩大,不仅需要在学院或学校工作,还要进行网络教学、社区和工场教学。因此,TAFE教师的工作必须是灵活的、不断创新的、并能持续满足学习者和行业不断变化的需求。[176]TAFE教师需要与行业建立更广泛的联系,以此发展技能,通过担任企业顾问,帮助企业开发定制培训方案。从中TAFE教师可以获得他们需要的教学技能、评估技能和开发培训项目和资源的技能,以及充分利用适当的学习技术的技能。所有这一切需要TAFE教师有一个良好的基础教育和培训,并不断提升自身的资质,积极参与资格提升和专业学习,实现持续的专业发展。

1.关于TAFE教师专业能力的多方观点

许多学者对包括TAFE教师在内的职业教育教师的能力提出了自己的观点,学者弗兰克·拉姆齐(Frank Plumpton Ramsey)提出了六类技能:"第一类是指导和评估技能,包括灵活的教学和训练方法,包括在教室、工作场所和在线环境下的教学和培训;应对多种目的评估,满足不同学生需要等。第二类是个人技能,包括通信和网络、协作和团队工作、个人发展和专业发展;进行有效的改变并能管理这种改变,遵从职业道德安全教学。第三类是支持(学生)技能,包括咨询服务,提供建议,激励学生,提供就业指导,教学生如何学习。第四类是教育技术技能,包括使用一系列技术和互联网应对灵活的

⑭ 澳大利亚国家资格框架(AQF)顾问委员会,2007年工作报告. http://www.aqf.edu.au/. 2014-11-20.

⑮ NCVER.The Vocational Education and Training Workforce: New Roles and New Ways of Working — At a Glance. Adelaide: NCVER, 2004.

⑯ Skills Australia. Australian Workforce Futures: A National Workforce Development Strategy. Canberra: Skills Australia, 2010.

授课方式。第五类是设计技巧,包括开发培训和评估资源,运用培训包,协助审查质量管理信息系统的设计。第六类是管理技能,包括项目管理、领导团队、管理培训、管理学习和评估流程和质量,持续改进工作。"⑰

21世纪初英国终身学习部门开发了一套教师专业标准,为在终身学习部门工作的教师、导师和培训者提供了专业发展的依据。英国终身教育教师的能力主要涉及6个方面:职业价值观和实践、学习和教学、专业学习和教学、规划学习、评估学习、评估和进步。每个方面包含一组专业价值观,以及预期的领域知识,对实践的理解和预期⑱。英国的相关做法也给了澳大利亚许多启迪。2010年,澳大利亚TVET发表了一篇题为《胡萝卜棍棒兼用或其他政策》的报告。该报告被认为充分体现了职业教育教师专业发展方法选择的灵活性。这项报告的工作是由约翰·米切尔(John Mitchell)和同事共同完成的,这项工作提出了职业教育从业人员的另一个能力框架。该框架是米切尔和同事沃德在全国性调查的基础上,报道了职教从业人员的技能情况后,在2011年的一篇论文中提出的,该框架包括基础和高级两个级别的实践。

基础实践包括五个技能,即组织和学生管理、基础学习和促进学习、学习风格、学习理论以及基础评估。

高级的实践技能除包括这五个之外,还有两个进一步技能:商业技能和高级学习、促进和评估。通用技能和教育研究同时支持基础的和高级的实践。⑲

澳大利亚革新与产业技术局(IBSA)的能力框架(2012)包含四个领域的工作,教学、评估、行业和社区协作、体制与承诺。每个被分解成一系列的功能。此外,该框架还包括6个技能领域的工作方式,即文化修养、创新能力、团队合作和沟通、以证据为基础的实践和研究、领导力和伦理道德。

⑰ IBSA. IBSA VET Capability Framework: Powerpoint Presentation[R]. Melbourne: Innovation and Business Skills Australia, 2012.

⑱ Lifelong Learning UK. New Overarching Professional Standards for Teachers, Tutors and Trainers in the Lifelong Learning Sector. London: Lifelong Learning UK, 2007.

⑲ Mitchell, J, Ward, J., Dening, A. and Kemp, D. Using VETCAT(TM) and CURCAT (TM) to Re-conceptualise and Re-vitalise VET Work and Workers[R]. Paper presented at the 14th Australian Vocational Education and Training Research Association Conference, 2011.

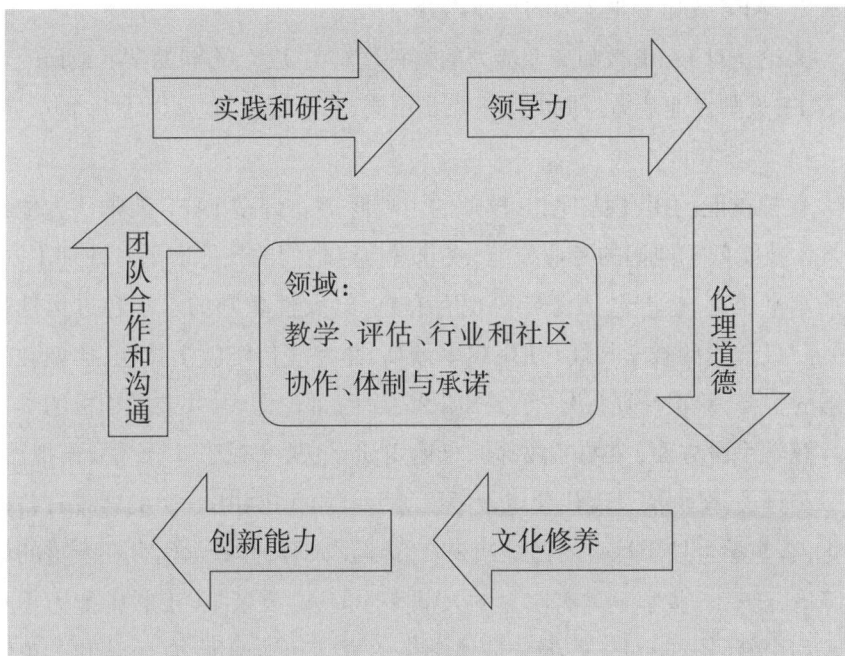

图5-1 澳大利亚革新与产业技术局(IBSA)提出的TAFE教师能力框架

能力水平分为三级,以此来判断职教从业者的能力或技能的发展。IBSA水平1、2、3级的TAFE教师能力框架与TAE培训包的能力框架相吻合。普瑞斯恩(Precision Consultancy, 2012)的研究指出,1、2、3级能力在TAE培训包的能力框架中已经充分涵盖,与培训包四级证书资格能力标准和文凭资格能力标准相吻合。然而,TAE培训包并没有为AQF5级以上的资格能力再提供足够的能力标准。普瑞斯恩建议,本科毕业和研究生毕业的TAFE教师在高等教育领域接受的培训应该以IBSA的第3级水平为起点,并遵循3级能力框架的标准。[180]但是IBSA能力培训课程,在高等教育中每个课程程序是独立开发的,每个大学也是作为独立的机构,有自己的一套核心和可选的科目对TAFE教师进行培训,这一点与培训包的培训课程不相同。培训包的培训课程结束后,完成学业的TAFE教师都会得到资格,而除此之外的TAFE教师培训课程不一定会帮助TAFE教师获得某种资格。

---

[180] Precision Consultancy. VET Practitioner Capability Framework: Mapping the Framework to the TAE 10)— Where Are the Gaps? [R]. Melbourne: Innovation and Business Skills Australia, 2012.

2. TAFE教师专业能力的具体内容

无论是对TAFE教师专业能力的何种理解与实践，不同的学者或研究者对TAFE教师专业能力强调的侧重点都不同，总而言之，包括以下几个方面：

（1）教学技能

教学技能的提高是TAFE教师的主要呼声。许多TAFE教师认为他们的教学技能低于他们的专业技能，或非常接近他们的技能水平。性别不同，技能水平也存在差异，服务年限也存在差异（女性教师的水平超过男性教师）。[181]最常用的教学技能（使用频率最高）是一些传统教学技能，比如教学大纲的解释，课程计划，评估学生知识和技能，理论课程，并鼓励积极的学习等。教学手段方面，"TAFE教师综合运用演示法、参观法、讨论法、模拟法、实习实验法、案例法及现代化电教手段等"。[182]由于TAFE学生的背景日益多样化，有些学生处于社会的边缘或来自"风险"人群，有些学生存在严重的学习障碍，还有一些学生具有明显的天赋和才能，这要求TAFE教师能力不断提升和更新，比如：对一些弱势群体学生的教学和沟通能力（土著和非英语背景的学生），综合使用关键领域知识的能力，运用新的教学技术或设备的能力（如计算机管理学习和远程教育），适应新角色的能力（例如，在职培训的评估和认证）等。同时，TAFE教师教学过程中还需要咨询技巧和语言技巧，需要语言、文字能力和计算方面的能力，尤其是在处理特定的学生群组，或对跨文化个人和团体进行教学时。

对于新入职的TAFE教师而言，对教师技能的提高比较紧迫，比如多样化的教学策略，对不同组的学生进行教学和评估。经验丰富的教师主要要求掌握额外的咨询和提高能力的方法。有的教师列出特定的专业发展内容，包括对非传统学生教学，能力发展规划，计算机管理学习，远程教育和技术方面等。课程开发、教学设计和项目评价作为教师潜在的专业化领域，课程和学生的多样化等因素要求教师提升课程开发和课程设计的能力。而当

---

[181] Commonwealth Department of Employment, Education and Training, the State and Territory TAFE Agencies. National Review of TAFE Teacher Preparation and Development:Discussion Paper[R]. Adelaide:TAFE National Centre for Research and Development LTD, 1991.

[182] 李世业.澳大利亚TAFE教师的特点分析[J]. 职业技术教育（教学版）, 2006,17(21):96-98.

前TAFE教师的课程开发能力差距很大。由于TAFE教师的能力参差不齐，差异很大，许多研究者和管理者都提出了具体的建议和方案等。以教学中的知识迁移能力为例，研究者伯恩等人给出了具体的提高知识迁移能力的策略（表5-2），旨在通过提高教师的知识迁移能力，提高TAFE教师的教学技能。

表5-2 伯恩等人的知识迁移策略[183]

策略	具体内容描述
行为回顾	对于一个项目或教学行为的讨论，进行经验总结，保证参加的教师有所收获
沟通实践	相关教师和人员在具体的方面进行知识提升和分享
知识统合	这是一个系统的过程。在一个具体的组织中，首先确认这个组织的需要：共同的知识、资源和人员，然后在相互理解的基础上，组织成员共同寻求从哪、以何种方式进行知识提升
导师制	资深教师给新手教师提供支持、指导和资助
脱离组织时的面试	针对要脱离某个组织的教工，对他们的知识进行收集和保留
知识中心	例如图书馆。通过书面形式和电子信息，联系更多的人参与到一个活动中来
优秀教育行为的确认和分享	发现优秀的教育行为，吸引大家学习并从中受益
知识收获	收集专家教师的知识，让更多的人学习
同伴互助	在开始一个活动和项目之前，同伴之间进行经验学习
讲故事	通过讲（生动有趣的）故事的形式分享知识
黄页	通过电话或在线网络资源寻找同伴/同事学习具体知识和专业知识
社会网络分析	以图表形式表述个人、小组和组织之间的关系

[183] Berwyn Clayton, Thea Fisher, Elvie Huges. Sustaining the Skill Base of Technical and Further Education Institutes: TAFE Managers' Perspectives[R]. Adelaide: SA 5000 Australian Government, 2005.

TAFE教师教学技能长期以来都是TAFE教师专业发展的重点之一。职业技术教育的专业领域不同,教学方法也会有很大差异,TAFE教师的专业发展成果正是通过这些差异化的高水平教学得以体现的。

（2）管理能力

管理能力是TAFE教师最常使用的技能,如组织目标、安排工作、工作量和时间的管理。其中最重要的是时间和工作组织能力,运用计算机技术辅助教学和工作的能力、规划和指导能力。管理能力的运用还包括管理时间、管理工作、应对工作压力和工作环境、管理变化和评估自己表现。还有与业务相关的技能,比如数据库管理。有经验的TAFE教师还应具有管理财务、人力资源和项目管理等能力。其中,人力资源管理和财务规划管理是作为潜在的未来的TAFE教师专业发展的领域。

（3）学科专业提升能力

对于TAFE教师至关重要的是在他们的技术领域或专业保持领先的地位,并尽可能应用当前的条件满足未来的需求。大多数TAFE教师都会在适当的时间提升他们的专业水平、专业技能,特别是保持最新理论和实践能力以应对变化,获得最多的关注。这也是最常见的TAFE教师专业发展活动。TAFE教师的专业技能也包括应对新兴行业重组,特别是相关工位的技术和组织的变化。这些技能包括职业健康和安全问题、质量管理、相关学科领域多重技术运用等。尽管越来越少的TAFE教师强调质量管理的能力,但这依旧是TAFE教师工作中的重点。当前TAFE老师相关的技能和所需的技能相比,出现一个相当大的差距,TAFE教师满足相关的客户需求和行业联络的能力也存在不足,TAFE教师专业发展任务还是很紧迫。TAFE教师专业发展最大的任务是现代产业质量管理、广泛知识或多重技能运用的能力。有人认为,当前重组产业至关重要,那么提升TAFE教师专业技能是否同时进行、能否同时进行就成为需要明晰的事情。伴随经济发展、产业重组,更新TAFE教师职业和实用专业知识和能力应该是一个优先考虑和实施的任务。

（4）工场环境教学所需能力

TAFE教师教学环境既包括教室,也包括工场,还有具体的企业、车间等。1989年,澳大利亚劳动技术委员会(ESFC)与国家劳动者教育与培训委员会联合发布了关于工场教学的主要阶段性成果。建立工场的目的是改变

TAFE传统的教学方式,进行人才培养模式创新,使人才培养、企业发展和科研发展三位一体,共同进行。对于教师而言要发展科研能力,树立科研信心,鼓励教师参与企业相关研究或合作研究。为获得与企业更高程度的互动与合作,鼓励教师提高相关技能并制定策略。

有关TAFE老师的调查显示,教学、更新、管理和一般个人素质这些字眼经常被TAFE教师在表达需求时使用。关于技能,TAFE教师最关心的是信息操作方面的能力。TAFE的教学目的、教学条件和战略规划等也会影响TAFE教师对自身能力的认识和评价。许多TAFE教师将自己的技能水平评估为中等或稍低。许多关注TAFE教师技能需求的研究表明,新入职的TAFE教师的入门知识和行业意识面临的关键问题是关于面对TAFE工作环境方面的,而经验丰富的TAFE教师则不仅要提升应对TAFE环境变化的能力,而且还需更先进的知识来满足各个方面的变化,包括TAFE政治和经济背景的变化和机会均等不断涌现的社会问题。因此,职场知识和能力也是TAFE教师专业发展的重要内容之一。

(5)确定客户需求和企业联络的能力

TAFE学院和企业的关系一直是众多学者和专家研究的对象。许多文献中的观点都认为TAFE教师对企业有相当大的影响,特别是咨询公司等单位需要TAFE教师一系列新技能,尤其是在公司的审计和培训需求分析方面。

相关人士呼吁要加强校企合作,提高设备利用率,提供TAFE更多培训需求方面的信息,增加校企互换教师,把教师的科研成果更直接地运用到企业日常经营和管理中。TAFE作为培训企业的一员,必须能应对改革与发展的需要,并做出迅速的应对。TAFE教师必须经过3~4次的培训与再培训提高技能水平,有广泛的培训基础,提升工作满意度,创造出更多更有价值的劳动力,这是培训的关键所在。为了满足企业对技术人员不断增长的需求,TAFE教师需要完善成人学徒制,从实践经验中学习。学徒制必须以能力为本位,同时也要吸引更多女性学员。

最初,基本的职业培训是政府的责任,继而是一些培训与再培训机构,发展到后来,有一些特定的行业培训越来越多地取决于企业和行业的支持,越来越多的培训在校外进行。生产线上、工厂里、高科技实验室里和其他现场都成为培训的课堂。为了满足行业培训的需要,维多利亚TAFE学院发展出一种新的协商安排模式,即企业向学院提出明确的建议,并可以设定培训参数。这要求TAFE教师的能力要不断提升与多元化。

TAFE更直接地参与设定和维护培训标准、促进培训、培训培训者、提供开放学习的相关资料、进行在职培训、为私营培训机构和培训者进行评估等。从资源、技术、知识等方面,TAFE都为澳大利亚企业发展做出突出贡献,成为澳大利亚发展的强有力的推动因素。雇主向TAFE教师提出问题,TAFE教师迅速去企业查看,寻求解决对策,提出建议。

校企合作的重要一方面就是师资共享,资金支持。TAFE教师以往专业发展的层面很窄。现在他们需要更多的职业技术,更需要在职专业发展。TAFE教师培训存在偏离方向的问题。在行业需求方面的研究不深、不精。TAFE教师为了应对未来,确实已经具备丰富的技能,然而,传统的教师教育不能完全代替TAFE教师对行业的研究,教师培训应侧重如何进行行业研究。TAFE管理部门应认识到TAFE教师专业发展不应仅仅集中在某一部门进行,而应转移到各个TAFE学院,教师专业发展需要多样化。TAFE教师在辅助企业发展方面缺乏信心,为企业提供的服务未能得到企业的足够认可。

(6)TAFE教师适应角色改变的能力

TAFE的发展使TAFE教师不得不接受更多的角色,TAFE需要持续重构教师角色。TAFE教师承担着多种职责,既是教师,也是评估者,还是咨询者,甚至还是学生的良师益友。TAFE教师要为行业提供更多的咨询服务,帮助行业解决经营中的问题。TAFE教师角色多样化而且有时存在角色冲突。因此,TAFE教师需要不断依靠专业发展来适应角色多样化。在TAFE教师专业发展过程中,国家、学院为教师提供了许多培养项目或培养计划,这些项目或计划的目标可能与TAFE教师教学需求存在一定差异。但是这些TAFE教师专业发展的规划已经更多地考虑了TAFE教师角色的增加或转变。TAFE教师与行业或企业工作人员加强联系,相互学习。TAFE教师角色变化,从行业那里获得的资助越多,期望值也越高。企业是消费者,学生也是消费者,TAFE教师要满足消费者的需要,发展订单式培养。TAFE教师还需要评估劳动力质量。不同的州、不同的企业对TAFE和TAFE教师的要求不同,TAFE教师适应角色多样化和角色转变的能力必须依靠专业发展来实现。

TAFE教师专业发展不仅强调教师在各个学科领域的关键能力,也注重教师的综合能力。TAFE教师专业发展提倡TAFE教师通过转化学习,不断提高自身专业能力,并尽快反映在教学过程中。

(三)TAFE教师的专业情意

1.对教师专业情意的认识

教师专业情意可以涵盖众多的内容,如教师的专业精神、职业道德、专业信念等。

教师的专业精神包括教师的职业道德、专业情感和教育信念,它指向专业服务精神。教师专业精神是教师专业的重要指标之一,是专业形成和成熟的重要条件,体现的是一种职业精神和价值追求。教师的专业精神在教师素质结构中具有极为重要的地位,它以其鲜明的个体性、内隐性、稳定性和控制性等特征深刻地影响着教师的思想观念,左右着教师的言谈举止。是否具有良好的专业品质已成为优秀教师的衡量标准。教师的职业道德即我们通常所说的师德是教师在从事教育活动时所必备的个人道德和应遵循的职业行为规范。教师的专业情感是教师个人的内心体验,是社会文化的产物,也是互动和表演的载体。教师情感与教师认知、教学效果、学生情感密切相关。有研究表明,情感会影响教师的教学策略。生动活泼、富于想象并热爱自己学科的教师,教学工作更成功,学生行为更具建设性。

20世纪80年代,随着认知学派的全面发展,对“教师信念”的研究全面兴起,来自不同学科比如心理学、政治科学、人类学和教育学的学者都参与到教师学科信念、学与教的信念等方面的研究中。20世纪90年代之前,“教师信念”与教学实践的关系是主要研究对象。在教育学界,由于行为主义的研究较为狭隘,随着认知科学的发展,在教育过程中对教师的内在认知研究以及教学研究范式转换的研究越来越多,研究的对象由关注教师的行为转向了关注教师的思维和决策过程。20世纪90年代,“教师信念”对教师个体变革意义的研究逐渐凸显,并随着教师专业化发展而升温。研究者们已经普遍接受教师信念是决定所教、怎样教以及课堂所学的重要因素,出现了大量关于教师信念与教师变革关系的研究。《教育大词典》对教育信念的解释是：对一定教育事业、教育理论及基本教育主张、原则的确认和信奉。其形成既受个体所接受的教育的影响，又与个体的教育实践相关。关于教师信念的构成泰勒(Taylor,1990)认为，包括关于教学目的的信念、关于教学行为的信念、关于有效学习的信念、关于如何改进教学的信念和关于自我的信念。考尔德黑德(Calderhead,1996)认为，教师信念通常用来指教师的教学法信念，或者那些与个体教学相关的信念。他把教师信念归纳为关于学习者和学习的信念，关于教学活动的信念，关于学科的信念，关于怎样教学的信念，关于自我和教师角色的信念五个领域，并指出各个领域是相互关联的。蒋衡认为教师信念不是一个固定的先验的体验，而是在教师的生活和教学工作情境中逐渐形成，影响教师的教学实践，并且是通过在教学情境中反思而发生改变的多种观念的综合。他的教师教育理念呈现为一个圈层结构，由表及里可概括为四个层次：文化和价值观、国家和社会、即时情境、教师自我信念。文化和价值观层次主要包括教育的信念、关于青少年及文化背景的信念；国家和社会层次的内容包括关于教育政策的信念、关于教改和问责制的信念；即时情境包括关于学生的信念、关于课堂与教学的信念；教师自我信念包括教师的身份认同、教师的教学效能感。

2. TAFE教师专业情意的理解

（1）TAFE教师专业情意的内涵

TAFE教师的专业信念、专业精神、职业道德等方面在许多文件和研究中被称为教师专业情意、一般个人素质、态度技能(attitudinal skills)或一般的个人品质(general personal qualities)[184]。它们包含了TAFE教师专业发展除了知识基础和能力之外的众多方面。一般个人技能包括一系列的人际交往主沟通、面对变化的适应性、研究技能、决策能力和其他技能，可以包含在工作过程中或应用到所有的工作环节当中。换句话说，对于TAFE教师的角色和职责而言，教师专业情意是更容易迁移和转化的。TAFE教师的专业情意与工作年限没有太大关系，工作时限也不影响教师个人品质的发挥。就TAFE教师的技能发展而言，良好的专业情意有助于个人技能的发展，包括解决问题的能力、批判性思维能力、能够在一个不同的环境利用现有的技能

---

[184] The National Training Quality Council. TAA04 Training and Assessment Training Package[S]. Hawthorn: Innovation&Business Skills Australia Ltd, 2004:55.

解决社会变革影响的能力、压力管理的能力。无论是对于新入职的教师还是有经验的教师,具备良好的专业情意是教师专业发展的重要内容和基础。

（2）TAFE 教师专业情意的体现形式

TAFE 教师专业情意主要是通过其专业承诺体现的。专业承诺也是TAFE 教师专业标准中的一项重要内容。在澳大利亚,教师就职通常都会举行教师宣言,以强化教师的专业情意。TAFE 教师虽然与行业联系紧密,专业发展有其独特性,但是强化 TAFE 教师的专业情意也不能例外。TAFE 教师在签订聘任合同除了明确 TAFE 教师的工作时间、工作条件、工作待遇之外,还有一项重要的内容,就是对 TAFE 教师的职业道德、专业信念、爱岗奉献等方面进行约定。TAFE 教师要通过签订合同等方式,郑重承诺:爱岗敬业、尊重学生、团结同事、积极奉献、服务客户（学生和企业）。[185]

对于教师专业情意的考核和评估体现在对 TAFE 教师的工作态度、守时守约、积极帮助学生和企业等方面。由于 TAFE 实施开放式教学和弹性教学,众多TAFE 教师的第一身份是行业精英,所以 TAFE 教师的专业情意也是TAFE 教师专业发展的重要内容。对于专业情意考核不合格的 TAFE 教师,各个TAFE 学院还会采取批评、扣罚薪金等处罚措施。

三、澳大利亚 TAFE 教师专业发展的实现形式

TAFE 教师专业发展通常有三种形式:正式学习、非正式学习和个人学习。[186]"正式学习指的是通过一系列结构合理的、国家认证的项目进行学习,完成后可以获得相应的资格证书或奖励。"[187]"非正式学习也是通过一些项目或培训活动来学习,这些项目和活动虽然也通过了国家认证,但是学习之后不会获得资格或证书。"[188]具体学习活动多为学习项目,包括老带新、导师制、

[185] Department of Education, Employment and Workplace Relations, The National Training Quality Council. TAA04 Training and Assessment Training Package[S]. Hawthorn: Innovation&Business Skills Australia Ltd, 2004.

[186] NCVER. www.ncver.edu.au/wps/wcm/connect/82972032-9caa-4f1f-b818, 2014-8-12.

[187] NCVER. Combining Formal Non-formal and Informal learning for Workforce Skill Development. Australian Industry Group, 2008

[188] NCVER. Combining Formal Non-formal and Informal learning for Workforce Skill Development. Australian Industry Group, 2008.

团体实践等。实践团体指的是职业教育教师在一个由若干教师组成的或由相关人员组成的团体组织中发展,接受他们的监督和评估,并向他们学习,也可以说,团体实践是共同学习或互相学习,是群体发展的典型形式。"个人学习指的是个人的专业发展活动,包括个人反思、个人参加的日常相关教师专业发展的活动等。"[189]非正式教师专业发展既包括通过一些机构进行的教师专业发展活动,也包括 TAFE 自身进行的教师专业发展活动。事实上,TAFE 教师专业发展通常是三种形式相结合,处于教师专业发展不同阶段的TAFE 教师会选择应用其中一种形式,或同时运用这三种专业发展形式。

(一)TAFE 教师的正式学习

由于 TAFE 教师来源多元化,明确的教师专业发展是从入职开始,所以TAFE 教师专业发展主要指职后发展。TAFE 教师专业发展强调资格和资历,但是也注重全面的、高质量的和系统的教师专业发展。正式学习的具体形式和途径可以是 TAFE 教师参加政府和学院举办的具体项目、活动,也可以是 TAFE 教师自主选择培训课程等。

1. 基于项目的发展

基于项目的发展模式是指 TAFE 教师专业发展活动是 TAFE 教师管理中的重要内容,发展的目的明确、具体。TAFE 教师专业发展项目通常根据上级要求或既定管理要求进行,围绕相关主题等内容展开。这种专业发展模式的优势在于,TAFE 教师专业发展根据提前设计的教师专业发展项目进行,TAFE 教师可以明确地知道专业发展项目的步骤和目的。此类教师专业发展项目通常依据政府相关文件进行,并且需要评估 TAFE 教师的专业发展结果。参加项目还可以得到资金方面的支持,这有利于 TAFE 教师避免参加专业发展项目时可能遇到的干扰因素,是典型的正式专业发展形式。

2. 基于真实问题的发展

基于真实问题的专业发展,通常是在 TAFE 教师现有的知识和能力满足不了工作需要或教育教学过程中出现了前所未有的新问题、新变化的情形下进行的。TAFE 教师有了新的需求,从而需要通过专业发展提升教师专业

---

[189] NCVER. www.ncver.edu.au/wps/wcm/connect/82972032-9caa-4f1f-b818.2014-9-9.

素质。TAFE教师基于真实问题的发展模式具有及时、有效、针对性强的特点，大大促进了TAFE教师专业发展。但是这种模式需要TAFE学院的支持，TAFE教师需要较强的应对变化的能力。

3.基于学校任务的发展

TAFE教师完全依靠所在学院提供的专业发展机会进行发展，目标在于完成学院布置的专业发展活动，这种专业发展模式就是基于学校工作任务的发展。这种专业发展模式有利于提高TAFE教师的整体专业水平，能够保证大多数TAFE教师的专业发展，还可以保证TAFE教师队伍整体的高度专业化。缺点是有时难免流于时弊，专业发展内容不一定是TAFE教师真正需要的。

4.正式学习的主要途径：参加培训

TAFE教师参加的培训既包括学院方面的课程培训，也包括企业和行业或相关组织和部门的实践培训。培训既是TAFE教师专业发展正式学习的主要途径，也是TAFE教师专业发展的主要模式。

（1）课程培训

课程培训主要应用于新入职的TAFE教师，其主要目的是获得TAFE教师从业资格，包括获得教师资格证和澳大利亚国家资格框架规定的相关资格。课程培训对于资深教师和专家教师而言应用比例相对较小。国家指定的课程培训，尤其是确定教师资格的课程培训，TAFE教师必须参加，否则得不到相应的资格，这体现了TAFE教师专业发展的强制性。

（2）企业培训

企业培训既可以采取课程培训的方式，也可以采取顶岗实习、参观交流等方式。所有的TAFE教师必须进行企业培训。企业培训通常由国家相关部门和学院规定最低企业培训时间，时间不设上限，这既保证了TAFE教师的技术先进性，也不会给TAFE教师带来过多的负担。

（二）TAFE教师的非正式学习

TAFE教师正式学习固然重要，但还远远不够，为了保证TAFE教师的持续专业发展，保证师资培训的灵活性与多样性，非正式的教师专业发展学习同样重要。

1. 参加培训

TAFE教师的培训有的是强制的,有的是TAFE教师可以自主选择的。学院和各类社会团体、组织的各类培训丰富多样,除了具有强制性的培训课程以外,还有众多推荐性质的培训课程可供TAFE教师选择。TAFE教师可以根据自身需要、兴趣和时间安排,灵活地选择相关课程进行学习。非正式学习的培训通常没有限制,以不影响TAFE教师的正常工作为前提,这为专业发展各个阶段的TAFE教师打开了方便之门。

2. 同伴互助

TAFE教师群体发展也是TAFE教师专业发展的特色之一,同伴互助是TAFE教师群体发展的具体实现形式。TAFE教师同伴互助通常与其他专业发展途径相结合,旨在促进TAFE专业发展和改进,表现出TAFE教师合作发展、群体发展的特点。TAFE教师共同参与培训包的课程开发;互帮互助、共同进步;共同参加教师沙龙,相互发表见解,共同讨论;共同参与所在学院的相关管理和改革,共同参与企业发展等。TAFE教师同伴互助的优势在于能尽快提升教师知识和技能,有利于发挥TAFE教师的主观能动性,有利于发挥和提高TAFE教师的协作能力,有利于提高TAFE教师的整体素质。问题在于,有个别教师可能为了面子或其他目的消极参加,浪费了资源和时间,没得到真正的发展。

3. 观察和评价

TAFE教师体现群体发展的另一个途径是相互观察和评价。TAFE教师既是被观察者也是观察者,既是受评者也是评价者。评价者除了TAFE教师之外还有相关领导、指导者、专家等。TAFE教师可以是本学院的TAFE教师,也可以是其他TAFE学院和培训机构的教师。在课堂互评中,授课TAFE教师要接受其他观摩课程的TAFE教师的评价,还要自评,然后做出总结。如果是观摩课,课程之后参加观摩的TAFE教师也要做出评价和陈述观摩课对自身的作用。

TAFE教师相互观察和评价有利于受评者和评价者共同受益,帮助TAFE教师实现群体发展,促进TAFE教师队伍整体素质的提高。这种模式在学院的课堂教学和工场教学中应用较多,在企业中利用较少,原因是它会给企业的正常生产经营会带来更多干扰。

4. 调查研究

TAFE 教师调查研究可以采用多种形式,既可以是 TAFE 教师独立调查研究,也可以是以团队的形式调查研究。研究的内容可以是教育教学方面,也可以是企业、行业等经济领域的问题。调查研究的成果形式可以是论文,也可以是研究报告、实验报告等。调查研究模式要求 TAFE 教师不断进行教学反思,多方进行探索思考,这样做不仅可以提高教师的教育教学能力,也可以提高教师的科研能力,有利于 TAFE 教师通过多方面学习,不断适应自身角色的变化。

5. 导师制

导师制模式也被称为专家引领模式或老带新模式。TAFE 教师专业发展的导师制,更多地适用于新入职的 TAFE 教师。所在学院会为新教师安排一位有经验的 TAFE 教师做新教师的导师。导师负责帮助新教师选择入职培训课程以获得相应资格。不具备 TAFE 教师资格的新教师需要跟随导师观摩课程,在导师的监督下授课,导师要对新教师随时出现和遇到的问题提出解决建议和意见。

导师制模式的教师专业发展有利于经验不足的 TAFE 教师快速成长,在最短的时间内拥有 TAFE 需要的各项知识和技能。但是有时导师制难免流于时弊,有的导师碍于情面或考虑到竞争危机不愿全面帮助其他 TAFE 教师,一些因素也阻碍了导师制模式发挥其应有的作用。

(三)TAFE 教师的个人学习

TAFE 教师专业发展主要是尊重 TAFE 教师的个人意愿,TAFE 教师根据个人需求确定自身的学习目标,自主选择和参加教师专业发展项目和活动。TAFE 学院和相关组织根据自身的职责支持、辅助和监督 TAFE 教师的专业发展活动,评估其专业发展成果。

1. 主要模式:专业自主发展

TAFE 教师个人学习的主要模式是专业自主发展,专业自主发展是 TAFE 教师专业发展的一大特色。TAFE 教师自主决定专业发展需要,设定专业发展目标,参加专业发展活动,将长期专业发展规划和短期专业发展规划相结合,主动实现专业发展。这一专业发展模式尊重了TAFE教师的专业自我和专业发展需求的差异性,保护了TAFE教师专业发展的积极性,保证了TAFE教师专业发展有的放矢。TAFE教师专业自主发展模式虽然益处多多,但是也给TAFE教师管理部门带来了管理方面的难题,需要TAFE学院人力资源部门等方面的支持。

2. TAFE教师个人学习的多种途径

TAFE教师个人学习可以通过多种途径,包括自我规划、参加活动和组织、同伴互助等,也可以与其他专业学习形式相结合,其中主要途径是自我规划。TAFE教师专业发展的自我规划通常分四个步骤。首先,TAFE教师根据自身需要制订专业发展目标,这个目标可以是长期目标也可以是短期的、更为具体的目标;其次,根据自身的专业发展目标,制订专业发展计划。如果是长期发展计划,还可以分步、分阶段进行;再次,根据自身发展计划选择具体项目和活动;最后,总结和评价专业发展成果。TAFE教师专业发展的自我规划也在管理部门的监控之下,TAFE教师的自我指导专业发展过程必须经过相关领导和部门的审批、监督,并且备案,成果也要有相关领导的评价。TAFE教师自我规划也是TAFE教师主要应用的自主专业发展模式的体现,可以有的放矢地帮助TAFE教师实现有效的专业成长。

TAFE教师专业发展的三种形式应用于TAFE教师专业发展的各个阶段,在TAFE教师专业发展制度的保障下发挥着不同的作用。根据TAFE教师专业发展的具体需要和目标,各个阶段应制定不同的方针政策,通过多种途径提高TAFE教师的专业素养。

第六章 澳大利亚 TAFE 教师专业发展的典型案例分析

澳大利亚是联邦制国家,共有6个州,各个州之间发展不均衡。就土地面积而言,维多利亚州和新南威尔士州并不是最大的州,但是其经济发展水平始终处于全国领先地位。由于经济发展迅速、人口密集等多方面原因,澳大利亚多所知名学府坐落于这两个州。同时,维多利亚州和新南威尔士州的职业教育水平也很高,TAFE 体系很完善,TAFE 教师队伍专业化起步较早,TAFE 教师的专业发展水平也具有代表性。为了更全面地呈现 TAFE 教师专业发展,本研究选取维多利亚州和新南威尔士州的 TAFE 教师专业发展经验为样本,对其专业发展制度等进行分析,以此揭示澳大利亚 TAFE 教师专业发展的经验及特点。

一、维多利亚州 TAFE 教师专业发展的案例分析

维多利亚州土地面积23万多平方公里,人口约560万,经济居全国先进水平,农牧业、工业、矿业都非常发达。农牧业以羊毛、牛羊肉、奶制品、小麦、葡萄等生产为主,其中尤以西部地区的细毛羊和肥羔羊著称。工业基础良好,工业化程度高。第二次世界大战后,该州陆续建立了机械工具、精密仪器、电气设备、钢铁、金属制品、塑料、造纸等工业,并成为汽车和飞机制造的重要基地。维多利亚州的国内生产总值中,工业占85%(建筑、服装、农机和汽车制造等);农业占8.5%(牛羊肉类、奶制品、水果和蔬菜等);矿产业占

6.3%(石油、天然气和煤炭等);捕鱼业占0.2%。⑲

维多利亚州的教育总体水平在澳大利亚也是位居前列的,有众多知名的高等教育学府,基础教育质量在澳大利亚处于一流水平。维多利亚州的TAFE充分体现了该州重视教育的传统,彰显了其教育水平高的特点。该州共有200多所TAFE学院,注册的TAFE教师万余名。⑲维多利亚州的经济发达,因此各个行业对技术人才的要求标准高,再加上技术更新速度快、对人才的要求不断提升,所以TAFE的地位举足轻重。由此对TAFE教师专业发展的要求也较高。在维多利亚州,为了适应经济发展需要,TAFE课程设置以经济贸易类、技术类等居多,如:自动化、信息技术、建筑和生产、设计、护理、旅游、零食、服务等。⑲TAFE要满足人才培养的要求与经济发展的需要,教师是关键。TAFE的学习者背景不同,资格水平不同,从四级证书水平到研究生水平的课程,TAFE教师都要教授。TAFE教师的专业发展水平关系到学校的教学质量。因此,在维多利亚州,TAFE教师及其他职业教育教师的质量受到职教相关部门的重视。他们认为,只有提高TAFE教师的专业发展水平,才能显著提高所培养人才的能力水平。

(一)维多利亚州TAFE教师专业发展的制度

维多利亚州TAFE教师专业发展具有先进性和持续性,主要得益于维多利亚州TAFE教师专业发展的制度。

1. 维多利亚州TAFE教师的招聘制度

(1)申请人的应聘资格

TAFE教师的入职资格在澳大利亚各州基本都是统一的。维多利亚州同其他州和地区一样,TAFE教师的入职都有学历要求和相关专业领域的工作经验要求。维多利亚州对入职TAFE的教师要求拥有培训与评估四级证

⑲ Victorian Government. http://www.vic.gov.au/2013-1-10.

⑲ Victoria TAFE Association. Inquiry into Effective Strategies for Teacher Professional Learning. http://www.vta.vic.edu.au/document-manager/publications/position-and-discussion-papers/2011.

⑫ TAFE Victoria. https://www.vic.gov.au/education/jobs/teacher/pages/tafe.html, 2013-1-10.

澳大利亚TAFE教师专业发展研究

书,职业技能要与所教专业的水平相当或更高,入职之前所从事的工作行业要与所教学科相关。具体而言,TAFE教师通常要有至少3~5年的行业经验,所持有的学历证书不低于所教学科的水平,一般都要求TAFE教师的学历为研究生及以上文凭。因此,入职TAFE的教师需要自己先申请学习四级资格证书课程,该项课程基本各个TAFE学院和培训机构都会开设,只要是国家认证的职教培训机构都有权利发放培训与评估四级证书,简称四级证书。根据培训与评估培训包的要求,基本上还需要对申请入职TAFE的教师进行先前知识的再确认,以保证TAFE教师的真实知识和能力水平。如果申请入职TAFE的教师在知识和能力方面确实水平很高,比如高学历,那么在申请四级证书的时候,有些能力单元的课程则可以免修。

(2)申请人的应聘程序

TAFE教师的招聘过程比较严格,招聘信息要在各TAFE学院网站和政府网站上公开发布。申请人可以先通过多种途径向准备申请的TAFE学院递交申请,由TAFE学院的人力资源部门或相关部门安排面试。许多学院的TAFE教师面试是由来自企业的人员、学院管理者和专业教师等组成的面试小组来进行的。[193]学历通常是评价应聘者的标准之一,但不是绝对要求。对能力水平不同的应聘者有不同的要求。经验丰富的应聘者,有时可以在入职TAFE之后进行四级证书的学习等活动。相对而言,学历高、行业经验丰富的应聘者成功入职TAFE的机会比较大。

以应聘TAFE美发教师为例。在申请美发教师之前要达到的具体标准如下:应聘者必须年满18周岁,是成年人,并且持有美容美发执照至少6个月的时间。如果已经取得美容美发执照,并且持有执照已满5年,那么持有人必须证明持有执照工作已满800小时。技能方面的证明是从业证明或执照,雇用公司出具的证明信,或在某个美发沙龙工作期间的工资存根都可以作为证明材料。具体步骤:把高中毕业证明、美容学校毕业证明、劳资证明、美容执照相关信息和其他证明材料送到维多利亚州的美容协会。如果维多利亚州不是申请者取得美容执照的州,那么需要在维多利亚州先取得美容执照。各州对于TAFE美发教师应聘的要求略有不同,但是只要满足了基本的条件,在各个州都可以应聘TAFE教师。因为有些州之间有互惠政策,申请人可以在交纳一定的费用之后,取得执照。有些州就要求必须在申请地从事美容美发工作一段时间,才能获得执照。值得一提的是,类似美发、木匠等这类手工技能非常强的专业,对于实践课教师的学历要求并不严格,工作经验和技能才是第一位的。在入职后,要成为一名合格的美发教师,还必须取得教师资格。一些TAFE学院自身就为新入职的教师提供相关职业课程,美发教师可以参加美容美发课程的学习。但是学院提供的职业课程是为了提高教师的学科知识水平,并不讲授教学等方面和教育有关的系统课程。所以要成为一名合格的TAFE教师还必须学习课堂管理、沟通技巧等教师课程。TAFE学院提供教师资格和文凭的相关课程,需要新入职的教师根据自身需要去选择。由此可见,维多利亚州的TAFE教师招聘制度严谨,标准很高。

2. TAFE教师专业发展途径

(1)教学实践

为了满足多方面对TAFE教师的教学要求,维多利亚州的相关文件对TAFE教师的教学实践做出了要求。每位TAFE教师要晋级资格首先需要满足50个小时的教学实践。由学院的教师培训人员听课并评价,确定受评相关资格。资格授予单位不进行直接的听课和评课,而是由经过资格授予单位授权的有资格、有经验的TAFE教师,直接听课和评课。除此之外,TAFE教师还需要观摩其他TAFE教师的教学实践不少于50个小时,还需要有50个小时列席其他TAFE教师的会议、参加教材和教参的选用、师生互动、企业联动、接受与外部有关部门和企业的咨询,还要有50个小时直接监督教学实践、进一步观察教学或参与其他专业教学活动。TAFE教师的教学实践必须包括课堂教学指导和其他形式的教学实践,比如校外指导、工场指导和在线指导。整个过程都要由取得资格的专业人员监督,参评TAFE教师的教学实践必须与要求的实践形式和内容一致,尤其是教学日历、教案要符合所在学院的评审要求。

(2)教学研究

在维多利亚州,TAFE教师教学研究的重点倾向于成人教育理论、职业教育和培训环境的相关教学研究。维多利亚州相关部门强调,TAFE教师的研究重点是教学。TAFE教师多雇主协议(MECA)要求TAFE教师进行教学方法论等教学研究,并且要有成果证明。TAFE教师参加多雇主协议不能流于形式,必须有实质发展,否则这样的教师还要继续学习其他课程,直至满足TAFE教师多雇主协议的要求。[194]比如,AQF中五级文凭资格的规定强调TAFE教师实践和教学研究。维多利亚州对此做出了各项标准的细化,从教学实践、教学研究等方面对TAFE教师五级文凭资格的获得做了规定。TAFE教师的待遇与获得五级文凭资格挂钩,没有完成相关实践要求和研究要求的TAFE教师起薪只有初级教师级别,满足所有要求取得资格的教师就可以得到高级教师级别的薪资。

(3)具体的TAFE教师专业发展项目

在维多利亚州,TAFE教师职业发展项目主要针对提升资格框架规定的教师技术能力和教师专业情意,通常包括教师计划、课程和资源发展、客户服务、评估、传授策略和方法论、有效促进和鼓励教师发展多样化、理解和实施州和国家的政策意图、保证教育教学质量等方面。资格框架规定的教师技术能力包括:维持工业现状、联络企业、理解工场文化、管理经济信息、运用ICT和合作系统、革新和发展企业。TAFE教师专业发展项目强化TAFE教师人际技巧,服务于沟通协商和调解、管理关系、解决冲突、管理时间、咨询和与团队合作。TAFE教师专业承诺服务于维多利亚TAFE运营管理,满足立法需要、落实种族政策。澳大利亚国家资格框架强调领导能力发展、管理发展、组织和经营发展、商业文件读写能力、市场营销、项目管理、企业关系、促进他人发展、风险管理、团队建立和适应变化。在职业提升方面,TAFE教师专业发展项目包括资格提升、发展战略性伙伴关系、风险掌控和革新。[195]

以维多利亚"职业教育教师文凭实践"项目为例。该项目第一次于1999年在维多利亚正式施行,把国家认可的四级证书教育和职业教育与培训

---

[194] Australian Education Union Victorian Branch,Victorian TAFE Association. Guideline On Teaching Qualification Requirements for Victorian TAFE Teacher. http://www.aeuvic.asn.au/tafe_quals_statement.pdf. 2014-2-10.

[195] Hugh Guthrie & Pamela Every. VET Teacher, Trainer and Assessor Capabilities, Qualifications and Development: Issues and Options. Work-based Education Research Centre. http://www.voced.edu.au/content/ngv66800, 2015.

澳大利亚TAFE教师专业发展研究

（CIV VET）相结合。2009年"职业教育教师文凭实践"项目在原有的1999年实施的基础上得到了发展，进行了进一步的推广和实施。鉴于四级资格证书已经是全国培训包对职业教育教师教学和评估的最低要求，2009年以后维多利亚州的四级资格培训政策没有对此重复认证。"职业教育教师文凭实践"项目是一些新的单元和模块的组合，有的单元和模块是援引自其他的课程。参加该项目的TAFE教师必须已经完成四级证书资格规定的相关培训课程和选修课程。该项目最初的主要目标群体是职业教育与培训的TAFE教师。该项目的文凭授予要求参加教师需要完成项目规定的七个核心模块（单元）以及从八个选修模块（单元）中选修四个模块（单元）等，还有200小时的教学实践考察和至少50个小时直接考察该项目参加者的教学情况。

3. 促进TAFE教师专业发展的主要组织——维多利亚州TAFE协会

维多利亚州TAFE教师专业发展各个学院有所不同，但是都在相关部门和组织的管理和监督下进行，除了教育部门外，还有许多非官方组织参与，这些组织和部门包括澳大利亚教育协会（Australian Education Union）、技术教师教育委员会（Committee on Technical Teacher Education）、国家职业教育研究中心（National Centre for Vocational Education Research）、国家资格和质量保证局（National Qualifications and Quality Assurance Authority）、州培训委员会（State Training Board）、维多利亚州TAFE协会（Victorian TAFE Association）等，其中维多利亚州TAFE协会（英文简称VTA）在TAFE发展和TAFE教师专业发展过程中扮演多重角色，职能较多。维多利亚的TAFE教育提供者总运营收入每年超过11亿美元，雇用大约10,200名教师。[196]有多个部门、机构参与TAFE的管理和运营。维多利亚的TAFE教育提供者在全国积极与学校和企业合作，有助于解决劳动力的技能短缺问题，促进国家的经济繁荣。维多利亚州政府也参与TAFE管理，在政府工作议程中也可以见到关于TAFE改革的内容。澳大利亚中等教育、培训机构和TAFE学院皆开办职业教育。维多利亚中学教师积极参与11和12年级的课程规划和实施，有的中学也开设TAFE课程。TAFE学院也提供VCE和VCAL注册资格。

---

[196] Victoria TAFE Association. Inquiry into Effective Strategies for Teacher Professional Learning. http://www.vta.vic.edu.au/document- manager/publications/position- and-discussion-papers/2011.

TAFE和企业注册培训机构(RTOs)的功能也有重合。因此,为了便于同多个部门沟通,更好地促进TAFE教育发展,维多利亚州成立了TAFE协会。

(1)维多利亚州TAFE协会的职能

维多利亚州TAFE协会不是官方组织,但是在TAFE发展中起到了非常重要的作用。它监督TAFE的运营、机构管理、教师专业发展、学生状况,负责校企联系等。维多利亚州TAFE协会是TAFE教育提供者的实体组织,成员包括所有维多利亚州的TAFE学院和四个综合性大学。该组织的目的是积极参与开发、支持和倡导与TAFE有关的政策和实践的发展,并尽可能关注与TAFE相关的一切事务。因此,维多利亚州TAFE协会有资格为TAFE教师专业发展提供有效策略。在TAFE协会的推动下,TAFE在维多利亚州实施了一系列TAFE教师专业发展举措。

(2)维多利亚州TAFE协会促进TAFE教师专业发展的举措

① 倡导学校本位的教师能力框架帮助每位TAFE教师实现专业发展

TAFE教师专业发展的实践需要以总体的能力框架作为指导,详细规划自身专业发展的路线图。维多利亚州TAFE协会鼓励各个TAFE学院制定适合各自学院的TAFE教师专业发展能力框架。学校本位的能力框架规划、需要考虑所需劳动力的计划以及教师能力提升给TAFE学院带来了价值。该框架强调教与学的通用技能,因此,在维多利亚州每位TAFE教师都具有个人学习和发展计划,同时在他们的职位描述中有绩效计划和其他策略计划,这种学习和发展计划也考虑了职业理想。而教师督导人员负责TAFE教师的长期发展。

② 维多利亚州TAFE协会帮助TAFE教师的行业/企业学习

维多利亚州TAFE协会支持TAFE教师不断地进行专业学习来持续提高他们的教学技能。支持TAFE教师在以下方面发展他们的技能和知识:专业学科、教育学和成人教育学、在高水平IT环境下教学、动态环境中应变等。[197]TAFE教师专业发展的关键是寻求多方面的途径。在维多利亚州TAFE协会的推动下,TAFE教师专业发展获得更多的资金支持,寻求企业伙

---

[197] Victorian TAFE Association - New Victorian TAFE Teaching Staff MEA (Multi-Enterprise Agreement).
http://www.vta.vic.edu.au/employment-relations/new-tafe-teacher-agreement. 2014-10-2.

澳大利亚TAFE教师专业发展研究

伴的支持,TAFE学院可以与企业互换员工,或让TAFE教师去企业顶岗工作。TAFE协会的协调和帮助强化了相关部门的联系,增进了TAFE学院与其他院校的合作交流,以及推动了先进经验和做法的学习。该协会还在行业内为教师创造学习机会,保证最先进的经验和技术应用于TAFE教学。企业的一些相关项目可以让TAFE教师免费参与,使其获得更多的经验和知识。但是大多数TAFE教师专业发展项目与企业的合作都需要付费,这对自负盈亏的TAFE学院来说也是一个负担。

(3)为TAFE教师专业发展提供建议

相对而言,TAFE等职教部门形象不够高大,对学生的吸引力低,TAFE教师是重要因素。因此,维多利亚州TAFE协会为TAFE教师专业发展提供诸多建议。如,教师培训机构被要求在TAFE教师专业发展项目中开展教师实践,让教师在培训项目中实践运用和学习理论知识。要做到这一点,TAFE学院需要雇用具备一定知识基础和经验的教师,并适当地制订培训课程。

维多利亚TAFE协会认为TAFE教师的角色是复杂的。TAFE教师需要保证他们的专业性并不断提高。TAFE教师要提高教育技能,开展科学教学。他们既要在传统的教室中教学,也要在非传统的环境下工作,还要满足澳大利亚国家资格框架的要求。TAFE教师专业发展需要时间和资源,包括新TAFE教师(作为学习者)的积极参与、教学项目协调者的努力,教师培训者和导师的监督等。[198]为此,TAFE协会建议TAFE教师最初的教师专业发展应该和持续的教师专业发展在同一水平上。[199]维多利亚州TAFE协会高瞻远瞩地为本州的TAFE教师专业发展提供大量的建议,并在实际中切实推动了TAFE教师专业发展,保证了全州的TAFE教师专业发展工作齐头并进。

4. 维多利亚州TAFE教师专业发展的保障措施

(1)政策保障

维多利亚州的相关部门和组织颁布了多项政策以保障TAFE教师专业发展。21世纪初,维多利亚州政府先后颁布了对TAFE教师专业发展影响重大的"TAFE教师多雇主协议(TAFE Teacher Staff Multi-employer Agreement,

---

[198] Victorian TAFE Association - Research. http://www.vta.vic.edu.au/research. 2014-8-15.

[199] Victorian TAFE Association - Home. http://www.vta.vic.edu.au/index.php. 2014-8-12.

澳大利亚TAFE教师专业发展研究

简称 MECA）"和"维多利亚州 TAFE 教师跨行业协议（Victorian TAFE Teaching Staff Multi-business Agreement,简称MBA）"，此举是为身兼多职的TAFE 教师量身打造的纲领性文件，也是契约式文件。两份协议不仅保障了TAFE学院和TAFE教师双方的权利和义务，也为TAFE教师的各项权利和义务提供了法律依据。根据此协议，在TAFE教师与TAFE学院签署的工作合同中，明确TAFE教师的工作场合、工作内容、薪金、假期、专业发展等。比如在"TAFE教师跨行业协议"中，明确规定TAFE教师分为长期教师和短期教师，TAFE长期教师包括专职专任教师和长期兼职教师；短期教师包括临时代课教师和短期兼职教师。兼职教师同专职教师同样享有带薪参加TAFE教师专业发展的权利，雇主不得拒绝TAFE教师参加专业发展学习。[200]除此之外，工场关系法案（Workplace Relations Act 1996）、职业健康与安全法（Occupational Heath and Safty Act）、退休金保障（管理）法案（Superannuation Guarantee/Administration Act 1992）等法律政策均保障了TAFE教师专业发展的权利。在维多利亚州政府和相关组织的共同努力下，TAFE教师专业发展保障措施完善，这调动了TAFE教师专业发展的积极性，极大地促进了TAFE教师专业发展。

（2）TAFE教师薪级制度

表6-1 TAFE教师薪酬标准（专职教师）[201]

级别	金额（1-10-2012）
T1.1	$50,856
T1.2	$54,641
T2.1	$59,281
T2.2	$62,951
T3.1	$64,265
T3.2	$69,076

[200] Australian Education Union Victorian Branch. Victorian TAFE Teaching Staff Multi-business Agreement. http://www.vta.vic.edu.au/document- manager/employment- relations/agreements- a- awards- victoria/277- tafe- teachers- multi- business- agreement- 2009- mba/file. 2015-10-1.

[201] Australian Education Union: Salary scale （staff）, http://www.aeuvic.asn.au/409325.html.2015-1-12.

级别	金额(1-10-2012)
T4.1	$70,899
T4.2	$75,443
T5	$81,488
SE1	$84,050
SE2	$86,613
SE3	$89,175

在表6-1中,T1.1~T5代表理论课教师的工资级别,SE1~SE3代表实践课教师的工资级别。实践课教师的薪酬高于理论课教师的薪酬,由此可见,TAFE教师行业技能是TAFE教师能力结构的重点。

表6-2 TAFE教师薪酬标准(兼职教师)[202]

级别	金额 (1-10-2012)
文凭资格教师(Diploma Qualified Teacher)	$64.31
四级证书资格教师(Cert Ⅳ Qualified Teacher)	$61.88
文凭资格非教学教师(Diploma Qualified Non-Teacher)	$43.71
四级证书资格非教学教师(Cert Ⅳ Qualified Non-Teacher)	$42.06

在维多利亚州,TAFE教师需要按照薪级表完成文凭课程和培训(或可以等同的实践)以顺利地实现专业发展。各个级别对应不同的薪酬,以此激励TAFE教师自主实现专业发展。如表6-2所示,TAFE教师如果完成文凭课程的教育和培训,就可以获得更高的薪酬,就有机会成为教师职业发展人才库需要的专业教育工作者。许多关键的政策也极大地影响了TAFE教师的专业发展,比如,TAFE教学人员多雇主协议允许TAFE教师建立增量薪级表,并争取最高工资。这需要TAFE教师完成国家资格框架五级(AQF 5)认

[202] Australian Education Union: Salary scale (casual), http://www.aeuvic.asn.au/409325.html.2015-2-1.

证的教师培训课程,该项课程包括教学督导实践和教学方法的研究。

(3)各类组织共同参与TAFE教师专业发展

在维多利亚州为TAFE教师专业发展服务的组织或机构并不只有TAFE协会,为了应对一系列的挑战,维多利亚州在澳大利亚率先建立了TAFE发展中心(TAFE Development Centre),专门为TAFE解决员工的人力资源开发问题。除此之外,众多的行业协会、国家注册机构等也服务于TAFE教师专业发展。相关组织和机构的建立保证了TAFE教师专业发展政策的有力执行,也是维多利亚州TAFE教师专业发展制度的鲜明特色。

一些权力机构也为TAFE教师专业发展做出了贡献。这些机构为包括TAFE教师在内的职业教育教师专业发展提供资金支持,为TAFE教师提高资格认证提供助学资金,比如维多利亚州的职教发展中心(Victoria's VET Centre)就属于这类机构。在维多利亚州,调查教师继续教育专业技术和开发教师专业标准是当前政府相关部门工作的重要组成部分。

除此之外,维多利亚州TAFE协会、教师协会、教育联合会和TAFE学院都采取灵活的政策满足TAFE教师专业发展。虽然TAFE教师专业发展有严格的规章制度,但是不会对其采取"一刀切""突击冒进"等不科学的做法。TAFE教师可以在国家资格框架下,遵循培训与教育培训包的规定,在各类组织和学院的协助下,根据自身所处的专业发展阶段,自主选择发展活动和发展项目,进行多方面的学习和交流。

(4)对TAFE教师先前知识的再确认

对TAFE教师先前知识的再确认是对TAFE教师入职之前已具备的能够满足TAFE教师专业发展需要的知识的再确认。由于TAFE教师大多来自行业一线,入职TAFE之前,专业发展已经各有所长,只要能充分证明其先前的学习,TAFE学院都会予以认可。入职后,TAFE教师可以根据自身的需要不断调整专业发展内容,自主选择专业发展项目,参加专业发展活动。对于先前专业发展的认可充分保障了TAFE教师的专业发展积极性,尤其是兼职TAFE教师的专业发展的积极性,减少了TAFE教师的发展压力,同时尊重其专业发展的自主性。专业发展政策贯穿TAFE教师职业生涯的始末,保证了入职前后专业发展的连贯性和持续性。

维多利亚州TAFE体系完备,TAFE学院众多,TAFE教师专业发展具有代表性。维多利亚州关于TAFE教师的各级资格和能力认定也制定了一系列的政策并做了进一步的规范和阐述。相关学者形象地将当地TAFE教师专业发展政策称为"胡萝卜政策"和"大棒政策"（"carrot" and "stick" approaches）。"胡萝卜政策"是鼓励性政策,其目的主要是激励TAFE教师,并给予经济等方面一定奖励的政策。"大棒政策"对于TAFE教师则是一种压力政策,但也是对TAFE教师的激励。[203]"胡萝卜政策"和"大棒政策"是澳大利亚国家注册培训机构惯用的两种政策,用以激励职业教育教师专业发展,包括TAFE教师。TAFE教师专业学习和发展主要是通过培训课程、学术论坛、同行评估、教学反思等形式进行。维多利亚州TAFE教师专业发展遵循职教发展规律和教师专业发展规律,以终身发展理念为指导,满足TAFE教育以就业为导向的教育教学需要,保证了TAFE教师专业发展持续、取向多元,是TAFE教师专业发展的成功范例。

（二）TAFE教师专业发展案例——澳大利亚联邦大学

澳大利亚联邦大学（简称FedUni）由巴拉瑞特大学（University of Ballarat）和莫纳什大学（Monash University）吉普斯兰校区两者合并而诞生。澳大利亚联邦大学共有七大校区:海伦山校区（Mt Helen Campus）、SMB校区（SMB Campus）、坎普街校区（Camp St Campus）、吉普斯兰校区（Gippsland Campus）、霍沙姆校区（Horsham Campus）、阿拉莱特校区（Ararat Campus）和思朵校区（Stawell Campus）。其主校区设在维多利亚州历史名城巴拉瑞特市,为维多利亚州偏远以及周边地区提供领先的高等教育和TAFE课程。澳大利亚联邦大学的名称代表了维多利亚州地区性校区之间的伙伴、协作和合作关系,旨在共同创建一个崭新、多校园、跨地区、与众不同的澳大利亚公立大学。学校的目标是通过优质的高等教育,激励学生取得成功。澳大利亚联邦大学是澳洲屈指可数的开设职业技术教育和高等教育课程的"双轨制"大学,是维多利亚州唯一同时提供高等教育、职业技术培训项目以及重大科研机会的地区性公立大学,同时该校还提供数百个跨学科的

[203] Hugh Guthrie & Pamela Every. VET Teacher, Trainer and Assessor Capabilities, Qualifications and Development: Issues and Options. Work-based Education Research Centre. http://www.voced.edu.au/content/ngv66800, 2015.

课程。在职业教育领域,联邦大学以其高质量的课程体系、高标准的教学模式和高就业率而闻名于社会。联邦大学的教师专业发展已具有健全的制度,且专业发展模式先进、形式多样。学校的成功之处不胜枚举,该校的TAFE教师专业发展也是其特点之一。在联邦大学,TAFE教师专业发展同大学的教师专业发展一样得到重视。TAFE教师专业发展虽然同大学教师相比在内容和方式方面有所差异,但是TAFE教师专业发展各个方面也同样成熟,形成了自身鲜明的特点。

1. 联邦大学TAFE教师专业发展[204]

联邦大学TAFE教师专业发展通过学院认可的培训课程等多种途径,促进了TAFE教师的各项技能发展和知识学习,着重强调了TAFE教师的技能发展。学院认可的培训课程指的是可以获得正式资格的培训课程。技能发展是指获得更高的能力或获得更丰富的经验,并能体现在日常工作中。知识学习是指获取和补充与所教授学科有关的任何方面的知识,这个范畴很广阔,包括专业知识和教育教学知识。

(1) TAFE教师不断提高自身的正式资格

TAFE教师可以申请的正式资格有多个,包括教学方面的、专业技术方面的,TAFE教师可按照需要自主选择。

① 教学方面的资格

培训与评估四级证书资格(Certificate Ⅳ in Training and Assessment)、职业教育与培训实践资格(Diploma VET Practice)、高级文凭(Advanced Diploma)、学位(Degree)和研究生文凭(Post Graduate)。

② 职业方面的资格

三级证书(Certificate Ⅲ)、四级证书(Certificate Ⅳ)、文凭(Diploma)、高级文凭(Advanced Diploma)、学位(Degree)以及研究生文凭(Post Graduate)。

③ 领导和管理方面的资格

四级证书(Certificate Ⅳ)、文凭(Diploma)、高级文凭(Advanced

---

[204] Performance Review and Development Program(PRDP)- Federation University Australia
http://federation.edu.au/staff/working-at-feduni/human-resources/PRDP. 2015-1-12.

Diploma）、副文凭（Associate Diploma）、学位（Degree）以及研究生文凭（Post Graduate）.

（2）TAFE教师的技能发展

① 教学方面的技能

教学方面的技能包括教学方法（Teaching Methodology）、评估方法（Assessment Methodology）、因材施教（Delivery for Specific Student Groups）、对先前知识的确认（Recognised Prior Learning）、质量保证（Quality Assurance），以及语言、文字与数字能力（Language, Literacy and Numeracy）等多项。

② 行业经验方面的技能

TAFE教师通过行业实践（Industry Placement）、行业/企业参观（Industry Visit）、学习参观（Study Tour）等途径，提高自身的实践能力，不断丰富行业经验。联邦大学TAFE学院规定，TAFE教师每年需要有6~8周的时间用于行业/企业学习，学习成果与工资挂钩。

③ 领导管理方面的技能

TAFE教师的领导技能包括训导能力（Coaching and Mentoring）、团队组建能力（Team Building）、变化应对能力（Change Management）、质量保证能力（Quality Assurance）等。

④ 信息技术方面的技能

信息技术能力是与TAFE教师应用新科技、掌握新信息的能力息息相关的，这方面的技能主要包括信息与沟通技术应用能力（Information and Communication Technology，简称ITC）、掌握社会网络工具能力（Social Networking Tools）、解释说明能力（Illumination）等。

⑤ 一般技能

TAFE教师的一般技能比较宽泛，包括时间管理能力（Time Management）、职业健康与安全的管理能力（Management of Occupational Health and Safety）、迅速援助能力（First Aid）、可持续性发展能力（Sustainability）、研究能力（Research）、顾客服务能力（Customer Service）等。

⑥ 系统管理方面的技能

TAFE教师要具备管理一个或几个复杂系统的能力，比如财务系统（Financial System）、人力资源（Human Resources System）、学生管理系统

（Student Management System）、集体智慧（Group Wise）、时间安排（Timetabling）、工作维护（Work Maintenance）等。

（3）TAFE教师持续进行知识学习

TAFE教师需要学习的知识，除了本专业的知识之外，还包括职业教育与培训部门或制度方面的知识、行业或职业领域的知识、教学实践方面的知识、未来发展趋势相关的知识、电子学习相关的知识以及关于研究方面的知识等。[205]

无论是TAFE教师要获得的正式资格还是要提升的技能，抑或是需要更深入学习的知识，联邦大学的TAFE管理部门对此都施行以教师为本的管理方式。如果TAFE教师想进行国内外其他相关的教师专业发展项目，或有非常适合的机会，只需在教师专业发展申请表中具体注明即可，不一定局限于申请表中明确列出的项目。

2. 联邦大学TAFE教师专业发展步骤

联邦大学TAFE教师专业发展可以说是得到了院校"一条龙"式的"服务"。联邦大学有统一的TAFE教师专业发展计划表和实施进度表。TAFE教师专业发展的实施也要形成书面材料，记录在案。记录表通常以一年为一个周期，记录TAFE教师的薪资发放时间、薪资水平、绩效考核是否满意、是否得到主管领导和相关领导的准许、获得的资格是否得到领导确认、TAFE教师的专业发展进程是按计划进行还是有所推迟，记录表上还要有教师本人、副主任和行政主管领导的签字。

表6-3 联邦大学TAFE教师专业发展流程[206]

步骤	负责人	说明
确认教师是否参加专业发展活动	TAFE教师或相关学院管理人员	专业发展活动包括参加会议、参观工场、课程培训（有证书）、回归企业。

[205] Performance Review and Development Program（PRDP)-Federation University Australia http://federation.edu.au/staff/working-at-feduni/human-resources/PRDP. 2015-8-18.

[206] FedUni TAFE- Federation University Australia.https://federation.edu.au/faculties- and-schools/feduni-tafe. 2014-12-2.

澳大利亚TAFE教师专业发展研究

步骤	负责人	说明
参加专业发展活动的教师完成申请	TAFE 教师	书面申请可以使用参考表格：专业发展个人申请表格、组织发展申请表格
等待审批 同意/拒绝教师提出的申请并给出建议	TAFE 教师 相关学院管理者	
学院对教师提出的申请存档	各个学院	通过审批的申请是 TAFE 教师专业发展的关键记录。这些记录将用于教师审计、报告和将来的资料整理等。
回顾和分享教师参加专业发展活动的成果	TAFE 教师	

在 TAFE 教师递交的专业发展申请表格中需要登记的相关内容包括 TAFE 教师的姓名、性别、职务、所属院系或部门等基本信息；专业发展的活动内容、地点、方式、所需费用、教师的雇用状态和雇用类型、是否有教师专业发展计划等。申请表要有领导的批复和签字，书面呈现对 TAFE 教师提交申请的意见。TAFE 教师分享专业发展活动成果的方式有小组汇报、会议发言、书面报告等。

（1）制订专业发展计划

TAFE 教师要进行专业发展需要制订专业发展计划。这个专业发展计划并不是 TAFE 教师自己闭门造车而制订的。TAFE 教师有了进行专业发展的想法后，要同其他 TAFE 教师和主管人员进行商讨，并且要得到他们的支持。讨论内容首先是 TAFE 教师专业发展目标，即 TAFE 教师自身专业发展未来的宏观目标是什么，然后是近期或当次专业发展活动或项目能实现的专业发展目标是什么。

（2）选取专业发展的策略

TAFE教师专业发展目标确定之后,要详细登记自身采取何种办法,采用何种途径,以何种方式进行专业发展。TAFE教师可以参加课程培训,也可以参加TAFE教师专业发展项目,此类项目通常有明确的针对性,比如发展对象是新教师或老教师,内容是教师的某项技能或某方面的知识等。

（3）声明专业发展需要的资源和帮助

TAFE教师首先需要明确判断和表明自身专业发展需要的资源和帮助,如教育资源、信息资源、学院的资金帮助、工作时间的调整等。然后,TAFE教师要预计完成单向专业发展活动或项目的时间,并且自己审查是否达到了预期目标。最后,对自身专业发展活动或项目所获得的成果做出自我评估。TAFE教师专业发展的计划要形成发展计划表,正式记录TAFE教师多次或长期的专业发展计划,并且得到主管领导的签字同意。[207]

3.联邦大学TAFE教师专业发展的特点

（1）制度完备

联邦大学TAFE教师专业发展依据澳大利亚国家资格框架和维多利亚州TAFE教师多雇主协议等国家政策文件,TAFE教师专业发展政策纳入大学统一管理,严格按照政策文件规划和指导本学院的TAFE教师专业发展,形成了完备的规章制度。

TAFE教师专业发展政策属于人力资源的政策,而且文件的规定具体而明确,不是仅做宏观指导。TAFE教师专业发展的具体活动都有要求和指导,条款翔实而具体。TAFE教师专业发展计划、TAFE教师专业发展申请、TAFE教师绩效考核、TAFE教师专业发展实施进程书面记录等,这些TAFE教师专业发展记录都有统一管理,每一项都有专用表格,表格由主管领导保存。这既是TAFE教师专业发展的记录,也是教师评定的依据。TAFE教师专业发展活动无论是在国内还是在国外开展,均需要得到学校的支持,申请表的申请人要签字,审批领导也要签字,审批领导可以是督学、主任等。相关领导直接参与TAFE教师专业发展的具体工作中,给予教师帮助和指导。

---

[207] Performance Review and Development Program Procedure
http://policy.federation.edu.au/human_resources/
performance_review_and_development_program/ch02.php. 2014-8-2.

这样，TAFE教师专业发展始终是处于学院的监管和支持之下。完备的TAFE教师专业发展制度保障了教师专业发展沿着正确的目标方向前进，避免了随意性和失误，为TAFE教师解除了后顾之忧。

(2)专兼职教师专业发展都得到联邦大学TAFE学院的支持

TAFE教师申请登记表记录了教师的雇用状态：长期(ongoing)教师、合同(contract)教师和兼职(casual)教师。根据维多利亚州相关规定，长期教师包括长期专职教师和长期兼职教师。兼职教师也需要同TAFE学院签订聘任合同，这就意味着，兼职教师并没有被排斥在教师专业发展的大门之外，联邦大学的所有TAFE教师，无论是全职专任教师还是兼职教师，都有权参加专业发展，学校都会给予资助。专兼职教师同时、平等地进行专业发展有助于提高联邦大学TAFE教师的整体素质，提高师资队伍水平，同时也可以吸引更多的行业精英来学院担任教师，不断给TAFE教师队伍补充新鲜的血液。

(3)最大限度保护TAFE教师的隐私

联邦大学TAFE教师专业发展活动虽然管理严格，要求标准高，但是对TAFE教师专业发展的管理充分体现了对教师的尊重。TAFE教师专业发展计划和绩效考核计划都需要与主管人员进行一对一的商讨。主管人员对TAFE教师专业发展持积极态度，但对不当的做法也会给予批评纠正，对于TAFE教师专业发展困难方面则会提供建议，并给予帮助。谈话的结果不会公布于众，教师的发展计划也由专人保管，以此在最大限度上保护了TAFE教师的隐私权和进行专业发展的积极性。

二、新南威尔士州TAFE教师专业发展的案例分析

(一)新南威尔士州TAFE教师专业发展制度

同维多利亚州类似，新南威尔士州的TAFE也比较发达，TAFE教师专业发展制度比较健全，成效显著。在新南威尔士州，TAFE教育由教育与培训部负责，相应的关于TAFE教师专业发展工作也在其负责范围之内。

1. 新南威尔士州TAFE教师专业发展背景

(1)经济发展的需要

由于经济的发展,包括TAFE教师在内的职业教育教师和培训者(职教教育和培训)面临诸多挑战,因此TAFE教师要跟上职教的变化,在教学过程中整合弹性学习策略;TAFE教师要跟上企业发展的趋势,理解不同客户,有效利用信息交流技术,对客户需求做出及时反应;TAFE教师要保证服从职业教育教师专业发展框架,而且能够有效评估,保证维持社会稳定。因此,对于TAFE教师而言,提高能力要求是必然的。

(2)学生的需要

新南威尔士州的TAFE教学强调以学习者为中心。TAFE教师必须关注学生个体,尊重学生的不同背景,因材施教。教学过程中照顾学生学习风格和学习阶段,运用专业判断能力使教学大纲适用于不同的学习者,满足学习者的学习需要,建立并维护积极的教学环境,有效利用小组教学、工场教学,促进生生互动。

(3)TAFE教师技术知识和交流的需要

TAFE教师掌握的知识和技术必须与时俱进。TAFE教师必须充分了解自己的学科领域,树立可靠自信的教师形象,保持沟通交流,定期回归企业,维持专业网络,参与企业科研,自觉寻求专业发展机会。TAFE教师要做教与学方法论方面的专家,对不同学生的学习需求、课程和情境区别对待,需要利用学习资源,采取适当策略鼓励学生学习。TAFE教师理论学习与实践应用必须紧密联系,还要进行教学计划、实施、评估与反馈,对学生实施开放、透明的评估策略。

(4)TAFE教师的个人特征和专业信仰得到关注

伴随着社会各界对TAFE教育的关注,对TAFE教师的关切度也相应增加。为此,相关方面也强调TAFE教师要有良好的人格和崇高的道德信念。TAFE教师要坚信在教师的帮助下每个学员都能发挥最大的学习潜能,也要相信自己是"人类灵魂的工程师",要与他人关系融洽、有效沟通,坚持自我专业更新,持续提高自我实践能力,包括行为能力、非正式学习能力、经验反馈能力、教学相长等方面的能力,从而为TAFE服务。

为此,新南威尔士相关部门提出要有众多的方法支持教师专业发展,学习和发展并举,利益相关者都有权利分析和确定教师专业发展需求。尽管群体内部和群体之间的学习需求不同,但只要时间和预算允许,组织和个人都有责任满足教师专业发展的需求,整个职教系统都应支持教师专业发展,但是应以地方为主,支持革新。各级部门都有审核、评估、汇报教师专业发展需求的责任。

2. 新南威尔士州TAFE教师专业发展框架

新南威尔士州的TAFE教师专业发展框架包括七部分,分别是专业发展目的、职业教育教师专业发展环境、框架理解、职业发展领域、发展重点、成果报告、建议重点。[208]澳大利亚新南威尔士州TAFE教师专业发展框架由该州TAFE委员会组织制定并监督实施。

(1)新南威尔士州TAFE教师专业发展目的

澳大利亚新南威尔士州TAFE教师专业发展的目的是使TAFE教师和培训者能更好地满足学员的需要、能力教学的需要、实施评估的需要,使教师和培训者能按客户要求设计和发展教育产品,促进新南威尔士州TAFE教学实践和革新、学习和评估。相关部门为TAFE学院、课程中心和系统范围内各部门提供了策略性框架,并据此开发教师自己特定的专业发展计划、重点、活动与项目。在教师所需发展的技能、知识和品质领域,这个框架为院长和教师们提供了一个讨论重点。相关政策可以作为需求分析的检查清单和计划工具,用来评估教师所提供的学习和发展。TAFE教师专业发展追求的结果是新南威尔士州的TAFE教师和教育团队能够对学习者的学习需求做出积极反应;能胜任教学和评估工作;能设计和开发满足个性化需求的产品和服务;为TAFE学院、课程中心和职教系统内的其他相关单位的职业教育教师专业发展提供策略性的发展计划、发展权利、行为和项目。

(2)新南威尔士州TAFE教师专业发展的具体内容

针对新南威尔士州当地政治、经济的特点,在国家资格框架和TAFE培训包的基础上,新南威尔士州TAFE教师专业发展规定TAFE教师专业能力

---

[208] TAFE NSW Professional Development Strategy Committee. TAFE NSW Professional Development Framework for Teachers 2004-2006. http://lrrpublic.cli.det.nsw.edu.au/lrrSecure/Sites/Web/13289/aboutus/ourwork/documents/tafensw_framework2006. 2014-8-8.

澳大利亚TAFE教师专业发展研究

包括:计划能力、课程开发和使用能力、评估策略和技术运用能力(包括先前学习的认知)、传授策略和方法论能力、培训包使用能力、设计和开发学习计划和课程能力,这些能力旨在满足特定需求,实现价值多元,促进学习和道德实践,有效认定、评估、反思与评判性实践,策略性满足学生或群体的个性化需求,提供土著学习者的学习能力,保证国家和州关于土著学习者相关政策的实施。此外,TAFE 教师专业能力还包括:行业技能不断提升的能力、遵守职业伦理的能力、领导能力、职业生涯发展的能力等。[209]

3. 新南威尔士州 TAFE 教师入职资格

新南威尔士州的 TAFE 教师入职资格同全国一致。长期专职教师的入职资格水平普遍略高于兼职教师。长期教师通常要求大学毕业,与大学教师入职资格水平相当。而兼职教师必需的条件就是行业经验,在有丰富行业经验的基础上,许多兼职教师是先上岗,再学习。TAFE 兼职教师可以在上岗的最初两年里进行课程学习,取得培训与评估四级证书,从而具备TAFE 教学资格。[210]

4. 新南威尔士州 TAFE 教师在职培训途径

(1)导师制[211]

导师制是一种个人发展关系,是经验丰富的人指导学习者发展的伙伴关系。[212]导师可能年长或年轻,但在一定的专业领域已有所建树。导师制指的是 TAFE 教师专业发展的导师负责被指导教师几乎所有的学习,可以说是跟踪服务,他帮助被指导教师进行专业发展内容和具体项目的选择,监督和指导被指导教师授课,适时进行谈话,随时回答被指导教师的疑问并提供相关帮助,还要帮助被指导教师做好专业发展记录,进行评价,做好专业发展管理。在新南威尔士州的 TAFE 学院,导师制的应用比较普遍,效率也很高。

⑳ Hugh Guthrie & Pamela Every. VET Teacher, Trainer and Assessor Capabilities, Qualifications and Development: Issues and Options. Work-based Education Research Centre. http://www.voced.edu.au/content/ngv66800, 2015.

⑳ http://www.dec.nsw.gov.au/about-us/careers-centre/why-choose-us/professional-development.

⑳ http://wiki.tafensw.edu.au/sydney/mylearning/index.php/Head_Teachers_with_new_permanent teachers at Sydney Institute. 2014-12-2.

⑳ Farren Ph.D., Caela. "Eight Types of Mentor: Which Ones Do You Need?". http://www.masteryworks.com/newsite/downloads/Article3_EightTypesofMentors-WhichOnesdoyouNeed. 2015-8-12.

（2）个人学习计划[213]

个人学习计划的目的是通过鼓励个人专业学习支持个人专业发展。无论是老教师还是新教师都可以进行个人学习计划。新教师的个人学习通常是在TAFE教师来TAFE工作的头两年进行。个人学习计划保证新教师理解成人教育学,解决成人学习的相关教育问题,帮助新教师进行专业发展。在新南威尔士州新TAFE教师个人发展计划通常都有首席教师参与指导。首席教师会与有专业发展需要的教师结成对子,帮助其发展。老教师的个人学习计划也要向TAFE学院提出书面申请,得到批复后,按照计划进行专业发展活动。个人发展计划可以是参加各种项目、活动,也可以是学习课程,自我选择的灵活性很大,完全可以根据TAFE教师的具体需要而定,这体现了TAFE教师的自主发展。

（3）课程培训[214]

课程培训的目的通常是获得证书或资格。新TAFE教师的资格获取通常是通过课程培训的方式。在完成相关课程后可以获得培训与评估四级证书。除此之外,大多数的资格提升和获得也要通过课程培训实现。培训的课程有长期课程和短期课程之分。长期课程可达2年,甚至更久,短期课程可能数日或数周,有的短期课程修完之后只提供证书。课程的提供者有新南威尔士州的大学、高等教育学院、TAFE学院自身或其他国家注册培训机构。

（二）TAFE教师专业发展的案例——新南威尔士州悉尼学院

1.悉尼学院TAFE教师专业发展依据

TAFE教师最低资格是培训与评估四级证书,这也是所有职业教育教师的最低资格,无论是全职教师、兼职教师还是临时教师都要遵守。此外,TAFE还要满足澳大利亚质量培训框架的相关要求。[215]澳大利亚质量培训框架(AQTF)条款1.4规定,培训与评估人员须具备必要的培训与评估能力,这些相关能力是由国家质量局确定的。能力水平不能低于所教授或评估的专

---

[213] http://wiki.tafensw.edu.au/sydney/mylearning/index.php/
Head_Teachers_with_new_permanent_teachers_at_Sydney_Institute. 2014-8-10.

[214] https://tafeqld.edu.au/employers/employer-portal

[215] http://umfweb2.sydney.det.win/mylearningwiki/images/8/83/DGL08_118_TAFE_Teacher_
Education_Training_Requirements.pdf. 2014-8-5.

业水平。专业发展的具体标准以培训包(TAA/TAE)为准。

2.悉尼学院TAFE教师专业发展步骤[216]

(1)制订专业发展计划

无论是新入职的TAFE教师还是资深的TAFE教师都有充分的机会进行专业发展,而且都要制订专业发展计划。首先,悉尼学院的TAFE教师要明确自己的专业发展目标。然后,与相关教师讨论,提出申请,计划完成要有反馈。没有或未能完成专业发展不仅会影响教师自身的职业生涯,也会影响悉尼学院,学院有可能承担未完成澳大利亚质量培训框架(AQTF)的责任。

(2)专业发展活动申请

悉尼学院TAFE教师专业发展项目都有详细的表格,记录具体的细节。资格提升、个人学习计划、新教师专业发展项目等都有规范、统一的表格。TAFE教师做好准备工作之后,填好表格,即为提出申请。申请表不仅仅标志着专业发展活动的开始,也记录着专业发展活动的过程和结果,是TAFE教师专业发展的重要证据。

(3)TAFE教师评估

TAFE教师专业发展要在教师年度总结中体现出结果。以首席教师的年度总结为例。

[216] Head Teachers with new permanent teachers at Sydney Institute — mylearning http://wiki.tafensw.edu.au/sydney/mylearning/index.php/Head Teachers with new permanent teachers at Sydney Institute. 2014-8-11.

表 6-4 TAFE 教师年度总结（节选）[217]

年度总结（节选）		不合格绩效管理（节选）	AQTF2007（节选）
专业成长选择	合格绩效的证明	合格绩效的标准	与合格绩效的关系
• 提高技术和教育能力	• 成为具体团体的一员或参与具体组织	1.3.1 了解所教学科和学科教学	1.3.1=Std1.4.1.a,b,c
• 明确和实施创新教育策略	• 研究行业变化	1.3.2 了解学生和学生的学习	1.3.2=Std 2.1
• 学习在线教学	• 研究和应用创新型教学	1.3.3 计划、评估和报告有效学习	1.3.3=Std1.1,2,5 and Std 3.2,3
• 按照客户要求培训和设置课程，满足客户需要	• 咨询	1.3.4 与学生和其他教职员工有效沟通	1.3.4=Std 2
• 致力于商业咨询	• 参加集体专业发展活动	1.3.5 通过有效管理学生，创新和保障安全且富有挑战的学习环境	1.3.5=Std2.4
• 提供有组织的、合适的指导和训练	• 参加会议		
	• 安排工作计划以巩固和发展新技能	1.3.6 持续提高专业知识、专业能力和专业实践	1.3.6=Std 1.4.c
• 致力于专业和教育研究	• 项目管理，包括课程发展		
• 参加行业布局		1.3.7 履行合适的督导和支持责任	1.3.7=Std 1.4.a
• 提高人际交往能力	• 参加国家级或州级专业发展活动	1.3.8 成为工作中的积极人员	1.3.8=Std 1.4.c
• 促进工场学习和团队发展		1.3.9 积极有效地投身到团队协作、部门工作中，举止具有亲和力、合作性	1.3.9=Std 1.1 and 2.1 and 3.1
• 在某些场合下代表组织		1.3.10 满足学院要求	1.3.10=Std 1and Std 2 and Std 3
		1.3.11 参加并致力于学院和部门的活动	1.3.11=Std 1and Std 2 and Std 3
		1.3.12 协同工作、提高效率	1.3.10=Std 1.1 and Std 2.1 and Std 3.1

[217] The Business Council of Australia（BCA）and the Australian Chamber of Commerce and Industry（ACCI）. Employability Skills for the Future. http://www.dest.gov.au/archive/ty/publications/employability_skills/index.htm. 2002,5.

澳大利亚 TAFE 教师专业发展研究

TAFE教师按照要求逐一比对,形成文件,详细记录。可以看出,悉尼学院的TAFE教师专业发展规定翔实、规范、系统,而且具有创新性。

3. 专业发展途径

(1)个人学习计划[⑱]

个人学习计划通常是新TAFE教师的主要任务,而且是新教师必须完成的教师专业发展活动。TAFE教师任命机构将与每一位新TAFE教师商榷并制订个人学习计划。计划涵盖他们头两年的工作、学习,为新TAFE教师所需的指导和研究提供支持,分享每位TAFE教师的培训和受指导经验。

个人学习计划的目的是开发一个以TAFE教师为中心的、灵活的、持续改进的、为所有新TAFE教师服务的教师专业发展模式。

学习计划由指导机构提供支持,在一定原则指导下开发和实施。其原则为:

· 学习计划由新TAFE教师和首席教师/高级经理协商并达成一致;

· 计划必须明确专业发展需求与学院发展之间的关系和优先级;

· 制订具体的学习计划;

· 学院负责确定操作规程的制定和学习计划的实施。

同时,悉尼学院在实施新教师学习计划时也指出,新教师个人学习计划的最低要求主要是针对新入职的专职TAFE教师和长期兼职的TAFE教师。学院将为辅助人员提供支持,促进其有效地完成新教师的学习计划。学习计划采用电子表单的形式,统一管理,协调一致,并在逐步开发和评审,以应对不断变化的个人和机构的需求。

(2)对教学人员的直接监督[⑲]

根据澳大利亚质量培训框架(AQTF),直接监督是指在培训时个人代表国家注册机构进行正常的指导和监管,这个人必须由国家注册机构指定,具备国家文件规定的能力,负责完成培训。澳大利亚悉尼学院采取这一方法

---

⑱ Direct Supervision Arrangements for Teaching Staff. http://wiki.tafensw.edu.au/sydney/mylearning/index.php/
Head_Teachers_with_new_permanent_teachers_at_Sydney_Institute. 2014-9-8

⑲ Direct Supervision Arrangements for Teaching Staff. http://wiki.tafensw.edu.au/sydney/mylearning/index.php/
Head_Teachers_with_new_permanent_teachers_at_Sydney_Institute. 2014-8-9.

澳大利亚TAFE教师专业发展研究

以确保提供培训和/或评估的员工学历符合质量培训框架（AQTF2007）。这个过程要求开发和协助记录TAFE教师专业发展数据的人员，以及直接监督教学员工的人员必须具备相关能力，满足培训包或认证课程的要求，符合质量培训框架（AQTF 2007）基本标准中的注册标准要求。

相关政策和程序如下：业务主管领导负责具体实施和成果评估；学院相关领导负责把各位教师的资格汇总形成表格，提供给首席教师和人力资源部门；首席教师和相关人员要求TAFE教师更新他们在人力资源部门的专业发展记录，使用人力资源记录，确保TAFE教师具备相关资格和行业竞争力，确定需要直接监督的TAFE教师，并进行直接监督和记录存档；首席教师也要更新资格记录，进行直接监督活动。

（3）专业发展具体项目

澳大利亚悉尼学院支持TAFE教师参加各种专业发展活动，专业发展项目是促进TAFE教师专业发展的有力举措。一个专业发展项目可以发展TAFE教师的一个技能或一项知识，也可以同时发展多个技能，解决多方面的问题。TAFE教师可以在多个专业发展项目中选择适合自己，并且需要的专业发展项目或方案。悉尼学院的传统专业发展项目包括：教师培训方案（Teacher Training Options）、新教师授课（长期教师和临时教师都要参加）（Teaching Programs for New Teachers）、新教师培养（Support for New Teachers）、个人学习计划（Individual Learning Plan）、教师咨询和评估方案（Teacher Advisory and Assessment Scheme）、绩效管理和发展（Performance Management and Development）等。

专业发展项目各有特色。有的项目所有相关教师必须都参加，而有的项目教师的自我选择余地很大。诸如，新教师授课等项目是所有新教师都必须参加的，而个人学习计划这样的项目允许教师自主选择。

教师培训方案中有四个选择：TAA四级证书学习、TAA文凭学习、成人教育高等教育资格学习、已具备TAA四级证书或相当资格的不继续学习。

新教师（长期教师）培养帮助新教师完成文凭学习、学位学习、研究生学习。无论新教师是在TAFE学习还是在大学学习都是允许的。悉尼学院通过研究辅助方案（Study Assistance Scheme）为参加学习的教师提供资金支持，保证其完成学习。

悉尼学院根据TAA培训包,先明确何为让人满意的绩效,然后每年通过教师年度总结呈现教师的绩效考核结果,最后对于绩效不合格的教师要采取进一步措施,从而加强教师绩效管理。[⑳]

（4）导师制[㉑]

TAFE教师专业发展的导师制是指TAFE导师为被指导者提供独立的支持和建议,使被指导者意识到他们的全部潜力,帮助他们建立自己的事业,而被指导者分享导师的经验、知识和智慧等。TAFE教师专业发展导师制本着终身学习的理念,为新TAFE教师(主要是长期专职教师)配备了导师。导师必须是首席教师,帮助新教师实现专业发展。

具体过程如下:融入组织—设计职业预期—能力发展—学习计划—教师咨询和评估活动—TAA方案设计—专业成长年度回顾等。导师主要指导新教师要独立思考下列问题:如何尽快进入角色,自身的需要是什么,如何规划自身发展,如何解释工作和工作预期,如何让自己成为主人翁等。悉尼学院TAFE教师专业发展的导师制不仅仅针对个别专业发展活动,而是陪伴被指导者专业发展的各个方面和各项活动,可以说是全方位的服务。

[⑳] http://umfweb2.sydney.det.win/mylearningwiki/index.php/Head_Teachers_with_new_permanent_teachers_at_Sydney_Institute. 2015-7-12.

[㉑] Gerard Kell. The Role of the Head Teacher as Mentor Facilitator. http://wiki.tafensw.edu.au/sydney/mylearning/index.php/
Head_Teachers_with_new_permanent_teachers_at_Sydney_Institute. 2015-8-14.

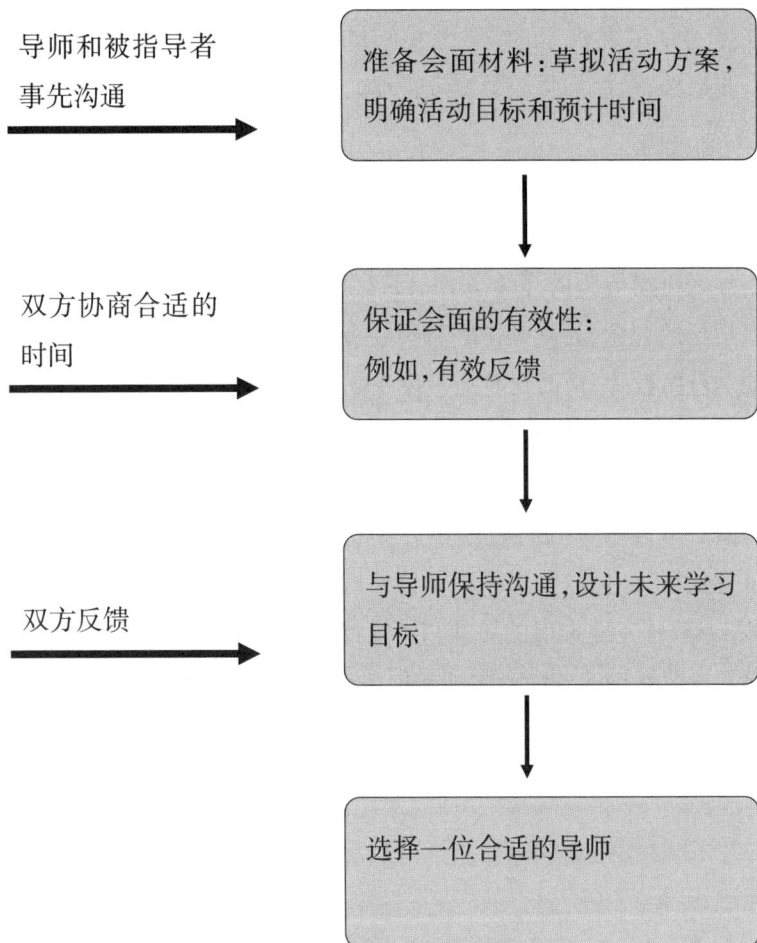

导师和被指导者
事先沟通 →

准备会面材料:草拟活动方案,
明确活动目标和预计时间

双方协商合适的
时间 →

保证会面的有效性:
例如,有效反馈

双方反馈 →

与导师保持沟通,设计未来学习
目标

选择一位合适的导师

图 6-2 TAFE 教师导师制具体步骤㉒

(三)新南威尔士州悉尼大学 TAFE 教师专业发展特点

1. TAFE 教师专业发展制度体系化,途径多样

新南威尔士州悉尼大学 TAFE 教师专业发展内部制度和外部制度相结合,专业发展途径多样,专业发展活动丰富多彩。TAFE 教师参加专业发展

㉒ http://umfweb2.sydney.det.win/mylearningwiki/index.php/
Head_Teacher_Development_Program,2013-10-2.

活动,流程规范,效果明显。TAFE 教师可以根据需要和自身专业特点,灵活选择专业发展方式,参加的每一项专业发展活动都会接受相关人员和部门的监督和指导。TAFE 教师将专业发展成果及时反馈并得到评估,从而为下一次专业发展活动做铺垫。

2. TAFE 教师专业发展主体地位得到充分尊重

悉尼大学 TAFE 教师专业发展重视教师自主发展。首先,教师要自愿发展,有发展需要。其次,学院的相关人员和部门积极帮助 TAFE 教师进行专业发展。TAFE 教师不仅可以自主决定自身专业发展的需要,灵活选择发展项目和发展活动,而且在遇到困难时可以及时得到帮助。最后,专业发展成果与其他 TAFE 教师共享,接受其他教师和相关部门的评估,这样保护了 TAFE 教师专业发展的积极性。

总之,维多利亚州和新南威尔士州 TAFE 教师专业发展科学、规范,TAFE 教师队伍整体素质很高。虽然,这两个州的 TAFE 教师专业发展制度和专业发展特点略有不同,但是总体上都严格遵循国家资格框架、培训包等国家相关规定。因此,TAFE 教师专业发展卓有成效,得到多方认可。

第七章 澳大利亚TAFE教师专业发展的经验

二战后,澳大利亚经济快速发展并成为高度发达的资本主义国家。促使其经济快速发展的原因之一是澳大利亚政府和社会高度重视发展职业教育,尤其是重视发展免费的TAFE学院教育与培训。在TAFE的发展过程中,TAFE教师的专业发展制度也逐步完善,专业发展的内涵不断丰富,专业素质不断提升。总而言之,澳大利亚TAFE教师的专业发展取得了比较丰硕的成果,也积累了丰富的实践经验。

一、澳大利亚TAFE教师专业发展制度完善

澳大利亚政府和TAFE学院根据职业教育教学的规律和职业教育教师专业发展的特点,针对TAFE教师队伍建设问题制定了许多政策框架和资格标准。从国家层面看,有国家资格框架、培训包、澳大利亚质量培训框架等。其中的"培训包"是各行各业开展职业教育与培训认证和评估的综合性依据,也是规范教师专业发展的指导性文件。培训与评估培训包扮演着多重角色,既是行业资格标准,也是教师的专业能力标准,还是各类机构开展评估认定的操作指南。同时,也是各州和各学院制定具体的能力标准等文件的依据。从州一级层面看,有教学标准、TAFE教师专业发展框架等。从TAFE学院层面看,许多学院也针对本学院教师专业发展的实际情况,出台了一些具体的规定或标准性文件。澳大利亚关于TAFE教师专业发展的规制包括专业资格、培训和评估等多种制度规定。

（一）TAFE教师资格制度完善

根据国家资格框架,澳大利亚对TAFE教师有着相对完善的资格制度和具体要求。在新教师聘任过程中,作为TAFE教师的申请者必须具备三个最低要求:第一,具有不低于所教学科的专业技能资格证书;第二,取得职业教育教师资格证书;第三,有在企业、行业3~5年的工作经验。[23]例如,要求TAFE学院的高等教育教师必须持有硕士或博士学位。高等教育的教师学历水平必须高于他们所教专业的水平。[24]TAFE教师资格相关要求的具体内容和标准在澳大利亚TAE04培训包中也做了详细规定。该标准不仅规定了TAFE教师入门级标准(培训与评估四级证书资格),还根据教师专业发展的不同阶段,对各级教师所必须具备的知识和能力等做了详细规定。例如,新入职的TAFE教师需要获得教师资格证书,之后再根据TAFE教师的学历水平、实践经验等,确定TAFE教师的资格水平,通过一系列的专业发展实践,直至达到首席教师的水平。此外,澳大利亚国家资格框架、TAE培训包和澳大利亚质量培训框架(AQTF)相结合,规定了TAFE教师的教学技能和知识以及成人教育技能和知识,明确了TAFE教师的监管依据,形成了相对完善的TAFE教师资格制度。

（二）TAFE教师培训制度完善

1. TAFE管理部门资助教师培训

澳大利亚政府和TAFE学院鼓励TAFE教师参加各种新知识讲座和新技术培训。TAFE教师培训包括课程培训、企业培训等。自1989年以来,联邦政府每年提供0.25亿澳元用于职业教育教师的职后培训,并规定教师参加继续培训等免缴高等教育成本分担计划规定的费用。[25]TAFE教师培训费用主要由政府和TAFE学院承担。自20世纪90年代以来,在教师专业发展的费用上,出现了由学院和教师个人共同承担的趋势,现在通常由教师个人承担,但是政府或TAFE学院给予奖励,例如,为了确保新入职教师有充分的

㉓ 赵聪. 澳大利亚TAFE学院师资建设[J]. 黑龙江教育学院学报, 2010,12:30-33.

㉔ Leesa Wheelahan, Gavin Moddie, Stephen Billett and Ann Kelly. Higher Education in TAFE. http://www.ncver.ncver.edu.au/publications/2167,html. 2015-3-1.

㉕ Phil Bradley. TAFE Costings Don't Stack Up [J]. Education, 2009, Nov 9, 25.

职业准备,TAFE委员会在各州推行奖励制度。新入职的教师在完成一定比例的教师培训计划任务后,例如获得了教育文凭,工资水平通常会提高。由此,从经济上激励TAFE教师参与各种教育培训活动。

2. 由专门机构负责TAFE教师培训

澳大利亚负责职业教育教师培训的机构主要有两类:一类是教育部门主办的大学教育学院,一类是劳动部门主办的培训中心。TAFE教师可以自己选择。一般情况下,培训的具体承担者是综合大学的相关专业机构、高等师范学院或企业,培训地点主要在综合大学和企业里面。由于TAFE教师工作量不断增大,空余时间少,因此,越来越多的TAFE教师选择在职培训或在本单位培训。教师培训的质量由培训单位、TAFE学院、政府相关部门和受训教师本人共同保障。为了提升培训质量,有针对性地开展教师培训,教师专业发展的相关部门或行业咨询委员会经常对TAFE教师进行调研,了解教师的学习需求,以此保证培训工作能够满足TAFE教师的发展需求。

3. TAFE教师培训形式多样

TAFE教师培训的形式通常为研讨班、论坛,或文凭学习(Diploma Program)等。TAFE学院认可TAFE教师的非正式学习。一些培训政策鼓励TAFE教师充分利用国家图书馆等优质教育资源来为自身的专业发展服务,培训机构能够为教师提供学习和研究的素材,吸引教师主动参与培训学习。相关部门和TAFE学院对教师专业发展培训的时间都有不同的规定,例如,在2009年,工业事务委员会(Industrial Relations Commission,简称IRC)公布的15项法案中就有关于TAFE教师专业发展每年不少于20小时专业培训的具体规定。[26]

4. TAFE教师培训内容具体

TAFE教师培训内容可分为教育教学方面的知识和专业技能知识。培训的重点内容包括师生沟通、能力本位的教学与评估、工作场所的培训与教学、教学创新、培训包的灵活运用等,重点强调基于工作的项目或任务。培训注重即时学习和能力提升,学习内容与教师的教学工作直接相关。TAFE教师入职TAFE前的学习被认可。TAFE教师专业培训活动与学院发展需要

㉖ Phil Bradley. Judgment Unacceptable to TAFE Teachers[J]. Education, 2009, 11, 25.

澳大利亚TAFE教师专业发展研究

相结合,目的明确。[20]TAFE教师培训面向所有教师,包括兼职教师。由于兼职教师所占比例越来越大,参加培训的教师中兼职教师往往占多数。

(三)TAFE教师评估制度完善

关于TAFE教师专业发展的评估,澳大利亚质量培训框架(AQTF)提供了一系列具体标准,以此为从事职业教育和培训工作的从业者提供全国统一的、高质量标准的培训与评估服务。另外,TAE培训包也为他们评估TAFE教师专业发展提供了依据。根据澳大利亚质量培训框架和培训包的规定,大多数TAFE学院都制定了一系列考评细则,许多TAFE学院每年都对本院教师进行至少两次的评估。

除此之外,包括政府有关部门在内的相关组织、机构都参与到TAFE教师专业发展的评估过程之中。TAFE教师专业发展的各种项目从建立、实施到评估,TAFE教师专业发展机构对被评估者的考核与评估也都有章可循。因此,TAFE教师专业发展制度十分完善。

(四)TAFE学院注重聘用兼职教师

为应对人口变化、劳动力市场变化和经济全球化带来的挑战,满足社会发展和人们对职业教育需求的不断增长,加快发展职业技术教育,聘用兼职教师成为TAFE学院教师队伍建设的必然选择。澳大利亚TAFE学院兼职教师占TAFE教师的比例非常大。各州的TAFE学院的兼职教师所占比例虽然不尽相同,但是不论哪个州的TAFE学院,兼职教师的比例都超过了半数。

1.兼职教师成为TAFE教师队伍的主体

(1)适应市场机制的需要

从1990年开始,TAFE学院的兼职教师数量不断增加。许多研究者提出,TAFE学院兼职教师的激增是政府财政削减的结果,TAFE学院以聘用兼职教师的方式来节约开支。有的学者认为,兼职教师的大量使用是联邦政府进行市场化改革的结果。在社会经济持续变化的背景下,TAFE必然要面对更多的挑战,随着人们对TAFE教育的预期不断增加,澳大利亚TAFE必须

---

[20] 荀渊,唐玉光.教师专业发展制度[M].北京:教育科学出版社,2011:42,43.

继续提供高质量的教育和培训来满足经济全球化和劳动力需求的变化。这也是为何在TAFE学院有大量的兼职教师和临时教师。大量兼职教师的使用确实增加了TAFE的市场灵活性以及减少了学院和政府的经费开支。

(2)TAFE兼职教师是教师专业发展的主体

澳大利亚TAFE教师中的专任教师主要来自大学,在入职之前经过大学的教育培养,拥有丰富的学术理论知识,也比较安分于本职工作。而大量的兼职教师情况比较复杂。根据澳大利亚政府21世纪初的统计,在TAFE的兼职教师中,85%的兼职教师的收入主要来源于TAFE学院的教学工作,有45%的兼职教师想提高他们的工作时数或从事全职工作,有53%的兼职教师还有其他工作,有23%的兼职教师同时在两个或两个以上的TAFE学院从事教学工作,有37%的兼职教师在工业领域工作,有11%的兼职教师从事高等教育工作,有5%的兼职教师在其他学校工作,有近40%的兼职教师有除上述之外的其他工作。⑧面对兼职教师复杂的教育背景和多样化的职业背景,要保证TAFE教育的质量,必须加强教师的专业培训,以保证TAFE兼职教师的专业性。澳大利亚TAFE教师专业发展充分重视兼职教师的专业发展,通常兼职教师与专职教师的专业发展是一致的。澳大利亚TAFE的兼职教师并没有因为是业余教师就被排斥在TAFE教师专业发展之外,相反,兼职教师通常是教师专业发展的主要部分。因此,数量上的绝对优势使得TAFE兼职教师成为教师专业发展的主体。与此同时,相对于专职教师而言,兼职教师来自企业,他们并不能确定有朝一日能成为全职职业教育教师,所以在成为TAFE兼职教师之后,必须通过教师专业发展活动系统学习教育教学知识,提升教育教学技能。

(3)兼职教师实践经验丰富

由于TAFE兼职教师主要来自行业或企业,所以他们有着丰富的行业职业经验,这保证了TAFE教学能够与行业和经济的发展保持相对紧密的联系。一般情况下,TAFE兼职教师入职时需要拥有3~5年的相关专业实践经验,并持有培训与评估四级证书。在特殊情况下,行业工作经验丰富的兼职教师,也可以在入职后从事四级证书课程的学习并且取得证书。兼职教师

㉘ Australian Bureau of Statistics(2005). Education and Training Experience,2005. http://www.abs.gov.au/Ausstats/abs@nsf/lookus/252D868F10B905F3CA9001393AF. 2015-3-2.

入职后要用1~2年甚至更长的时间到大学或高等教育学院接受师范教育,以获得教师职业资格。此后,兼职教师和专职教师的专业发展内容和机会都是相同的,和所有专职教师一样参加教师专业发展活动和教师专业培训,接受教师专业发展的评估。

2. 成效

TAFE学院大量聘用兼职教师弥补了技能课和实训课教师的不足,保证了教师有较高的专业技术水平,学校与社会保持较紧密的联系,学校的师资结构也更为灵活。同时由于兼职教师大多来自行业、企业,在TAFF工作通常是他们的第二份职业,因此,澳大利亚许多TAFE学院为了增强兼职教师的归属感和责任心,进行了很多有意义的实践探索。澳大利亚维多利亚州的许多雇主通过多雇主协议对维多利亚州TAFE学院的教育工作者进行管理。它规定了TAFE教师从最低资格水平开始的专业发展过程。第一个入职要求也是最低要求,即必须持有培训与评估四级证书才能在工作场所进行培训与评估,TAFE教师在获得四级证书之后,还须持有五级文凭,或以上资格,每个TAFE学院还有某些特殊规定。澳大利亚教育联盟和维多利亚州TAFE协会双方已经开发出"维多利亚州TAFE教师教学资格要求教师指南",进一步确认兼职教师的职责,防止TAFE兼职教师的专业发展游离在TAFE教师专业发展之外,从而保证整体教师素质较高。

(五)澳大利亚TAFE教师专业发展制度取得的成效显著

TAFE教师专业发展制度以终身教育理念为指导,关注TAFE教师的可持续发展,在一般专业发展的基础上,满足特殊发展需要,促进TAFE教师个体价值的实现。在终身教育思想的影响下,"培养全面发展的人"成为TAFE的人才培养目标。实现这一目标必须依靠TAFE教师的高质量教学活动。这就要求TAFE教师自身首先必须是全面发展的、高素质的教育工作者,通过自身的专业发展不断提高专业素质,从而满足教育教学的需要,进而促进TAFE学生的全面持续发展。同时,TAFE教师专业发展制度满足TAFE教师多元取向的专业发展需求,体现了对TAFE教师专业发展主体地位的尊重,也体现出TAFE教师的自身价值。

1. TAFE教师专业发展制度保证了TAFE教师资格完善的需要

TAFE教师专业发展制度首先保证了TAFE教师的任教资格满足TAFE教育教学的需要,满足学生学习和发展的需要,保障了TAFE学院各项教育教学工作能够顺利进行。

(1)TAFE教师专业发展制度保证了TAFE学院教育目的的达成

澳大利亚TAFE学院的教育目的是要培养服务于经济社会发展,并且能够全面发展的人。[29]TAFE既要满足社会发展的需要,也要满足人的发展需要。TAFE要求学生的理论学习必须和实践学习相结合,从而真正理解和掌握专业技术知识,这与普通教育在教育内容、教育手段和教育途径等方面有所不同。TAFE教师必须能够指导学生的理论学习和实践学习,还要能指导学生工学结合,从而保证TAFE教育目的的真正实现。TAFE教师专业发展制度保证了教师通过专业发展提高自身专业技能,有能力服务于TAFE教育目的,最终发挥TAFE的各种教育职能。

(2)TAFE教师专业发展制度促进了教师不断提高自己的教学技能

TAFE教育目标的实现主要依靠TAFE教师的有效教学。TAFE教师专业发展制度促进了教师不断夯实自己的理论基础,不断提高教学水平,持续积累行业经验,提高实践教学水平,从而保障高质量的教学。

(3)TAFE教师专业发展制度保证了TAFE教师良好的人格品质

在澳大利亚,TAFE教师专业发展制度规定中并没有明确强调TAFE教师的职业道德、专业信仰等,而是强调TAFE教师要具有优秀的人格和品质。强调优秀的人品是一切工作的前提和保障,TAFE教师只有具备良好的人格和品质才能升华为良好的职业道德,无私奉献的专业情意和专业情感。

2. TAFE教师专业发展制度促进TAFE教师角色转化

TAFE教师专业发展制度为TAFE教师提供平台,帮助TAFE教师多取向发展,促进TAFE教师通过专业发展成长为专家型教师,也帮助教师提高管理、科研等能力,通过多方面的专业成长,帮助TAFE教师实现和适应角色的增加和转换。因此,在TAFE学院里,很多普通的教师后来成为院长和管

---

[29] International Quality & Productivity Centre..Re- engineering Corporate Governance in TAFE. http://www.vta.vic.edu.au/document- manager/publications/position- and- discussion- papers/2011- and- earlier/168- re- engineering- corporate- governance- in- tafe- a- paper- prepared- for- the- funding- and- financing- strategies- for- education- conference/file. 2015-2-12.

理人员。

3. TAFE教师专业发展制度保证了TAFE教师持续发展

TAFE教师专业发展制度保证了TAFE教师的可持续发展,尊重教师专业发展的阶段性特点,在一般专业发展的基础上满足教师的特殊发展需要,从而促进教师个体价值的实现。TAFE教师专业发展制度尊重TAFE教师的自主发展,实施多样化的活动项目,并且遵循职业教师专业发展的规律,注重教师不同专业发展阶段的需求。

二、澳大利亚TAFE教师专业标准科学

教师的专业标准包括"专业的知识和技能、专业的训练、专业的道德、专业的组织以及职业自主性"。[20]TAFE教师专业标准包括专业知识和技能、教育知识和技能以及专业情意等。TAFE教师专业标准主要在培训与教育(TAE)培训包中予以体现。澳大利亚独有的培训包模式是TAFE教师专业发展的一大特色。培训包中的每一个训练计划都能为使用者提供一组统一的、可靠的训练,能够据此识别和评估受评者的技能水平,也能为受评者提供可选的支持材料。利用培训包可以对评估对象的工作能力进行直接评估,允许颁发国家认可的资格,鼓励开发适合个人和行业要求的培训项目,鼓励教师在工作环境中学习和评估。培训包作为TAFE教师专业发展的具体标准,规定翔实充分,不仅为TAFE教师专业发展提供了实践依据,也为TAFE教师专业发展指明了方向。

(一)关于TAFE教师专业发展的规定

1. 明确规定了对TAFE教师进行评估的机构和人员

用于培训和评估的培训包必须由有注册资格的培训机构或有能力的特定机构在其注册允许的范围内进行开发和评估,或者和另一个合伙人共同进行开发,这个合伙人必须是国家培训质量框架(AQTF 2007)注册标准中指定的培训机构。澳大利亚培训与评估培训包TAA04能够满足个人和组织的能力发展需要,为培训、职业教育和培训部门内评估提供服务。2004年7月,

[20] 张军.教师专业标准探究[J].中共郑州市委党校学报,2004(4):57-58..

创新和商业行业技能委员会宣布,其培训包覆盖整个职业教育领域,也包括在产业、企业、政府机构、社区和学校内设置的职业教育和培训。据此,TAFE教师专业发展的评定必须是有资质的机构,并且标准统一,TAFE教师专业发展的标准和依据也全国统一。

2. 明确规定了TAFE教师专业发展的内容

培训包依据澳大利亚国家资格框架等政策文件制定内容条款,详细描述了培训包使用的过程和能力标准。TAE培训包和TAA培训包都规定具有培训与评估四级证书以及培训与评估文凭两种资格。四级证书资格是TAFE教师入职的最低资格。以四级证书资格为例,培训包在能力单元中详细整合了获得资格应该具备的知识与能力,并以标准的形式详细描述,可以依据每项标准对资格的申请人做出合适的评估。

无论是四级证书资格还是五级文凭资格都有相应的能力模块,每个模块里都对相应的能力标准和达到的能力做出了描述。如果资格申请人的行为符合所描述的能力标准,即视为达到该项能力的要求,反之,则视为不达标。申请人必须在所有方面都符合标准才能取得相应的资格。

3. 明确规定了对TAFE教师进行评估的工作流程

培训包规定,各项能力的评估过程和资格的评估过程基本一致。资格申请人按照能力单元的规定参加学习,然后接受评审,或不参加学习直接接受评审。满足能力单元要求的能力项目有明确的说明,据此证明资格申请人达到能力要求。各项都符合标准的资格申请人才会得到相应的资格。(见图7-1。)

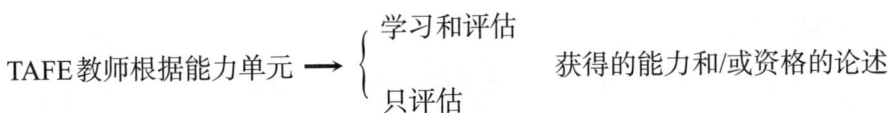

TAFE教师根据能力单元 ⟶ { 学习和评估 / 只评估 } 获得的能力和/或资格的论述

图7-1 根据培训包标准对TAFE教师进行评估的流程⑳

㉓ Commonwealth of Australia. TAA04 and Assessment Training Package Version 2.1. Hawthorn: Innovation & Business Skills Australia Ltd, 2004: 64.

澳大利亚TAFE教师专业发展研究

4. 培训包的使用

培训与教育培训包支持多样化的使用者和多元化的需求。[229]培训包的使用者通常是注册培训机构,包括TAFE学院在内。这些机构可以认定TAFE教师的资格,评估TAFE教师专业发展的阶段与效果,对TAFE教师进行培训。同样,TAFE教师自己也可以根据培训包的规定进行学习和实践,实现自我发展。根据培训包的描述,TAFE教师提升自身所需的技能和知识来指导其在工作场所进行有效的训练。培训包也认可,TAFE教师通过自主学习可以在很多方面提升职业能力,例如,可以通过参加培训计划项目,在工作场所评估和培训,在培训组织中学习,在日常工作中学习,或者通过工作经验、实习、工作模拟或任何形式的组合进行自我专业发展。

5. 培训包对TAFE教师专业发展的影响广泛

培训包是TAFE教师专业发展的指导和依据,它促使TAFE教师个人进行培训、评估资质和提升能力,促进TAFE教师向专业人员的水平发展并多方面发展,不断提高和完善现有资格。培训包也推动所有注册培训机构,包括TAFE学院在内,以及其他组织提供更高质量的培训和评估,以满足TAFE教师和其他职业教育教师专业发展的需求。培训包的应用还可以保证TAFE教师专业发展的持续性。培训包对每一个层级的知识和能力要求都是连贯的,这样可以防止教师专业发展碎片化,也有利于培训组织制订培训方案,保证培训内容的连贯性。

(二)TAFE教师专业标准注重教师专业能力的发展

长期以来,澳大利亚注重TAFE教师的教学能力、管理能力和专业情意等方面的发展。

1. 强调TAFE教师教学能力的发展

舒尔曼指出,"有效教学需要丰富而复杂的知识基础,它包括教学内容知识、普通的教学法知识、课程知识、教育学内容知识、关于学生及其特点的知识、教育背景知识、教育目标和价值的知识"。[230]TAFE学院一直强调教师

㉚ 赵玉. 澳大利亚职业教育教师专业发展探析[J]. 职教论坛, 2010,(27):91-93.

教学的有效性。培训包的相关规定也强调包括TAFE教师在内的所有职业教育教师的教学能力与评估能力的发展。通常TAFE教师不但是教授者,也是学生学业和能力的评估者,有时也是培训者。因此,许多教师具有授课教师与评估者的双重资格。培训包的能力单元首先强调的是教学能力,强调教学首先要了解学生的学习,并在此基础上展开教学。培训包还突出了教师教学设计的重要性,在能力单元、资格框架和评估材料中都把教学设计放在重要位置。培训包全面规定了职业教育教师所需的知识和能力,要求TAFE教师全面提高教学素质。TAFE教师承担多重角色,除了授课者和评估者,还要与其他职教机构的教师一样,承担着服务学生、行业和经济的责任。因此,根据培训包的规定,TAFE教师专业发展还特别强调专业服务能力,不仅服务学生,还要服务企业。

2.强调教师管理能力的发展

TAFE教师专业标准重视教师的管理能力,不仅包括教学管理能力,还包括对学生和自身工作的管理能力。几乎每个能力单元中,都有针对具体工作的管理能力的要求,并详细列出行为标准。

3.强调教师专业情意的发展

TAFE教师专业标准强调教师之间的良好合作与人际沟通。在培训包和其他有关教师专业发展的政策文件中,关于教师职业道德的发展通常表述为人格和品行的发展。培训包中并没有专门的职业道德、教师道德、职业信仰等此类标准的表述,而是把职业教育教师应具备的所有品质和情感归纳整合在"协调、管理和品质"这一能力单元中。TAFE教师工作的每个环节都渗透着对本职工作的认识和热爱,都体现着职业教育教师的专业性。TAFE教师有义务向社会宣传所在学院的招生情况、优越的教育资源与特色教育产品。TAFE教师致力于构建师生之间平等互助、相互依存的关系,TAFE教师必须具有良好的人格和品行,从而为学生树立良好的教师形象。良好的职业道德、坚定的职业信念、崇高的职业理想等都是建立在教师的人格品性之上的。

㉓ Frances F. Fuller. Concerns of Teachers: A Developmental Conceptualization[J]. American Educational Research Journal, 1969;6;207.

（三）TAFE教师专业标准借鉴国际先进经验

由于受英美文化影响较深,澳大利亚在教育领域也学习英美的先进做法。澳大利亚教师专业标准在许多方面与英美教师专业发展标准相似。英国和美国的职业教育教师专业标准有通用标准和学科标准之分。通过派专家走访学习,并结合自身特点,澳大利亚教师专业标准既有学科之分的标准,也有一般教师都必须共同遵守的标准,还有按照教师专业发展阶段和水平制定的教师专业标准,也就是说,澳大利亚教师专业标准有通用和具体之分。以维多利亚州为例,教学专业委员会根据教师应具备的素养把教师的教学标准分为专业知识、专业实践、专业承诺三个部分。专业知识分为教师应掌握学生如何学习与教师如何有效施教的方法;教师应熟知课程内容;教师应了解学生三个部分。专业实践分为教师应有计划地评估有效学习的方法;教师应创造和维护安全且富于挑战性的学习环境;教师应借助一系列的学习策略与整套的教学资源以保证学生富有成效的学习三个部分。专业承诺分为教师应反思、评估与提高自己的专业知识与实践能力;教师应是热心而积极的教育工作者两个部分。㉞澳大利亚国家职业教育教师专业能力标准,在确定阶段特征的基础上,对所划分的每个阶段从职业(学历、能力、成就和领导能力)和专业要素(专业知识、专业实践、专业价值观、专业关系)两个维度阐述了"符合阶段标准的教师"应该掌握的专业知识、技能和未来专业发展的方向,明确了相关内容的具体目标,解释了具体目标的实现可能带来的益处和结果,并推荐了如何运用教师专业标准影响职前、职后教师教育课程、制定新教师的选拔标准、评价在职教师的教学表现等。

（四）TAFE教师专业标准可操作性强

根据TAE培训包规定,澳大利亚TAFE教师专业能力标准由8个核心能力模块,47个能力单元组成,每个能力单元中都明确描述了教师应达到该项标准的行为表现。TAFE教师的教育教学行为满足能力描述的行为标准,即视为能力达标,能力达标的教师即为符合资格要求的教师。对于教师能力

㉞ 沃斌峰.澳大利亚TAFE学院教师专业化的举措及其启示[J].外国教育研究,2009(5):92-95.

的具体描述保证了标准的使用者有明确依据,教师资格标准全国统一,避免了因标准模糊而带来的教师专业发展水平参差不齐。

以培训与评估四级证书资格标准条款为例,该标准下有8个能力模块,每个能力模块中都有若干能力标准条款。每个条款对应一个能力的具体标准。条款中首先是能力单元的总体介绍、能力单元的名称、相应的法律政策依据,然后重点部分是能力要素描述,最后是适用范围和一些相关解释。能力要素部分详细列出了各个要素的名称和行为标准,行为标准是对教师行为的详细描述,TAFE教师在工作中或在被评估中,只有具备了标准描述的行为才能被视为达到了该要素标准。

在"学习环境"能力单元中,能力模块——"职业教育与培训中有效工作"(Work Effectively in Vocational Education and Training)中有四个能力要素:在职业教育和培训政策框架内工作(Work Within the Vocational Education and Training Policy Framework)、在培训和/或评估组织质量框架内工作(Work within the Training and/or Assessment Organisation's Quality Framework)、管理工作和工作关系(Manage Work and Work Relationships)和以客户为中心工作(Demonstrate a Client-focused Approach to Work)。每个要素都给出具体的行为标准。以第一个要素为例(见表7-1):

表7-1 能力要素与行为标准的内容[235]

要素	行为标准
在职业教育和培训政策框架内工作	以国家相关职业教育和培训政策框架为指导开展工作、履行责任。 主要的职业教育和培训机构以及利益相关者地位得到确认,有权利创新工作 联邦和州/地区的立法和指导方针,用于确保工作实践符合政策要求 信息来源以及职业教育和培训政策方面的建议立足于实际教育环境,任何变化应有所记录

[235] Commonwealth of Australia. TAA04 and Assessment Training Package Version 2.1. Hawthorn: Innovation & Business Skills Australia Ltd, 2004: 102.

澳大利亚TAFE教师专业发展研究

要素	行为标准
	积极把握和推动职业教育和培训组织政策发展的机会
	正确运用职业教育和培训的术语,促进部门之间有效沟通

这些行为标准的详尽规定不仅避免了TAFE教师专业发展过程中对方针、政策的理解差距过大这一问题,而且尽量避免了不同的评估机构和评估者对TAFE教师专业发展评定所产生的明显差异的问题。

(五)注重行业参与标准的制定与实施

澳大利亚的行业以各种形式,通过多种渠道直接或间接地参与TAFE教师专业标准的制定与实施。专业标准的制定过程充分注重了TAFE教师所执教专业的行业标准和要求,包括"培训与评估四级培训包"在内的各行业培训包,必须以《培训包开发手册》为指导,由联邦政府国家质量委员会统筹监管,由行业技能委员会作为开发主体,并与相关企业和其他利益相关者联合开发。[26]根据各项政策,各州结合本地区特点,确定本州TAFE教师专业发展的重点,以保证教师的专业发展更有针对性。

专业标准的实施是否到位,TAFE教师是否满足专业标准,专业标准实施过程中遇到的问题如何解决等,都离不开行业的监督与参与。当TAFE教师专业标准不能满足多方需求时,就需要改进和完善。因此,培训包对TAFE教师的要求几乎每年都在变,这种改变就是不断增加对教师多项技能的要求,TAFE教师专业发展必须据此进行。教学的最终结果评估也要有行业的参与,由此,行业在TAFE教师专业发展过程中的重要作用得以充分发挥。

---

[26] 李丽.澳大利亚职业教育教师专业能力标准开发与认证研究[J].职教论坛,2013(30):89.

三、澳大利亚TAFE教师专业发展途径和方法丰富多样

"在现代体系中,专家知识的深奥……依从于长期的训练和专业化的结合"。长期以来,TAFE教师专业发展探索出丰富多样的专业发展途径和方法,包括课程培训、企业培训、专业反思、同伴互助、教师合作、群体发展、专家引领、参加专业发展项目、网络学习、教师专业发展记录袋等。TAFE教师专业发展秉承终身学习的理念,倡导TAFE教师终身发展。TAFE教师专业发展初期称为新手教师,之后称为专业教师,相当于我国的资深教师,再之后称为专家教师。TAFE教师每个专业发展阶段都有相应的专业发展活动或项目,贯穿TAFE教师职业生涯的始末。

(一)根据TAFE教师专业发展需要选择专业发展途径

TAFE教师可以根据自身所处的专业发展阶段和专业发展需要,选择专业发展方法。新教师主要以课程培训为主,主要是针对教师职业准备问题,根据国家资格框架和TAE培训包选择课程,从而帮助新入职教师获得教师资格。老教师可以选择相关组织和学院提供的课程培训、活动项目或自主发展。所有TAFE教师的培训课程主要是由大学承担,有时也由TAFE学院自己承担。相关组织、企业和团体也会开发出多项有针对性的教师专业发展项目或专业发展活动,吸引TAFE教师积极参加。各州的TAFE协会、国家职业教育研究中心、各类行会等都是大力倡导和促进TAFE教师专业发展的重要组织。这些团体组织与TAFE学院加强联系,针对TAFE教师的教学能力、专业能力、教育知识、教学知识等方面的具体需要开发出具体项目,比如课程观摩、研究论坛等,帮助TAFE教师解决具体问题,TAFE教师也可自由选择。TAFE教师专业发展活动的成果通常会与其薪酬待遇挂钩,这保证了TAFE教师专业发展的积极性。

TAFE教师根据自身需要选择专业发展途径,既能帮助TAFE教师解决具体问题,满足自身迫切需要,避免"一刀切"的方式带来的时间和精力上的浪费,也能促进教师自主发展,保证TAFE教师整体素质不断提高,促进TAFE教师队伍发展。

（二）TAFE教师专业发展多种方法灵活运用

TAFE教师专业发展不仅方法多样，而且可以根据教师自身具体情况多个方法同时或交叉使用。以新教师入职培训为例，新入职的TAFE教师必须参加课程培训，完成教育类课程，从而获得教师资格证书。但是TAFE教师可以选择的教育类课程的级别不尽相同，精力充沛的教师可以选择学位或研究生级别的课程；时间紧张的教师可以选择时间短、课程少的证书类课程。不同级别课程的区别就是完成课程后得到的证书不同，选择学位课程的新教师除了可以得到教师资格证书之外还可以得到学位证书，课程时间越长，课程越多，完成课程的困难程度就越大，获得的证书含金量就越高，教师资格也越高。一次性完成课程培训有困难的新教师可以分阶段完成不同程度的课程培训，获得相应的证书。原则上，新教师必须培训一段时间，这段时间内新教师还要观摩老教师的授课，然后才能上岗。然而，对于时间和精力允许的新TAFE教师可以在老教师的监督下授课，并接受评课，还可以旁听其他老教师的相互评课。新教师也可以参加教学沙龙、TAFE教师协会等组织进行教师合作，实现群体发展。所有的TAFE教师都要经常进行专业反思，反思的内容既包括教学方面，也包括行业服务等方面，并以调查、采访等形式开展研究，研究结果的展示形式可以是论文、课程、创新产品等。

无论兼职的TAFE教师还是专职的TAFE教师，由于大多数来自行业一线，工作伊始并不能确定日后是否会成为TAFE教师，所以TAFE教师入职时需要接受教育教学知识和技能的培训。培训形式以课程学习为主，是正规的师范教育。之后，在TAFE教师的各个专业发展阶段，政府、行业、TAFE协会、TAFE等组织和机构会定期或不定期地举办专业发展活动。

TAFE教师专业发展途径多样、方式灵活，既便于调动TAFE教师参加专业发展的积极性，又尽量避免给TAFE教学带来过多干扰。TAFE教师专业发展途径多样化，有利于促进TAFE教师专业发展，同时也有利于对其进行评估和管理。多样化的专业发展途径有力地促进了TAFE教师专业发展，保证了TAFE教师队伍的高素质。多样化的专业发展途径也给其他国家和地区的职业教育教师专业发展提供了良好的经验和借鉴素材。

四、诸多组织团体积极参与教师专业发展

TAFE教师专业发展和TAFE学院的发展一样,受到来自政府、行业、相关机构等各方面的影响。在澳大利亚,促进TAFE教师专业发展的专业组织齐全,影响TAFE教师专业发展的组织众多。各种团体和利益集团是行业参与TAFE教师专业发展的主要渠道之一,有的团体就是由企业或行业的相关人员组成,有的团体有行业人员加入,它们都在TAFE教师专业发展相关政策和活动中起到举足轻重的作用。许多教育或利益团体既是调查机构也是中介机构。许多政府政策和行业政策,是在教育机构调查报告的基础上形成的,执行情况也是由教育集团监督并研究。比如,20世纪60年代的"马丁报告"就是由马丁委员会提出的,由此确立了高等教育学院的地位。1971年的"卡梅尔报告"提出"政府决策应当放权,鼓励多元化和社区参与,建立咨询团体,借以分散决策权"。[238]这个报告的观点得到了政治团体的认同,在此背景下,康甘委员会提出的"康甘报告"确定了技术与继续教育的高等教育地位。90年代新南威尔士州的"TAFE委员会法案"是在斯科特委员会提交的报告的基础上形成的法律文件。有的教育团体直接对政府负责,出台的文件直接具有法律效力。根据功能和构成不同,教育团体的目标也不尽相同。有的教育集团关注教师利益,如TAFE教师协会、教师工会、澳大利亚教育会、TAFE院长委员会;有的组织是政府或官方代表,如TAFE委员会、高等教育委员会,这类组织关注的事情比较宏观;有的团体与行业密切相关,代表的是行业和企业的利益,如TAFE学院董事会。许多教育团体或利益集团都可以左右TAFE和TAFE教师专业发展,只不过作用有大有小,侧重点不同。

从澳大利亚教育管理体制上看,有的教育团体具有对TAFE学院进行管理的职能,包括对TAFE教师专业发展的管理。具体来说,就是提出经费划拨的建议,负责教师专业发展,更新技术与继续教育数据库以及设置、开发和认证课程。1975年成立的TAFE委员会负责TAFE学院的经费项目、教师专业发展和TAFE数据库更新。[239]教育团体是行业直接参与TAFE教师专业

[238] 黄立志. 制度生成与变革—澳大利亚技术与继续教育(TAFE)历史研究[M]. 天津: 南开大学出版社, 2013:7.

[239] 黄立志. 制度生成与变革—澳大利亚技术与继续教育(TAFE)历史研究[M]. 天津: 南开大学出版社, 2013:12.

发展的载体和手段。康甘委员会的主要成员大部分来自行业协会,作为康甘委员会成员的彼得·弗莱明于1978年提交了"弗莱明报告",这份作为第一个专门研究TAFE教师的报告,推动了TAFE委员会正式进行TAFE教师专业发展的工作。此后,相关研究人员调研了当时几乎所有的TAFE教师,对于TAFE教师的来源、资格、教育背景进行了详尽的调查与记录,并初步规定了TAFE教师专业发展需要完成的证书课程、文凭课程和资格课程。1977年TAFE委员会出资设立了"TAFE员工发展计划"项目,该项目的工作对象包括TAFE教师、培训者、管理者、教辅人员和兼职教师,专业发展内容包括教学能力、教育理论与实践、心理学知识、专业情意等方面,目的主要解决当时TAFE教师无教育经验和教育资质的问题。"TAFE员工发展计划"项目的设立不仅极大地推动了TAFE教师准备进程,而且体现出TAFE委员会作为教育团体对TAFE教师专业发展所起到的主导作用。

五、澳大利亚TAFE教师专业发展强调教师的企业经验

技术性是职业与技术教育的本质特性,这就要求职业教育教师必须具备高水平的专业技术和能力,才能适应职业教育的教学要求,满足学生和行业的基本要求。不断提高职业教育教师的专业技能,最有效的途径就是通过企业实践,在真实的企业工作当中积累和提升专业技术。因此,TAFE教师专业发展重视教师不断回归企业,这样做既可以保证TAFE教师拥有行业或企业一线工作经验,也可以保证教师的专业技能与企业的需要相适应,与企业和经济同步发展。TAFE教师专业发展注重行业或企业的经验表现在TAFE教师职业生涯发展的各个环节。可以从两个角度审视在TAFE教师专业发展中如何积累行业经验:一个是从TAFE教师的角度,TAFE教师主动获得行业经验,满足教学和学生的需要;另一个是从行业或企业的角度,通过各种方式和途径促使TAFE教师获得行业或企业经验,满足企业和经济发展的需要。

(一)TAFE教师主动实现行业或企业经验的积累

国家和学院的相关政策明确规定,TAFE教师入职时必须具备3~5年的

相关行业工作经验才有资格应聘TAFE教师,也就是说,TAFE教师在入职之前已经积累了相当丰富的实践经验,这样保证了TAFE的教学与实际需求不脱节。另外,教师在入职后,能够主动回归企业,以适应企业的快速变化。为了支持TAFE教师的专业发展,绝大多数TAFE学院安排教师在职进修,要求教师回归企业,不断丰富其企业一线的工作经验,这也是TAFE教师专业发展的重要内容。同时,与企业的联系和沟通也是TAFE教师专业发展中的能力要求之一,TAFE教师享有去企业挂职锻炼的权利,他们利用专业发展机会回归企业,保证TAFE教学始终与企业发展、经济变化保持一致。只有TAFE教师的专业知识和技能不断更新,培养出的TAFE学生才可能是企业需要的。

(二)行业或企业参与TAFE教师的专业发展

为了促使教师拥有更多的企业经验,行业被要求参与TAFE教师的专业发展,其主要方式有以下几种:一,通过各种团体和组织提出的要求和目标以及相关团体和组织制定政策,参与TAFE教师专业发展;二,直接选派教师和管理人员,本着对企业负责的态度,通过满足企业要求来实现专业发展;三,通过其他各种定期或不定期的活动和项目参与到TAFE教师专业发展的过程中。例如,企业通过"购买服务"的方式在经费方面对TAFE学院和TAFE教师施加影响。每年联邦和州政府财政拨款占到TAFE学院经费的50%~60%,学院自筹经费占到20%~30%,学生学费占到10%~20%。[20]由此可见,TAFE从企业处获得的资金是其经费的重要来源。TAFE学院在教师专业发展方面的资金使用也很慎重,越来越多的TAFE教师专业发展项目和活动要求TAFE教师自掏腰包;四,TAFE教师专业发展相关政策法规的制定离不开行业或企业的参与。澳大利亚能力标准的制定,就是以行业为主导,政府相关部门参与制定与实施;五,TAFE教师管理与行业或企业的参与密不可分。所有TAFE学院都由院董事会负责确定学院的办学规模和基建计划、开发教育产品、安排人事、筹措经费等,主席和绝大部分成员是来自企业的专家。TAFE教师的招聘也有来自企业人员的参与决策。TAFE学院负责招

⑳ 盛立强.澳大利亚TAFE学院校企合作的经验与启示[J]. 市场论坛, 2012(8):62.

澳大利亚TAFE教师专业发展研究

聘教职员工的评估小组一般由行业专家、行政管理人员和专业教师三类人员组成。[241]聘用标准主要涉及企业工作经验、所取得的工作成绩和工作意愿等。[242]行业鼓励自身人员以兼职教师的身份到TAFE学院授课。行业的高水平专家也接受学院的邀请，定期或不定期到学院进行专题讲座。同时，企业还直接参与TAFE学院教师专业发展活动。企业根据TAFE学院职工进修的惯例，接受TAFE教师每学年有两周时间到企业工作，并吸收教师成为行业协会会员，确保TAFE教师的教学不脱离企业实际。企业还会积极参加与TAFE教师专业发展相关的调查，参与TAFE教师专业发展咨询等。

澳大利亚的企业对TAFE教师专业发展表现出的积极态度虽然首先是为了自身的利益，但是企业的确对TAFE教师专业发展起到了重要的推动和监督的作用。企业不仅为TAFE教师专业发展提供了经济支持，也保证了TAFE教师专业发展方向不偏离TAFE教育的需要。

TAFE教师专业发展强调企业或行业经验充分体现了对职业教育规律的遵循和重视，没有一流专业技术的TAFE教师是无法培养出拥有一流技术的学生的。

六、澳大利亚TAFE教师专业发展保障充分

（一）政府重视TAFE教师专业发展

TAFE的高等教育地位被确立以来，澳大利亚政府对TAFE教师专业发展的重视就不断加强。政府对于TAFE教师专业发展的重视态度可以从一系列重要文件和政府的相关行动中得以证明。

1."康甘报告"

发表于70年代中期的"康甘报告"标志着TAFE在高等教育中的地位得以正式确立，显示了澳大利亚政府对TAFE给予的足够重视。这一时期被认为是现代澳大利亚技术与继续教育的开端。[243]技术教师教育委员会成立之后，于1975年向联邦议会提交了一份报告。由于政治因素，该报告直到1970

[241] 李世业.澳大利亚TAFE教师的特点分析[J].职业技术教育(教学版),2006(17):96.
[242] 陈祝林,王建初.澳大利亚TAFE学院的师资队伍建设[J]..职教论坛,2004(7):63.
[243] Gillian Goozee. Development of TAFE in Australia[M]. Canberra:National Centre for Vocational Education Research Ltd. 2001.

年代末才被政府认可,然后,高等教育委员会正式发布文件,开始进行TAFE教师的准备工作。

2. "弗莱明报告"

"弗莱明报告"坚持教学是TAFE教师最重要的能力。对许多澳大利亚人来说,它标志着开始承认"理解一门学科不等于能教好这门科目",教学技巧是必需的。这些建议在当时意义重大,虽然根据许多后续分析证明,这段时期和随后的十年,人们对TAFE教师专业发展"缺乏信心"且思考"肤浅",但是"弗莱明报告"极大地推动了TAFE教师专业发展。

3. 其他相关报告

继"弗莱明报告"之后,TAFE的教学得到了发展。新的世纪、新的国际背景等因素也引起了人们对教学的兴趣。90年代初期,《培养21世纪的TAFE教师》提出了TAFE教师应该满足培训改革的需求。[㉔]此后,1998年的联邦"阿迪报告"(The Federal Adey Report of 1998)首次提出TAFE教师培训和资助的国家标准和指导方针。还有两个重要报告在这个时候解决了教学和教师的地位问题:一个是新南威尔士州的报告,被称为"拉姆齐报告(The Ramsey Report)",另一个是参议院的就业、教育和培训委员会的报告,即《一个分类法案:职业教学的状态调查》。这些报告是这个时期政府许多关于教育调查和评论的基础,而且这些报告和调查研究给予了教学极大的关注。包括TAFE教师在内的职业教育教师培训和持续的职业发展开始被广泛讨论。

澳大利亚参议院审议了小企业和教育咨询委员会推荐的一份具有里程碑意义的报告——《澳大利亚职业教育质量报告》。该报告建议澳大利亚国家资格证书和质量保证部门应该承担责任并监督国家职业教育教学标准,同时作为登记机构帮助职业教育教师提升技能和资格。

另一份关于澳大利亚的修正案识别框架(ARF)的报告是为了保证培训教师持有最低教师培训资格。报告建议审查职业教育教师所需的资质等级,目前最低等级标准是四级证书。这些进展也是职业教育教师教学水平和资格的发展,过程虽然缓慢,但至少是在不断发展的过程中,也充分表明

㉔ VEETAC (Vocational Education, Employment and Training Advisory Committee) Working Party on TAFE Staffing Issues. Staffing TAFE for the 21st Century- Phrase NVETTAC Working Party on TAFE Staffing Issues, Sydney,1992.

澳大利亚政府对包括TAFE教师在内的职业教育教师专业发展的重视程度不断提升。

4.澳大利亚政府参考国际先进经验

对职业教育教师的关注如同对普通教育教师的关注一样,也是一个国际潮流。美国教师教育一直被热议,在1980年代以后得到了戏剧性的改革。美国国家中等职业教育委员会在1985年发布的报告表明,职业教育教师应与同等水平的一般教育教师具有相同的专业发展水平。这份报告和随后的美国职业教育教师培训都在试图解决一个关键问题:"对于职业教师而言,最应该具备什么经验?"这也是澳大利亚职业教育教师研究面临的问题。澳大利亚政府派专人去美国职业院校走访,听取相关意见,寻求本国职业教育教师专业发展所面临问题的解决方法。澳大利亚还曾派人到欧洲多国参观学习,"通过观察欧洲不同大学提供的资格,开发新的资格,包括审查专家、规划者、教师和培训师"。[245]这些国际背景推动了澳大利亚的教师专业发展,职业教育教师专业发展也乘此东风得到了重视。在深入探讨职教和职教教学时,职业教育教师当然不容忽视。澳大利亚对职业教育教师的认识也经历了从忽视到轻视再到重视的过程。各方对待职业教育教师的态度和认识逐渐转变。尽管通常被认为是一个重要的工作,但教师在不同时期还是遭遇了种种形象危机。有时被视为"软选项",经常得不到足够的尊重。在英语里,相关的单词前面会加上表示弱化的词缀,这足以说明当时职业教育教师在人们心目中的地位微不足道。1997年,"阿迪报告"提出建立为职业教师教育服务的国家指导方针。报告指出,当前职业教育教师专业发展不确定,教师专业发展"缺乏知识、缺少发展和要求以及缺少当代教师准备课程方面……",这些都迫切要求职业教育教师进行专业发展。[246]

澳大利亚通过越来越多的调查研究、发展项目等措施不断加强对TAFE教师专业发展的引导,提高TAFE教师的地位,这足以显示出澳大利亚政府对TAFE教师和TAFE教师专业发展的重视。

[245] Hugh Guthrie & Pamela Every. VET teacher, trainer and assessor capabilities, qualifications and development: issues and options. Work-based education research centre. http://www.voced.edu.au/content/ngv66800, 2015.

[246] 刘奉越, 杨智榕.基于专业发展的职业教育教师转化学习[J]. 职教论坛, 2012(34):51-54.

澳大利亚TAFE教师专业发展研究

(二)TAFE教师专业发展有专项立法保障

澳大利亚规定TAFE教师专业发展的各项标准,包括资格框架(AQF)、培训包等都有法律依据。澳大利亚联邦大学的TAFE教师专业发展就明确了TAFE教师专业发展的法律依据是大学联合会与学术人员和普通员工的协议以及维多利亚州的TAFE教师多雇主协议。根据相关政策,该学院的TAFE教师进一步明确了专业发展保障指导依据:绩效总结和发展步骤(Performance Review and Development Program Procedure)、员工信访政策(Staff Grievance Policy)、员工信访步骤(Staff Grievance Procedure)、一般教职员工和TAFE教师试用政策(Employment Probation for General Staff and TAFE Teachers Policy)、一般教职员工和TAFE教师试用步骤(Employment Probation for General Staff and TAFE Teachers Procedure)、大学教师试用政策(Academic Probation Policy)、大学教师试用步骤(Academic Probation Procedure)和专业发展政策(Professional Development Policy)。[247]

㉔⑦ http://policy.federation.edu.au/huaman-resources/professional-development/performance-review-and-development-program/ch01.php. 2015-6-10

澳大利亚TAFE教师专业发展研究

第八章 澳大利亚TAFE教师专业发展面临的挑战和问题

虽然TAFE教师专业发展取得了骄人的成绩,但是随着社会、经济和外部关系的变化和发展,TAFE教师专业发展也面临着很多问题与挑战。许多TAFE教师觉得即使他们不断学习新的技能和知识,他们的专业性也还是被削弱。TAFE教师专业发展面临自身动力不足、过度强调能力本位教育导致TAFE教师专业发展方向争议颇多、以培训与评估四级证书资格作为TAFE教师的入职资格要求是否过低、TAFE教师队伍年龄结构老化、兼职TAFE教师存在身份危机等问题。同时,TAFE的变革也给TAFE教师专业发展带来了很多影响和挑战。

一、澳大利亚TAFE变革给TAFE教师专业发展带来的挑战

(一)TAFE学院发展影响TAFE教师专业发展

1.TAFE学院发展倾向影响TAFE教师专业发展

十多年来,澳大利亚TAFE系统经历了前所未有的变化。TAFE曾被公认为是职业教育机构的代名词,而现在只是众多职业教育提供者中的一员。当今,各类学校、企业和私人机构也是职教机构的重要组成部分。联邦和政府已经立法支持职业教育机构的多元发展,并给予财政方面的各种支持。它们之间的竞争既会促进公立教育机构的发展,也会扩大公众教育和培训行业的业务领域。TAFE学院也有三个转向的倾向:培训道路的转向、学术道路的转向和培训与学术相结合的中间道路的转向。TAFE学院的发

展也存在困惑,这些困惑给TAFE教师专业发展带来的直接影响就是TAFE教师专业发展方向变得模糊,不确定的因素增多,这也是TAFE教师专业发展多元取向的原因之一。

2. TAFE体系改革给TAFE教师专业发展带来影响

TAFE体系也是持续不断的结构性改革的对象。例如,在新南威尔士州,教师的身份问题自1990年以来一直是一个持续讨论的主题。职业教育、基础教育和成人教育的重构使得TAFE不再是国家的一个行政部门,取而代之的是以TAFE委员会为代表的、进行高级管理的分散的TAFE网络。1995年TAFE委员会被吸纳为培训与教育合作部的一部分,随之也带来了一些TAFE学院的合并改革。1997年培训与教育合作部废止,TAFE的管理纳入教育与培训部。TAFE作为职业教育和培训的提供者,伴随着机构改革,教育产品被推向市场。TAFE教师经历了政府改革给TAFE带来的冲击,其中之一就是能力本位的教育和培训成为各项方针政策实施的平台。课程设计、评估方法、学习过程、国家课程标准等方面的改变向教师提出了新的要求。教师不仅要升级自身的教育知识、教育技能,还要重新定位自己的角色,与学生建立新型的师生关系。

(二)国家政策影响TAFE教师专业发展

TAFE教师是国家教育方针政策制定过程中必须要考虑的核心因素。许多政府报告都调查了教师的教学质量、教学技能、教育教学知识等方面,一致指出,TAFE教师必须适应经济和TAFE教育的发展,转变成为新型教师。TAFE的改革改变了TAFE教师,TAFE教师必须在新的环境中尽快提升自身的专业性。为了满足新形势下各方面对TAFE教师的新要求,TAFE教师必须不断地进行专业学习。政府政策和其他TAFE教师的经历影响了TAFE教师的日常教学实践和他们对TAFE的理解。新的课程设计、评估方法、不同以往的学习过程、理解和实施新的国家课程都对TAFE教师提出了新的要求,改变了TAFE教师的观念,也改变了他们的教育过程及其与学生的关系。政府的政策改变,也把商业实践的操作引入TAFE教育与TAFE学院。这些政策的特点是允许私人提供职业教育和培训,这增加了竞争的激烈性,TAFE必须与其他机构进行竞争,赢得机会(另一种说法为"中标")去提供服务才能挣得资金维持运转。这种背景下，TAFE教师也经常是政策话语关注的焦点之一，在教育质量和问责制方面也经常出现关于TAFE教师的话题。澳大利亚各级政府委托了许多研究机构和人员对TAFE教学质量和TAFE教师需要的新技能、新知识进行了调查，调查也包括教师的需要、新兴的教育环境。[248]其常见的结论是，在教育和经济两个领域内，TAFE教师需要成为新型教师。TAFE教师因此经历了一系列政策和相关话语的改革，这些不仅改变了TAFE教师的教育机构，甚至改变了他们的观点，他们的教育角色也改变了他们的教学实践，他们需要新知识、新技能以及与学生和雇主建立新的关系。这些都要依靠教师专业发展来实现。

（三）教育管理机构的不断调整影响TAFE教师专业发展

澳大利亚的教育部通常都是与几个部门合并在一起。比如，1901年建国时有6个部门，没有独立的教育部，2002~2007年有教育、科学与培训部，2007年以后有教育、就业和劳资关系部。这种部门设置既有利于机构精简，提高运行效率，又有利于减少教育资源的浪费，促进就业。但是政府部门机构不断更迭，各个利益集团受利益驱动不断博弈，所以澳大利亚教育管理政策变化很快，对TAFE教师专业政策时而重视，时而忽视。当下，TAFE正面临政府削减投入的境地，对TAFE教师专业发展的投入也在缩水，原本由学院和政府共同承担的教师培训费用，许多时候需要TAFE教师自己承担，这打击了TAFE教师专业发展的积极性。对于TAFE教师参加教师专业发展活动的时间，政策上也不一致，时而宽松，时而紧张，不利于TAFE教师安排专业发展活动和自身工作。20世纪80年代，澳大利亚政府为了节省对TAFE的开支，对TAFE学院的经费资助是通过"购买"TAFE学院每年生产的"教育产品"的方式进行的，首先，政府按照行业需求制定职业教育与培训指南，再由各TAFE学院按照这一指南制订培训计划，政府最后通过评估，按照其是否满足政府目标和行业需求，是否符合培训质量和具有培训效益，决定购买哪一所TAFE学院的培训。TAFE教师在这一过程中的角色就是课程和培训

---

[248] Chappell, C. 'Changing TAFE in New Times' [J]. Australian and New Zealand Journal of Vocational Education Research. 1998, vol.23, no.2.

计划的设计者和执行者,教师需要把培训包中的各个模块与能力教学匹配起来,完成课程设计,再进行教学材料的编排与使用,最终满足行业和企业对人才培训的要求。可以看出,TAFE教师的工作与TAFE学院的利润紧密相连。虽然这种做法兼顾了公平与效率,但是无疑增加了TAFE教师的压力,使TAFE教师专业发展有可能产生误导,经济利益对TAFE教师专业发展产生干扰。

如果TAFE教师专业发展的负责部门的态度是采取措施鼓励和引导TAFE教师进行专业发展,而不是强迫TAFE教师进行专业发展,那会使TAFE教师专业发展的成果会更加丰硕。关于大学评定TAFE教师资格的问题,TAFE教师应参与开发评定自身资格的机制,或与其他机构的多个部门开展项目合作,而不是简单地依赖大学对其资格进行评定。维多利亚大学目前有职业教育教师培训毕业证书这样一个项目,由职业培训协会与维多利亚大学合作进行。任何尝试TAFE教师专业发展的工作都必须有充分的资源与基础。探索公共TAFE学院的教师专业发展意味着政府必须为TAFE教师专业发展提供额外的资源,尤其是对现有员工的专业发展提供支持。解决TAFE教师专业发展问题不能局限于公共TAFE学院,私立TAFE学院也必须纳入统一管理,其教学质量要得到保障,教师专业发展必须与公共TAFE学院教师专业发展水平保持一致甚至更高。保障私立TAFE教师的资质和质量也是需要多方探讨和协作的,特别是教师们接受公共培训的资金必须得到保障。

此外,TAFE教师专业发展还有许多值得思考的问题,如现有的TAFE教师专业发展内容是否是TAFE教师真正需要的,是否是TAFE的学生真正需要的,以及它如何改变该行业的发展,TAFE教师专业发展的多样性是否应当得到尊重,TAFE教师专业发展是否应该仿效大学教师的专业发展模式,如果TAFE教师专业发展仿效大学教师专业发展,是否自然而然地承认大学教育优于TAFE教育,TAFE教育和高等学术教育是否存在真实的可比性。当然,这并不是否定大学对TAFE教师资质的认定与培训。在现有情况下,澳大利亚大学必须培训TAFE教师,大学的培训水平毕竟是最高等级的。TAFE自身也在培训自己的教师,而且这一做法也得到了认可与鼓励。促进TAFE教师专业发展可以极大地鼓舞TAFE教师的士气。个人对于职业的看法会对个人发展和相关组织发展有着极大的作用,可以增加一个人提升技能的欲望,而不是按照条目不得不完成某些事情或维护所需的登记,从而可以推动个人和组织教学核心业务技能水平的增长。许多TAFE教师作为职业教育教师的一分子只有在他们的专业水平得到提升之后,或他们的专业水平满足不了工作需要时,才会意识到专业发展的重要性,才会主动提升专业水平。在某种程度上而言,是发展在先还是需要在先,这是"鸡和蛋"的问题。但无论如何,TAFE教师追求专业发展和求同存异不应以牺牲TAFE教师已经拥有的良好品质为代价,也不应该是一个模仿其他部门的过程。

二、澳大利亚TAFE教师专业发展面临的问题

(一)部分TAFE教师自身专业发展动力不足

澳大利亚TAFE教师对其自身专业发展的态度不一致,也存在消极应对专业发展的情况。个别TAFE教师逃避专业发展活动,对专业发展倦怠,对自身专业发展的认同感不强。对专业发展存在消极态度的原因是多方面的,既有社会原因、工作原因,也有自身原因。

首先,TAFE教师缺少工作满意感。工作满意感是指教师对他们工作境况的满意度。[249]由于TAFE学院众多,各个州对TAFE学院和TAFE教师的各项政策不尽相同,TAFE教师的工作境况可以说差异很大。许多教师的工作境况不尽如人意。在师资不足的TAFE学院,教师的工作强度很大,从早上六点站在讲台上,直到晚上八点,才能下班。许多TAFE学院设备陈旧,硬件设施没有与经济和科技的发展匹配,这种情况造成了TAFE教师的教学面临诸多障碍,教学质量难以保证。在硬件设施落后的情况下,能力本位的教育也面临障碍,教师难以做到对学生真实有效的评估。当前政府对TAFE的财政支出大量削减,这无疑使TAFE的境况雪上加霜。TAFE教师工作强度大,各方面资金支持不足,教师的工作环境难以满足教学的需要,TAFE教师对自身的工作缺乏满足感,这些都给教师专业发展带来困难。另外,TAFE教师专业发展对TAFE新教师的吸引力不足。TAFE的学生、企业雇主、行业、

㉔⑨ 教育部师范教育司.教师专业化的理论与实践[M].北京:人民教育出版社,2003,1,66.

同事、各种组织、社区和政府对TAFE教师提出了许多新的要求,如以学生为中心、以工作为中心、关注学生的个人特征和技术特长等。TAFE教师为了满足这些需求必须提升自身能力,可是新的科技、诸多的变化因素、市场对于TAFE诸多作用增加了TAFE教师追求专业发展的复杂性。许多TAFE教师抱怨工作压力大,负荷沉重,没有时间和精力进行教师专业发展,甚至有的教师在TAFE学院的工作岗位上只做短暂停留便选择了离开。因此TAFE的教学越来越依赖于兼职教师,而TAFE兼职教师具有很大的流动性和不稳定性,不稳定的教师队伍,不利于TAFE教学。与此同时,TAFE没有行之有效的策略减轻TAFE教师的压力,有的TAFE教师认为自身的负担和压力过重,没有时间参加学习活动,也不愿意参加教师专业发展的各项活动。

其次,TAFE教师的个人态度和自身的文化熏陶也是影响TAFE教师自主专业发展的关键因素。许多TAFE教师个人的工作情感和态度问题使教师不情愿去参加学习活动。繁忙的工作和紧张的时间挫伤了许多教师的专业发展积极性,他们不愿意去参加各种学习活动,宁愿与同事分享工作热情。许多教师不愿意与他人分享自己的知识,其原因有多种,有的TAFE教师是出于个人优越感,有的出于个人独立性,有的出于竞争意识,有的不好意思,有的缺少学习动机等。正如有的TAFE教师所言:"拥有知识使人感到安全,分享知识让人丧失安全感。有的人没有看到知识的价值,因为他们不思进取。TAFE不需要这样的教师……[20]"。总之,这种负面的教师情意阻碍了TAFE教师的知识提升,自然也不利于TAFE教师专业发展。

最后,有的TAFE教师自主专业发展意识不强,不愿意参加教师专业发展活动。TAFE的管理人员对这一现象的认识不尽相同,有少数管理者认为,TAFE教师这种不积极参与教师专业发展的行为只是个别教师的个别现象,不能代表全体,不会产生严重的影响,可以通过经济杠杆来调剂;有的TAFE管理者则认为,TAFE教师缺少专业发展积极性会极大阻碍教师的群体发展,不利于TAFE教师队伍的建设和TAFE的发展。

澳大利亚TAFE相关部门正在多方寻求解决办法,跳出国内职业教育的

⑳ Berwyn Clayton, Thea Fisher and Elvie Huges. Sustaining the Skill Base of Technical and Further Education Institutes:TAFE Managers' Perspectives[R].Adelaide SA 5000: Australian Government, 2005.

圈子,学习国际先进经验和做法。TAFE教师专业发展途径和模式需要创新和发展,也需要在更大范围内寻求解决办法,认清TAFE与其他职业教育的不同之处,深层次理解TAFE教师专业发展与其他教师专业发展的不同之处,以满足TAFE教师专业发展的复杂性和独特性,让TAFE教师专业发展对TAFE教师更具吸引力,从而留住优秀教师资源。

(二)过度强调能力本位教育导致TAFE教师专业发展片面

澳大利亚职业培训和教育过度地强调能力本位,一味地追求能力,这不利于TAFE教师的专业发展。[251]澳大利亚国家培训局关于能力本位培训的定义是:知识和技能应用规范,知识和技能能满足在工作场所工作的需要。[252]能力本位培训的标准就是评估人可以做些什么。也就是说,如果一个学生可以展示技能,那么他就被认为有足够的能力技巧。职教能力本位培训一直伴随着许多批评,包括TAFE教师自身也在不断研究这一问题。一些教育学家认为,这种模块化和结果导向的职业教育削弱了TAFE教师对学生的教育关系。一些董事会股东认为,能力本位教育削弱了TAFE教师的角色,使教师成为一名简单的评估员,而不是一位教师。TAFE教师对教师专业发展的需求是多元化的,TAFE教师专业发展也需要体现和满足其终身发展、全面发展的需求。而现有的教师专业发展要求、模式等归根结底是为了满足TAFE的能力本位培训,因此这种以满足能力本位培训为最终目的的教师专业发展备受诟病,许多研究者和专家提出了异议。

1. 能力本位培训导致TAFE教师专业发展方向产生争议

根据全国培训包的规定,各行各业都有相应的能力标准对应相应的资格。有的TAFE教师和研究者认为,这些资格就是能力堆砌的结果。行业需要特定的技能,TAFE教师的作用是向他们的学生教授这些技能,然而对于学生而言,这些技能并不能保证就是他们需要的。毕竟雇主的需要和个人

[251] Clive Chappell. Making The Most of TAFE Teacher Training, VOCEDplus, the international tertiary education and research database http://www.voced.edu.au/content/ngv%3A38397. 2013-12-10.

[252] National Review of TAFE Teacher Preparation and Development: Stage 2[R]. http://vuir.vu.edu.au/22281/.2012-10-29.

的学习需求是不一样的。TAFE教师作为学生的能力培训者，难免忽视TAFE教师作为教育者的其他方面，也忽视了学习者的全面发展。因此许多学者、专家和TAFE教师都发出呼吁："我们教育的不是技能，我们教育的是人[253]"，表达了对自身角色的不满，也反映出TAFE教师对于片面追求能力本位教育的担忧。

在能力本位教育和培训的背景下，早在20世纪末澳大利亚国家培训委员会就制定出联邦政府和国家政府的教育目标，要求澳大利亚的劳动力要符合能力标准。这使得研究人员纷纷分析和研究"符合标准的劳动力"应具有的概念和能力，继而研究职业技术教师为了实现该目标应具有的关键能力。绍特（Shuart）、西蒙斯（Symons）和艾略特（Eliot）的研究提出"在能力本位教育过程中，有的能力所使用的概念是错误的"，这种批评使得研究人员重新研究和定义"能力"。澳大利亚研究者贡芝等（Gonczi et al）在其研究成果中指出，"能力本位教育对TAFE教师教育产生了很多影响"，他们还建议性地提出了"TAFE教师培训课程的设计、开发和实施，从而对TAFE教师的专业发展提出新的观点。"[254]

2. TAFE教师专业发展难以满足学生的全面发展、终身发展的需要

按照能力本位培训的要求，TAFE教师的技能与知识是为了应用培训包，显然这不仅局限了TAFE教师专业发展，也使得知识和技能的教学以及评估变得教条化，能力本位的TAFE教育受到质疑。对学生技术能力的评估，必须在培训包的框架下，在工作情境下，由教师进行评估，这一评估方式存在许多争议。对学生的能力的评估局限于学生的工作操作过程中，学生等同于机器。学生的潜在能力、默会知识、综合素质等没能得到肯定。虽然遵循了培训包的规定也能保证培养的人才符合行业的需要，但是忽略了学生综合素质发展的需要，忽略了学生终身学习的需要，是不符合人的全面发展的规律的。学生只强化了一方面的能力，而其他方面均未得到发展，学生自己也很难在实际工作中学会如何提高自身技能。学生在TAFE的学习，

[253] Wheelahan, L. We Teach People, Not Skills[J]. The Australian TAFE Teacher, 2006, Vol.40. No.2,pp.8-9.

[254] Erica Smith. A Study of the Penetration of Competency—based Training in Australia, Research in Post-Compulsory Education, 1:2, 169-185. http://www.tandfonline.com/doi/pdf/10.1080/1359674960010204. 2015-12-27.

也应遵循生涯教育的规律，保证自身能够应对科技的迅速发展和经济形势的不断变化，学会自我学习、自我提升，而不仅仅是作为雇主的雇员。但是对于学生的教育究竟是着眼于学生的当前，还是未来，是应该完全遵循培训包授课，还是满足学生全面发展的需要，TAFE教师处于两难境地。TAFE教师应与高等教育教师一样，满足学生的知识需求、技术需求和终身学习的需求。

3.能力本位教育以培训包为依据影响TAFE教师的教学结果

培训包是总结性评估，而不是形成性评估。根据学习成果的评估（学习成果本位），对于学生的能力，教师可以做出合理推断，而对于能力本位的评估，教师则直接对学生的操作技能做评估。在教学设计上，教师的自由度很小，教师的"能力教学"，事实上变成了"行为教学"或"操作教学"，只要学生学会做，做得熟练就行，这样容易造成学生的知识不足。由于教学根据培训包进行，而且按照能力需要而不是必要的知识体系来进行，教与学都不成体系，TAFE教师的教学就会碎片化。这在某种程度上对学生与教师的发展都是一种伤害。

培训包的总结性评估的另一大弊端是造成教与评越来越脱节。如果能力等于学习成果，那么只要掌握"能力"就行。以能力为本位的教学设计也给教师带来了很大压力，教师需要依据学生个人的能力基础展开教学，整合能力单元，很难兼顾学生的多重学习需要。

培训包不能完全保证TAFE学生与高等教育以及高等教育与TAFE的衔接，学生学分转移存在困难。培训包并不指定具体课程或要求学业成绩，只是包含行业培训咨询委员会设定的工作能力。高等教育学生培养是基于课程模式，学生学分的内涵不同，难以等值。因此学分转换很困难。高等教育学生去TAFE也同样面临着学分转换困难的问题。因为培训包的规定只针对能力，而高等教育的学生根本未参加过能力评估，没有这类学分。但是高等教育学生的相关专业理论知识已经很充分，在这种情况下，要求TAFE教师的教学能帮助TAFE学生具备继续进行高等教育的能力，势必困难很多。TAFE教师究竟应该具备何种素质以及如何进行专业发展才能满足这种需要也是TAFE教师专业发展面临的问题。

（三）澳大利亚培训与评估四级证书作为TAFE教师入职最低标准存在问题

资格的作用在于证明课程的参与者成功完成课程，具备培训课程所教的能力，但是这是职业所需的"最小"的能力。对于TAFE教师而言，最初的TAFE教师培训应该是更高级别的。因为，TAFE教师若有做出（最低标准）决定的能力，必须具备高于可以授予资格的资格。教师能进入TAFE就职，就证明该教师具备了TAFE需要的最低能力，该教师就应该有能力在许多领域提高他们的技能，使其综合素质向更高水平发展。

澳大利亚的TAFE教师，在教学过程中，无论学生是何背景，都要努力为学习者提供高质量的培训课程。为了能胜任工作，TAFE教师需要有教育知识和职业知识，需要有教学技能和职业技能，而且同其他职业一样需要不断提升自身的知识和技能。学者艾瑞克·史密斯（Eric Smith）在他的文章中阐述道："TAFE教师横跨两个领域，教育领域和经济领域，而且在两个领域都要谋求自身的发展。"[25]在澳大利亚，聘任一般的教师除了要求学位和学历之外，并没有要求任何职业资格。然而TAFE教师不同，不论是全职教师还是兼职教师都必须持有四级证书。无论是现行的培训与评估四级证书，还是它的前身（2004年以前的）评估与工厂培训四级证书，在现实中这一要求贯彻得都不尽如人意。四级证书经过不断改进，日趋完善。但是经过多位研究者调查发现，虽然四级证书在不断地改进，但是许多培训机构包括TAFE学院在内，并没有落实四级证书的要求。原因当然是多方面的，据艾瑞克历经15年的调查发现，雇主希望他们的工人得到更好的培训，但当他们发现培训工人的教师缺乏资质时，他们便不再需要该教师所在的此类注册培训机构提供的培训课程。[26]无论是TAFE学院还是私人培训机构都深刻明白，人才培训成功的关键就是教学质量。然而在过去的二十多年里，许多因素导致了TAFE教师的职业要求和职业准备之间产生距离，致使二者相脱节。能

㉕ Eric,S. Teacher Qualifications: Too Little, But It's Not Too late. http://www.aeufederal. org.au/Publications/TATT/Atmn10p10-12.pdf. 2012-5-12.

㉖ Berwyn Clayton. Practitioner Experiences and Expectations with the Certificate Ⅳ in Training and Assessment（TAA40104）. http://files.eric.ed.gov/fulltext/ED507154.pdf. 2014-1-10.

力本位培训以及行业或雇主对劳动力要求的不断提高,使得TAFE教师的工作难度不断增加。目前的能力本位教学的工作主要是根据国家培训包来开展的。国家培训包包括很多的能力单元,比如"基础知识"单元、"技能"单元等,这些能力单元为教师的教学提供依据,并保证高质量的教学。然而现实恐怕不是这样的。许多新教师发现他们不能完全把握和适应这些能力单元,不能按照要求为学生提供高质量的培训。与此同时,国家职教系统对TAFE的资金支持要求所有的TAFE教师必须胜任工作、认真负责。与早些年的TAFE教师不同的是,当今的TAFE教师不是花大气力提高自身的教学水平和教学技能,而是沉浸在参与管理工作和从事商业活动之中。这种现象是不正常的,也是不应该的。要从根本上扭转这一状况,除了加强对TAFE教师的管理外,也应该加强教师专业发展,提高教育教学技能,毕竟教师的教学质量才是TAFE学院生存的根本。因此,对TAFE教师的资格要求就不应该仅仅是达到四级证书的要求。TAFE教师持有四级证书是必须的,但是许多具体情况也表明,四级证书对教师的要求过低,不能满足雇主和行业的需要,不能满足实际教学的需要。

澳大利亚资格培训框架中规定,澳大利亚四级证书为包括TAFE教师在内的职业教育教师提供了一个最低标准,因此,有人认为,或者至少是有人错误地认为,四级证书就是一名职业教育教师所需要的全部。这个观点对包括TAFE在内的职业教育是有害的。如果所有的TAFE教师都仅仅持有四级证书终身从事教育工作,那么TAFE的未来将是迷茫的。而且,企业也不会容忍资质平庸的教师教育出不能胜任工作的劳动者。

为此,行业相关人员和TAFE的管理部门都在探索,比如新南威尔士州就要求,该州的TAFE教师除了拥有四级证书以外,还必须获得相关专业的学位;有的州把学位或证书与工资挂钩。但这些措施还不足以对TAFE教师产生很深的触动,促使他们进行专业发展,因为即使没有这些条件,他们依然可以继续从事工作,不会有更坏的结果。从长期的效果来看,这些政策的贯彻与TAFE的管理者能否坚持有关,与资金支持也有关,政策的持续性是很重要的。

事实上,四级证书存在不足。首先,需要完善和提高四级证书,以满足新世纪职教的需要。其次,要保证四级证书的实施和执行。如果不能保证所有的TAFE教师都持有四级证书,那么即使四级证书再如何完善也无济于事。如果保证不了TAFE教师的最低资质,又何谈提高教师各个方面的能力呢？也更谈不上教师专业发展,恐怕连成为合格的TAFE教师都成了问题。再次,大学和高等教育学院要一如既往地保证TAFE教师的培训和继续教育。同时,大学、高等教育学院和TAFE学院都面临资金的压力,这需要企业和政府共同应对。在企业充分认识到TAFE教师专业发展的重要性之后,他们会承担相应的责任与费用。最后,TAFE教师的评估问题。许多人认为TAFE教师的评估很难。有的研究者以医疗工作者和法律工作者的评估来与TAFE教师的评估做对比。TAFE教师的评估当然不会比医疗工作者和法律工作者的评估更难,因此应该有更多的相关部门和人员支持TAFE教师评估。目前,TAFE教师的评估主要还是TAFE学院自身在做。无论评估的对象是谁,评估的内容和过程多么复杂,前提都是要有合适的评估标准。四级证书作为入职最初的评估和认定标准姑且可以,但作为终身的衡量标准显然要求过低。比照其他国家,如德国,对于不同级别的教师有着不同的评价标准,这保证了教学质量,也保证了教师专业持续发展。TAFE教师不仅需要更新知识和提高技能,而且需要执行他们专业实践的新方法和新思路。

值得庆幸的是,这一状况也引起了许多相关部门和研究人员的关注。最近政府实施了一系列重要项目,旨在调查包括TAFE教师在内的职业教育教师和他们的资质问题。澳大利亚国家职业教育研究中心实施了由休·吉瑞(Hugh Guthrie)领导的项目,重点研究职业教育教师的任职资格。墨尔本大学的丽萨·维拉汉(Leesa Wheelahan)也在研究澳大利亚教育学院的职教教学质量。澳大利亚教育协会的TAFE部门也集中了相关重要人员讨论教师的资质问题。只有多方努力将解决TAFE教师资格问题落到实处,才能保证TAFE教师专业发展,从而保证TAFE教学质量,提高TAFE教师和TAFE教育的整体形象。

(四)TAFE教师队伍年龄老化

当今,澳大利亚同许多国家一样面临人口老龄化的问题。 TAFE教师的整体年龄大于其他行业劳动人员的平均水平,人口老龄化给TAFE和

㊛ Berwyn Clayton, Thea Fisher and Elvie Huges. Sustaining the Skill Base of Technical and Further Education Institutes:TAFE Managers' Perspectives[R].Adelaide : Australian Government, 2005.

TAFE 教师都带来了困扰。㉘TAFE 教师队伍老龄化给 TAFE 教师专业发展带来了许多问题。比如,TAFE 教师老龄化不利于专业发展管理;专业发展时间安排不能统一;老教师不知如何把知识和技能迁移给新教师;与企业联系、利用信息科技等是 TAFE 教师专业发展的重要内容,但对于有的老教师来说难以做到紧跟时代、跟进学习;有的教师因为临近退休便不再关注自身发展等。为了克服这一系列困难,TAFE 探索了多种途径,如留住老教师的同时招募新教师一同进入企业;通过知识迁移把老教师的知识和技能"转移"给新教师;老教师作为新教师的导师和教练在退休前培养新人等。

1998 年,维多利亚州 75% 的 TAFE 教师年龄在 35~55 岁之间,11% 的教师年龄在 55 岁以上,40% 的教师年龄在 40 岁以下,㉙这就意味着现阶段近半数的 TAFE 教师步入退休年龄,即将离开教师岗位。TAFE 教师整体年龄偏大引起了众多研究者和管理者对 TAFE 教师能力提升和知识更新的关注,担心 TAFE 教师现有的知识和技能无法满足企业和人才培训的需要,他们的知识和技能不能及时更新。TAFE 教师整体年龄偏大也引起了社会对 TAFE 教师教学质量和教学能力的质疑,给 TAFE 的教育与培训带来了负面影响。TAFE 及时认识到了 TAFE 教师专业发展关乎 TAFE 的生存,是 TAFE 发展和教育更新的基础。为此,TAFE 管理者采取了在职培训、开设培训课程等一系列方法促进 TAFE 教师专业发展,TAFE 管理者也曾向美国、英国、加拿大等国的相关机构和组织寻求帮助,以此解决 TAFE 和 TAFE 教师面临的共同问题。

另一方面,要满足澳大利亚资格培训框架标准和行业要求,以及以学生为中心的教学要求,关键是依靠教师的专业素质,而老教师是 TAFE 学院的优秀资源。TAFE 学院也曾试图不断雇用新的兼职教师来填补老教师的空白,希望新教师带来新技术,但往往由于这些教师缺少资格培训框架需要的职业教育和培训能力而事与愿违。TAFE 教师中年龄偏大的教师通常也是教学和企业经验丰富的教师,在这些老教师退休后,新的教师力量如何及时填补相应岗位的空缺,避免造成师资力量流失,也是 TAFE 教师专业发展需要面临和解决的问题。TAFE 虽然采取了导师制等方法促进教师队伍的整

㉘ 黄立志. 制度生成与变革——澳大利亚技术与继续教育(TAFE)历史研究[M]. 天津: 南开大学出版社, 2013, 12:141.

体专业发展,但由于受到政府削减对TAFE的拨款等条件的限制,TAFE教师队伍不稳定,教师流动性大,新老教师专业发展都面临一定的困难。

优秀教师资源流失致使TAFE教师专业发展紧迫性加剧。TAFE教师的管理知识短缺,企业联系能力不足,教师信念也不坚定。对于TAFE而言,与企业的沟通和来自企业的资助是培训教育的关键之一,有经验的老教师已经与企业建立起了牢靠而亲密的伙伴关系。由于他们的离职,TAFE与企业的合作会受到阻碍,而且新关系的建立也需要一定时间。为此,澳大利亚政府和学院大力寻求加速TAFE教师专业发展的途径与策略,如有的州提出了专兼职教师保持一定比例,以稳定教师队伍——有些TAFE学院专职教师与兼职教师的比例分别为70%和30%。

对于TAFE教师的退休和离职,首先应树立正确的观点,辩证地看待这一现象。TAFE教师队伍的吐故纳新,对于TAFE,一方面是优秀教师资源的损失,另一方面也是吸收人才、更新人才的机会。目前TAFE已采取积极策略招募新教师、年轻教师和兼职教师来应对这一问题。TAFE教师专业发展的重点放在应对专业发展的各方面变化上,同时将兼职教师转变为专职教师。这些做法,有利于缓解由于人口问题导致的TAFE教师流失、教师断层等问题,但关键问题还是如何通过教师专业发展让全体教师的整体素质迅速得到提高,摆脱片面倚重部分老教师的状况。

(五)兼职教师专业发展面临诸多问题

1. TAFE兼职教师的身份问题

包括TAFE教师在内的大多数职业教育教师被要求"强烈忠诚于他们的职业教师身份"。但是绝大多数的TAFE教师是其他领域的专业人士,他们对于职业教师的认同度不尽相同,许多TAFE教师都认为TAFE教师的工作是一份副业,因此不太可能"强烈忠于他们的教师身份"——尤其是考虑到TAFE教师的教学工作经常得不到应有的尊重。TAFE兼职教师经常认为自己是以职业专家的身份在参与教学。有的TAFE兼职教师与固定员工相比,专业发展不足,教育学知识短缺;有的TAFE教师不太愿意进行专业发展,不专注于教学提升。

近些年,TAFE的资金重点用于培训,关注削减成本,这有可能导致TAFE的教学质量下降。大量兼职教师的使用确实增加了TAFE的市场灵活性,减少了学院和政府的开支,但是对于兼职教师的专业发展没能采取足够的措施,TAFE兼职教师自身也很难融入TAFE,视自己为TAFE的一员。与此同时,TAFE也面临着各界对其教学质量提升的期待。可是越来越多的兼职教师并没有多少教育学理论和实践。虽然他们大多数是各行各业的专业人员,但是并不热衷于理论和实践的提升。研究人员还发现,大多数兼职教师教了四年学,依旧属于教学经验不足的教师,与专职教师的差距很大。

2. TAFE发展过程中来自市场的不确定性使TAFE兼职教师专业发展面临挑战

在澳大利亚社会、经济持续变化的背景下,TAFE需要为社会提供高质量的教育服务,并且只要客户的需要符合职教规定,TAFE就要满足各种挑剔客户的需要,这在很大程度上影响了职教教育工作者的教学技能。教师教育技能的发展是一个持续的、符合相关科学规律的过程。无论是TAFE专职教师还是兼职教师,他们的教师专业发展都是与TAFE的发展分不开的,但是TAFE发展的许多不确定性影响了教师专业发展。在当下,市场对TAFE的发展影响巨大。市场需求的多变、客户要求的多样、劳动力市场的波动等因素影响着TAFE的课程设置,而课程的变化又直接影响着教师授课内容、方法等的变化,也对教师专业发展不断提出新的要求。

3. 兼职教师的具体需求

对于TAFE的兼职教师而言,时间和金钱是他们教师专业发展首要考虑的因素。兼职教师流动性很大且工作时间短,由于时间有限,兼职员工不愿意参加专业发展,短期兼职教师更是不愿意参加由TAFE为他们提供和设计的教师专业发展项目。在同一所TAFE学院对TAFE教师进行了研究,总结出在该学院阻碍教师专业发展的因素,见表8-1和表8-2。

㉙ Carmichael, Clayton and Symons. Professional Development: What Casual TAFE Teachers Want[R].
http://www.avetra.org.au/AVETRA% 20WORK% 2011.04.08/CS5.2% 20-% 20Susanne% 20Francisco.pdf.2015-2-10

表8-1 阻碍TAFE教师参加教师专业发展的因素[⑳]

阻碍因素	占所调查TAFE教师的比重
缺少专业发展信息	50.5%
没有时间参加教师专业发展活动	31.3%
没有合适的时间和合适的专业发展项目	27.5%
家庭等个人原因不能参加教师专业发展活动	8.2%
负担不起教师专业发展的费用	7.1%
无法弥补由于参加教师专业发展活动而耽搁的教学时间	6.0%
缺少兴趣	2.7%

表8-2 阻碍兼职教师参加教师专业发展的因素[㉑]

阻碍因素	占所调查TAFE兼职教师的比重
时间不足	54%
其他工作需要	42%
家庭和其他个人原因	35%
费用问题	21%
教师专业发展时间不合适	12%
参加教师专业发展没有报酬	8%
占用教学时间	6%

　　卡迈克尔·克莱顿(Carmicheal, C)和西蒙斯发现受访者反复提到,TAFE兼职教师的工作年限不确定,合同签订不确定,缺乏进行专业发展的积极性,而且TAFE学院对兼职教师缺乏关心和支持,让他们有被孤立的感觉,对于教师专业发展缺乏信心。此外,受访者还讲到,教师专业发展需要占用兼职教师工作之外的时间进行,而做专业发展又没有工资补偿。[㉑]

[⑳] Carmichael, C. and Symons. Professional Development: What Casual TAFE Teachers Want[R].
http://www.avetra.org.au/AVETRA% 20WORK% 2011.04.08/CS5.2% 20-% 20Susanne% 20Francisco.pdf.2015-2-10

[㉑] Susanne Francisco. Professional Development: What Casual TAFE Teachers Want [R]. Canberra: Canberra Institute of Technology, 2008. https://avetra.org.au/AVETRA% 20WORK%2011.04.08/CS5.2%20-%20Susanne%20Francisco.pdf. 2015-1-12.

澳大利亚TAFE教师专业发展研究

第九章 澳大利亚TAFE教师专业发展经验对我国职业院校教师专业发展的启示

　　中国的经济发展正处于工业化中期向后期推进的关键阶段,迫切要求职业教育充分发挥其社会功能,满足经济发展的需要。发挥职教功能,需要大力发展职教,需要构建未来各时期现代职教发展的保障体系,这其中就包括建设高度专业化的职业教育教师队伍。[262]我国经过多年的努力,虽然职业教育教师总体状况有了很大改观,但是相对而言,对职业教育教师专业发展的认识落后,总体发展滞后,而且发展不平衡。从专业结构来看,基础课程教师过剩,专业课教师不足,实习指导教师短缺;从职称来看,中高级职称偏低,特别是实习指导教师难以晋升高一级职称;从教学能力来看,很多教师无法适应职业技术教育发展的需要。在教师专业发展方面,重学历、轻技能、重理论、轻实践。我国的"双师型"教师更多的是"双证型"教师,缺乏真正意义上的双资质教师,职业教育教师专业标准体系也不完善。澳大利亚TAFE教师既具有行业背景也具有教育背景,是具备双重资质的职业教育教师,是名副其实的"双师型"教师。学习TAFE教师专业发展的经验,取长补短,帮助我们解决诸多职业教育教师发展过程中的问题,推进我国职业教育教师专业发展,从而推动职业教育发展。

---

[262] 教育部教育规划与战略研究理事会秘书处. 建设中国特色、世界水平的现代职业教育体系[M]. 北京:教育科学出版社, 2014: 5.

一、健全职业院校教师专业发展制度

(一)完善法律政策,保障职业教育教师专业发展质量

在澳大利亚有《宪法》《高等教育法》《职业教育法》等开展职业教育管理的基本法律依据。澳大利亚TAFE教师专业发展依据"国家资格框架""培训与教育培训包"等政策。教师专业发展有法可依,有力地促进了TAFE教师专业发展,保障了TAFE拥有高精尖的高素质教师,从而促进了TAFE的可持续发展。

改革开放以来,我国陆续出台了《教师法》《职业教育法》《中等职业教育教师专业标准》等一系列法律政策性文件,对职业教育教师的各个方面做出了规定。规定越来越具体和翔实,但针对职业教育教师专业发展方面的政策保障还不够,专业发展制度还不完善。因此,对于职业教育教师专业发展的法律还应继续完善。

(二)完善职业教育教师资格证书制度

职业教育教师资格制度主要包括:教师入职资格制度、教师再认证制度和教师资格等级制度。我国实行多年的教师资格制度主要是教师入职资格制度。对于职业教育教师资格没有专门的认证体系和认证资格,也没有激励教师不断进行专业发展的教师等级资格证书体系。中职教师专业资格认证取法普通教育教师资格认证,高职教师资格认证取法高等教育教师资格,而且几乎没有实践技能的要求。

澳大利亚TAFE教师除了具备所有教师具备的教师资格之外,还必须取得实践技能方面的资格,按照教师专业发展阶段还可以认证专家教师、首席教师等,并且和教师的待遇、权利挂钩。我们国家的教师通常是以职称来划分教师等级的,这显然不具备专业性,对于职业教育教师专业发展已然产生了误导,高职称和高学历都不能完全代表职业教育教师的高能力和高专业度。

参考TAFE教师资格证书制度,我国应完善职业教育教师资格证书制度,形成全国通用的职业教育教师资格制度。适度提高教师准入要求和标准,细化教师资格。要求教师不仅在入职时要具备入职资格,按照职业教育

教师专业发展规律,不同的阶段还要对职业教育教师资格进行再认证,按照职业教育教师能力水平将职业教育教师资格划分等级。这样做既有利于提高职业教育教师的专业素质,又能提高职业教育教师的自主专业发展意识,职业教育教师专业发展有章可循。

(三)建立高职院校教师专业能力标准

目前,我国除了有中等职业教育教师专业能力标准以外,尚无高等职业教育教师专业能力标准。科学的职业教育教师专业能力标准可以促进教师积累行业经验,提升教师专业素养,促进教师专业发展评估,帮助职业教育教师科学地规划职业生涯,实现职业教育教师的终身发展。这些益处已经在澳大利亚TAFE教师能力标准的作用中得以显现。为此,从国家层面对职业教育教师专业发展阶段进行科学地划分,制定相应的专业发展能力标准。将教师专业发展阶段与教师所教授学科结合,形成学科教师专业发展标准。中等职业教育教师专业标准和高等职业教育教师专业标准要体现出各自的特点。同时,鼓励职业教育教师自愿按照专业能力标准进行专业发展,职业院校应保证职业教育教师专业发展按照能力标准进行。

职业教育教师专业能力标准应体现职业教育教师"双师型"的典型特点,体现职业教育教师的关键能力,不能照搬照抄普通教育和高等教育教师的专业发展模式。我国不仅没有职业教育教师专业能力标准,而且对于职业教育教师的职业能力内容更是缺少规定,缺少全国统一的评定标准。因此,促进职业教育教师专业发展应多方努力,建立科学的职业教育教师专业能力标准,明确不同级别职业教育教师的专业规格和标准,体现职业教育教师专业发展的特点与重点,帮助职业教育教师把握专业发展方向,从而提高职业教育教师的竞争意识和整体素质,促进职业教育教师队伍整体发展。

(四)建立健全职业教育教师专业发展保障制度

我国职业教育教师专业发展制度不健全,有的方面甚至缺失。大多数职业教育教师专业发展的培训制度形式大于内容,学习的机会太少。我国教育主管部门目前还没有出台明确的、有针对性的并能强制执行的职业教育教师专业发展培训政策,因此具体的教师专业发展实践缺少引导,各自为战,水平参差不齐。职业教育教师去企业实践没有统一的国家政策可以遵循,缺乏政策支持和强制性。企业由于担心职业教育教师到企业的学习和实践会给企业带来许多不确定因素,比如商业机密的泄露、对正常生产秩序的干扰等,职业教育教师去企业实习并不能真正地深入企业,企业也不能真正地接受职业教育教师的顶岗实践。缺乏一线工作经验,"双师型"教师便无法培养。"双师型"教师队伍建设需要有政策文件或制度保障,企业作为职业教育发展的受益者应积极配合职业教育教师专业发展。总之,建立健全的职业教育教师专业发展制度需要企业、政府、学校和教师的共同参与,多方面共同努力,齐抓共管,加紧探索,不断实践,探索出适合我国职业教育教师专业发展的有效途径。

加强职业教育教师专业发展经济保障。澳大利亚国家培训局等相关机构对TAFE教师专业发展有专项的资金资助,并且许多教师专业发展项目的资金使用情况都有相关部门和组织的监督和审计。有许多项目,包括TAFE自身的教师专业发展活动,会责成相关组织或机构,采取调查报告的形式,对TAFE教师专业发展资金使用情况进行跟踪调研,如资金如何使用,获得的效果如何,都会记录在案,保证资金使用的有效性。相比之下,我国缺少用于职业教育教师专业发展的专项资金,职业教育的发展尚且缺乏足够的经济支持,用于职业教育教师专业发展的专用资助就更少了。我们可以借鉴TAFE教师专业发展的经济资助做法。除了国家政府拨款,也可以吸收社会资金、企业的资助,并加强对资金使用的监管,保证专款专用。

(五)建立职业教育教师专业发展的专门负责机构

TAFE教师专业发展的管理涉及澳大利亚教育、就业及劳资关系部、国家培训质量委员会,行业技能委员会和TAFE学院的人力资源管理部门等。TAFE教师专业发展有专门的机构进行管理和监督,保证了TAFE教师专业发展的时效性和科学性。我国职业教育教师专业发展没有专门的管理和监督机构,通常与普通教育教师专业发展管理机构合为一体。这种做法不利于体现职业教育教师专业发展的独特性,有时会伤害职业教育教师专业发展的积极性。

我们可以参考和借鉴TAFE教师专业发展设立专门机构的做法,在职业教育的管理部门中单独设置职业教育教师专业发展的管理机构和管理人员。职业教育教师专业发展从政策制定、管理、实践到监督、评估可以有一套适应自身发展的系统。这样,职业教育教师专业发展可以做到专人专管,达到有效促进职业教育教师专业发展的目的,有利于国家相关政策落到实处,有力地促进"双师型"职业教育教师队伍的建设,真正体现了对职业教育教师专业发展的重视。

(六)完善职业教育教师管理制度

TAFE教师流动性很强,TAFE教师也在不断进行其他工作的选择。企业精英可以从对教育教学知识一无所知成长为高水平的专业教师,TAFE教师的流动并没有影响其总体教师质量,这对TAFE教师专业发展的合理管理起到了根本保障的作用。

参考澳大利亚对TAFE教师的管理措施,在促进职业教育教师专业发展、加强职业教育教师队伍建设方面,我国应加紧建设合理的职业教育人事制度,形成职业教育教师人事管理活力充足的局面;保障职业教育教师流动通畅,确立职业教育教师的社会人身份,完善职业教育教师流动的配套措施;尊重职业教育教师专业发展过程中的主体地位,满足职业教育教师作为主体地位的多方面需要;兼顾职业教育教师专业发展的个性需求,避免整齐划一、"一刀切"等不科学、不合理的做法。

(七)优化专兼职教师的比例与结构

澳大利亚TAFE教师以兼职教师为主,这不仅可以保证TAFE教育的先进性,时刻与经济发展保持一致,而且可以节省办学成本,同时淘汰不适应教育教学的教师。同时兼职教师的聘用制度涵盖大学、TAFE学院、行业或企业,多方共同参与。兼职教师的来源广泛、质量高。我国职业教育教师人才引进应扩大渠道,不仅仅从大学毕业生中选择高素质人才,也应该大幅度提高兼职教师的比例。兼职教师的聘用应建立科学可行的聘用制度。我国职业教育教师以专职教师为主,兼职教师比例偏低,而且兼职教师的聘用没有形成科学的制度。"改革教师资格和编制制度。……到2020年,有实践经验的专兼职教师占专业教师总数的比例达到60%以上。""改革职业院校用人制度。……鼓励职业院校按照国家相关规定聘请企业管理人员、工程技术人员和能工巧匠担任专兼职教师。"[263]有经验的教师当然是来自行业一线

---

[263] 教育部、国家发改委、财政部、人力资源社会保障部、农业农村部、国家乡村振兴局. 现代职业教育体系建设规划. 2014,6:21. http://www.noe.edu.cn/publicfiles/business/htmlfiles/moe-630/201406/170737.html. 2014-7-14.

澳大利亚TAFE教师专业发展研究

的精英人才,但是有经验的行业精英不代表必然是"双师型"教师,更不能确定是具备专业性的职业教育教师。要保质保量地实现"双师型"教师的培养,要依靠"双师型"教师培养培训体系的不断完善,依靠教师专业发展。学习TAFE教师中兼职教师聘任的先进经验,选择高素质的兼职教师,通过教师专业发展实现兼职教师的专业化,优化职业教育整体师资队伍。

(八)职业教育教师专业发展各项政策需要与时俱进

澳大利亚与TAFE教师专业发展的各项规章制度和机构都随着经济的发展和需求的变化不断发展。TAFE的管理部门根据需要不断分分合合,虽然造成了一些动荡,但是最大限度地保证了效率。与TAFE教师专业发展息息相关的培训包也是每五年就更新一次。这些做法都保证了TAFE教师专业发展政策紧跟经济发展和时代的步伐。我国相关法律法规的更新周期相比之下略长,有的时候新情况出现,却无法可依。职业教育教师专业发展的各项政策也应与时俱进,保证职业教育教师专业发展的效率,并在多方共同努力下,积极探索和发展职业教育教师专业发展的模式和有效途径。

二、强化职业院校教师自主专业发展意识

(一)强化职业院校教师专业发展的自主意识

"教师同其他职业一样,是一种'学习'的职业,从业者在职业生涯中自始至终都要有机会定期更新和补充他们的知识、技巧和能力。"[264]

无论是何领域的教师,其专业发展的前提是教师自身希望发展,有发展的需要与动力。澳大利亚TAFE教师专业发展充分尊重教师的自我需要,教师专业发展通常由教师自身向所在学院提出申请,并完成一系列申请步骤,进而开展专业发展活动。TAFE教师专业发展是教师主动发展,它既满足了教师自身的个体需要,又提高了教师专业发展的积极性。目前我国职业教育教师专业发展培养目标不清晰,教师专业发展自主意识差。教师对待专业发展的认识仅局限于待遇的提高、职位的稳定,许多教师追求的是高学历而不是高能力。为此,我国应加大对职业教育教师专业发展的认识教育,树

---

[264] 杨天平,申屠江平.教师专业发展概论[M].重庆:重庆大学出版社,2012:75.

澳大利亚TAFE教师专业发展研究

立坚定的职业信念,增加职业教育教师的职业认同感,促使职业教育教师开阔眼界,增加信心,多学习专业发展成熟的做法。相关院校的领导也应重视职业教育教师专业发展,解放思想,转变观念,支持职业教育教师参加教师专业发展活动。把职业教育教师专业发展与提高教学质量、提高学生素质和院校长期发展联系起来,切实让职业教育教师体会到专业发展的重要性和必要性,主动寻求发展,从而推动职业教育的发展。

(二)以终身学习理念指导职业教育教师自主学习

以终身学习理念指导职业教育教师自主学习是其职业生涯的需要,也是职业教育发展的需要。在"终身学习"理念的不断推广下,职业教育教师成为学习者是必然趋势。澳大利亚TAFE教师培训课程中成人教育理论是重要的学习内容,该项内容的学习不仅帮助TAFE指导教学,也帮助TAFE教师自主学习。TAFE教师专业发展以终身学习理念为指导,支持TAFE教师自主进行专业发展活动,TAFE教师自主学习贯穿职业生涯的始终,遵循教师职业生涯的周期规律。要实现职教学生的终身发展,教师首先要实现自身的持续发展,并运用相关规律指导和帮助学生进行生涯规划,实现终身发展。我国职业教育教师专业发展应以终身学习理念为指导,制定相关政策,支持教师自主学习,鼓励教师创新,采取适当措施,保证职业教育教师自主学习的热情。只有职业教育教师自身认识到自主学习的重要性,树立主动学习和终身学习的意识,才能保证职业教育教师的持续专业发展。

三、构建职业教育教师专业学习共同体,促进教师群体合作发展

针对我国职业教育教师专业发展过程中能力结构不合理等现象,我们必须探索多种途径促进职业教育教师多元发展。借鉴澳大利亚TAFE教师专业发展的经验,构建教师专业学习共同体,就是有效途径之一。

（一）克服职业教育教师专业发展中的"孤立主义"和"巴尔干半岛化"

"传统教师群体中存在两大问题：孤立主义和巴尔干半岛化（又称山头主义）。"[265]在职业教育的背景下，由于教学专业、教学环境、人际关系等方面的条件限制，"孤立主义"多表现为职业教育教师通常要独自进行专业学习、专业反思、问题解决，独自探索和应对自身专业发展等。"即使在小团体内部，教师互动也更多为人际关系的交往而非教学问题上的合作和支持"。[266]职业教育教师队伍内部也确实存在多种意义上的群体，但是缺少真正意义上的专业学习共同体。克服职业教育教师专业发展中的"孤立主义"和"巴尔干半岛化"，有利于打消教师参加学习共同体的顾虑，促进教师群体发展，实现职业教育教师队伍整体水平的提升。

（二）构建教师专业学习共同体，促进职业教育教师合作发展

学会合作是现代教师必备的基本素质。除了师生合作之外，教师之间的合作更为密切与重要。学者李广平在总结以往所提出的教师合作发展理论与模式的基础上，结合我国现阶段教师合作与发展的状况，提出可促进教师合作发展的六种方式，包括：专业对话、同伴临床督导、同伴教学辅导、合作课程开发、合作行动研究、虚拟共同体的合作。我国职业教育教师专业发展可以参考TAFE教师同行互评、导师制等教师合作的做法，加强教师之间的合作，强化"教学专家""教学名师"的示范与带动作用，实现群体共同发展。我国职业教育教师专业发展过程中的教师合作，主要是集体备课、互相听课、互相评课、期末或年末的综合评分等形式。形式上未能突破传统，缺乏多样化。TAFE教师的一对一或面对面评估、书信方式的评估我们都可以参考。我国职业教育教师互相评估内容多限于课程传授、师风师德方面，内容不够全面。比如TAFE教师合作发展很注重有效的人际沟通，这也是教师专业发展内容的重要方面，在TAFE教师互评中也是一项重要内容。在我国职业教育教师专业发展中，没能突出体现这一点。教师队伍中不乏言行偏

---

[265] 宋萑. 教师专业共同体研究[M]. 北京：北京师范大学出版社, 2015: 43.

[266] 宋萑. 教师专业共同体研究[M]. 北京：北京师范大学出版社, 2015: 43.

激、人格不健全的不合格教师,由于教师评估未能涉及这方面,因此没有有效的途径纠正和解决这类现象。加强职业教育教师合作,有助于纠正和杜绝不适合职业教育教师职责的言行,促进职业教育教师全面发展,实现职业教育教师群体共同发展。

四、创新职业教育教师专业发展的评价机制

目前,我国的教师评价机制缺乏公平竞争,评价内容不够全面,缺乏权威的评价机构和科学的评价流程,以职称为专业发展目标的情况依然存在。为了促进职业教育教师专业发展,我们必须创新职业教育教师专业发展评价机制。TAFE教师专业发展政策有"大棒政策"和"胡萝卜政策",旨在刺激和鼓励教师专业发展。TAFE教师专业发展根据TAFE教师所处的专业发展阶段,制订具体措施,将专业发展活动和发展项目与工资待遇挂钩,提升了TAFE教师参加教师专业发展的热情,使得教师专业发展成效卓著。

我们可以从TAFE教师专业发展的经验中搜寻和发展适用于我国职业教育教师专业发展的评价策略,创新我国职业教育教师专业发展的评价机制,建立系统的教师专业发展评估体系。根据我国国情以及我国职业教育教师专业发展的阶段特征,从专业发展管理、专业发展激励等方面入手,鼓励优秀教师,警醒落后分子;确立专门的职业教育教师专业发展负责机构和人员,负责职业教育教师专业发展的落实和评估;设置科学可行的考核指标,实现职业教育教师持续的专业发展,为职业教育教师生涯发展服务,从而提高职业教育教师整体素质和服务水平。

五、加强职业教育教师多元培训

我国职业教育教师的在职培训和教学培训多于行业技能培训,集体组织培训多于个人主动培训,技能教师与理论教师交流不足。职业教育教师参与的专业发展活动除了一些培训项目外,就是个人的学历教育。职业教育教师专业发展项目缺乏,内容单调。澳大利亚在TAFE正式创立初期有全国性的TAFE教师准备项目,此后不同时期各个州与学院都会有不同级别与侧重点的教师培训项目,比如维多利亚州的TAFE工场教学能力提升项目

（Capability Building in the TAFE Teaching Workforce Program），重点在于提高 TAFE 教师在工作场所的教学能力，而不仅仅局限于学校课堂教学能力的提升。这些项目不仅为 TAFE 教师提供了继续教育的机会，而且为 TAFE 教师发展提供资金和技术支持。

因此，我国应"加大合格职业教育教师培养规模，提高职业教育教师整体素质和职业素质，完善'双师型'教师培养模式和评价机制"，[267]应高质有效地开发职业教育教师专业发展的培训项目，为职业教育教师继续教育提供机会和平台，加大"双师型"教师队伍的建设，开展多元的师资培训。职业教育教师培训不应局限于教学的培训或教师入职培训。技能培训和理论培训项目应该对所有教师开放，旨在增加职业教育教师之间的交流，促进群体发展。职业教育教师教育不应只针对全职教师，来自行业和企业的兼职教师同样应该参加，他们不应游离在教师继续教育之外。职业教育教师继续教育不应只重视教师知识与技能的提升，还应帮助职业教育教师适应学生的变化，加深对学生思想和学习的了解，因为职业教育学生是职业教育教师的直接服务对象。加强职业教育教师的专业情意，培养职业教育教师良好的道德修为，主动抵制一些不良思想和行为的干扰，纯净教师队伍。

我国普教教师专业发展的步伐要快于职业教育教师专业发展的步伐，高校教师专业发展的研究同样比职业教育教师专业发展的研究深入和全面。要改变职业教育教师专业发展相对滞后的局面，我们必须加强职业教育教师多元培训，全面提高职业教育教师专业素养，实现职业教育教师的全面发展与终身发展。

六、企业要保障职业教育教师企业实践的真正落实

"我国职业学校的教师因未进入产业一线，无法掌握产业技术发展的新趋势，教学与生产严重脱节，再加上学校设备老化，学校培养的学生并不完全适合企业的需要。职业院校和企业之间并未形成利益共同体。"[268]

---

[267] 教育部教育规划与战略研究理事会秘书处. 建设中国特色、世界水平的现代职业教育体系[M]. 北京:教育科学出版社, 2014: 523.

[268] 教育部教育规划与战略研究理事会秘书处. 建设中国特色、世界水平的现代职业教育体系[M]. 北京:教育科学出版社, 2014: 47.

澳大利亚企业对TAFE的参与是全方位的。企业不仅参与TAFE的人才培养、课程管理、人员管理等方面，而且积极参与TAFE教师专业发展。从政策的制定、实施，到TAFE教师的管理，再到TAFE教师具体的专业发展活动都离不开企业的高度参与。相比之下，我国校企合作尚不到位，企业参与职业教育教师专业发展几乎是无所作为。目前我国的企业虽然选派优秀的行业精英到职业院校进行教学，许多职业教育教师也有机会去企业参观考察，但是对于职业教育教师专业发展而言，企业的这些参与行为还是肤浅的。选派到职业院校的行业精英通常上课来、下课走，没有深层次的职业教育教师专业发展，有的兼职教师仅仅是职业教育发展或职业教育教师专业发展的旁观者，自身没有教师专业发展的意识，甚至还没有意识到自己是一名职业教育教师。到企业学习的职业教育教师也仅限于参观考察之类的活动，没有深入行业一线，很难真正参与企业的生产经营活动。为此，我们可以参考TAFE教师专业发展过程中，国家对企业的权利和义务的约束，通过立法明确企业在职业教育教师专业发展中的权利和义务。国家可以出台相应的规定政策，规范和约束企业的行为，明确企业在职业教育教师专业发展过程中应承担的责任，并且对于那些在职业教育教师专业发展方面尽职尽责的企业给予一定的优待，比如企业应缴税费方面的优惠等。

　　利用经济和政治的杠杆，调动企业参与校企合作的积极性与主动性，促进企业参与校企合作和职业教育教师专业发展，还应充分发挥教育集团的作用。教育集团可以在具体工作中起重要作用。现代职业教育体系建设规划（2014~2020）明确提出"提升职业教育集团的发展活力"。"支持符合条件的职业教育集团统筹中高职衔接、专业课程建设、实训基地建设、教师队伍建设"。[㉖]职业教育集团可以发挥多方联动的优势，在教师专业发展投入、教师专业发展项目建设和实施、教师评估等多方面，行动协调一致，形成适合本集团职业教育教师专业发展的有效模式，大力促进职业教育教师专业发展，从而推动职业教育的发展。

　　TAFE教师的科研内容既包括教育教学的内容，也包括经济方面和行业

㉖ 教育部、国家发改委、财政部、人力资源社会保障部、农业农村部、国家乡村振兴局. 现代职业教育体系建设规划. 2014,6:15. http://www.noe.edu.cn/publicfiles/business/htmlfiles/moe-630/201406/170737.html. 2014-7-14.

方面的内容,将行业生产一线的内容与教学相联系的科研更是得到了提倡。我国的实践课教师,尤其是兼职教师大多数上课即来、下课即走,缺乏研究教育教学的热情,而理论课教师又相对缺乏行业前沿经验,科学研究的深度和广度受到局限。因此,我国职业教育教师专业发展,不仅要研究教学、研究学生,还要研究经济、研究企业,并且做到二者有机结合,这样才能保证职业教育与行业或企业的发展相适应。

七、提升职业教育教师国际化教育水平

澳大利亚TAFE教师专业发展相关标准中有两个要素也值得关注:国际教育管理的能力和开发并培养持续发展的能力,这两个要素反映了职业教育的未来发展趋势。我国的职业教育教师能力标准也应将这两个要素考虑在内,使我国职业教师专业发展与国际水平接轨,从而推动职业教育的国际化发展。

"师资队伍的国际化是职业教育国际化的基础保障。目前,我国职业教育师资国际化水平与美国、澳大利亚等职业教育发达国家相比还有较大差距,需要在'引进来'和'走出去'两个方面加强职业教育国际化的师资队伍建设。"[270]澳大利亚TAFE教师国际化培养是TAFE教师专业发展的重要内容,给我们提供了很好的参考和案例。对比TAFE教师国际化的先进经验,我们一是要加强对国外'双师型'人才的引进;二是要加强对本土教师的国际化培养。通过优越的人才待遇以及海外招聘的积极开展,吸引来自不同国家和地区的高水平、高技能、高层次留学人员或外国专家来华任教,扩大外籍教师所占比重;通过教师互访制度,聘请合作学校的教师、访问学者来中国开展学术讲座和合作研究;支持教师参加各类学术知识、专业培训、项目开发的国际交流活动;充分利用国家留学基金和设立骨干职业教师海外交流专项经费,鼓励并资助职业教师出国参加短期访学或长期进修;建立海外教师培训基地;建立长效的教师外语培训机制及国外职业资格认证培训机制,提高职业教师获得国外职业资格认证的比例,提高能够用全外语讲授专业课程的教师比例"[271]。

我们要响应国家"一带一路"政策号召,把握机会,促进我国职业教育教师专业发展有新的突破,力争职业院校教师队伍建设与国际接轨,顺应潮

㉗ 教育部教育规划与战略研究理事会秘书处. 建设中国特色、世界水平的现代职业教育体系[M]. 北京:教育科学出版社, 2014:306, 307.
㉘ 张振乾. 学习主体视角中的高职师资培养[J]. 深圳职业技术学院学报, 2010 (2):61-63.

流,彰显职业教育的作用,为国家经济发展、地区繁荣发挥职业教育教师和职业教育的最大功能。

八、进一步提高职业教育教师的社会地位和待遇

有民意测验表明,在澳大利亚135种职业排名中,中学教师名列第27位,小学教师名列第45位,而职业教育教师位列前15位。职业教育教师能享受到继续教育、培训、休假、健康保障等方面的福利。^②"目前,政府在教育投入上过于关注提升学校的办学条件和硬件水平,而对师资队伍建设的投入相对较少。""未来职业教育投入应更多地放在软件建设上,用于师资队伍建设和'双师型'教师的培养。"职业教育教师队伍建设需要多方面的投入,职业教育教师的待遇也是不可忽视的一方面。澳大利亚TAFE教师专业发展与工资待遇挂钩,专业发展水平高的TAFE教师,待遇高,这吸引广大TAFE教师积极参与专业发展。而我国职业教育教师的待遇水平不尽如人意,社会地位不高,对人才缺乏吸引力。教师待遇的提高,可以提升教师的工作积极性,促进教师主动提高教师专业发展水平。我们可以借鉴TAFE教师专业发展中的类似做法,提高我国职业教育教师的待遇,扩大职业教育教师的社会影响力,提高职业教育教师的社会地位,从而提升教师参加专业发展的积极性,提高教师专业发展水平,促进职业教育教师专业发展与职业教育发展同步提升。

总之,我国职业教育教师专业发展是促进职业教育发展与改革的重要方面,除了自身探索以外,借鉴国际先进经验是必要的,也是必需的。从先进的经验和做法中,我们可以获得启发,少走弯路,加快职业教育教师专业发展的步伐。澳大利亚TAFE教师专业发展,既承袭了欧美国家职业教育教师专业发展的先进做法,又有自身的突破与创新,并且一直处在发展变革之中,为我们提供了高水平职业教育教师专业发展的典范。他山之石,可以攻玉,研究和学习澳大利亚TAFE教师专业发展的特点和经验,使其服务于我国职业教育教师专业发展,最终的目的是促进我国职业教育事业的发展,为经济发展服务。

㉒ 教育部教育规划与战略研究理事会秘书处.建设中国特色、世界水平的现代职业教育体系[M]. 北京:教育科学出版社,2014:427.

结　语

　　职业院校教师专业发展水平是影响我国职业教育发展和质量提升的关键因素。比较而言,我国职业教育教师专业发展的理论和实践还相对落后,因此,有必要借鉴发达国家职业教育教师专业发展的理论和实践经验,从而促进我国职业教育教师专业发展水平的整体提高。澳大利亚TAFE教师专业发展的经验独特,能够为我国职业院校教师专业发展提供可借鉴的经验。

　　本研究在综合分析整理了前人相关学术成果的基础上,全面梳理了澳大利亚TAFE教师专业发展的历史沿革,概述了TAFE教师专业发展情况的全貌,进而阐释了TAFE教师专业发展的目标、内涵及其实现途径,详细分析了TAFE教师专业发展的若干案例及其相关影响因素,比较系统地揭示了TAFE教师专业发展的经验、特点和问题,全面总结了澳大利亚TAFE教师专业发展的规律。研究结果表明,澳大利亚TAFE教师专业发展伴随着TAFE学院发展经历了三个时期。其专业发展制度完备,包括教师资格制度、招聘制度、培训制度等。TAFE教师专业发展的目标包括沟通能力、团队协作能力、解决问题的能力、计划和组织能力、组织管理能力、自主发展的能力、持续学习的能力和掌握新技术的能力。TAFE教师专业发展的内涵主要包括专业知识、专业能力和专业情意三个方面,其专业发展目标的实现途径主要有正式学习、非正式学习和个人学习三种形式。从TAFE教师专业发展制度、发展目标和内涵,以及维多利亚州和新南威尔士州TAFE教师专业发展案例分析可见,澳大利亚TAFE教师专业发展具有以下经验和特征:(1)联邦政府和教育机构普遍高度重视职业教育教师专业发展。(2)有关TAFE教师专业发展的法律和政策保障完善。(3)TAFE教师专业发展目标明确、内涵丰富，体现自主发展、终身发展、全面发展的理念。(4)TAFE教师专业发展注重组织发展和个人发展相结合。(5)政府、行业或企业、团体组织、学校共同参与并支持教师专业发展。(6)TAFE教师专业发展遵循规律，适应各种变化。(7)专兼职教师共同发展。澳大利亚TAFE教师专业发展的经验对我国职业院校教师的专业发展具有很多启示：(1)我国要注重健全职业教育教师专业发展制度，建立明确、规范、科学的职业教育教师专业能力标准。(2)要健全职业教育教师专业发展保障制度和促进其专业发展的专门机构，完善职业教育教师资格证书等管理制度。(3)强化职业教育教师专业发展的自主意识，以"终身学习"理念指导教师自主学习和终身发展。(4)构建职业教育教师专业学习共同体，促进教师群体合作发展。(5)加强职业教育教师的多元培训。(6)创新职业教育教师专业发展的评价机制。(7)加强兼职教师队伍建设，优化专兼职教师的比例与结构。(8)加大企业参与度，促进职业教育教师专业技能不断发展。(9)提升职业教育教师的国际化教育水平。

然而，由于研究条件以及个人理论基础等诸多因素的局限，本研究还存在许多不足。首先，本研究侧重在宏观方面探究了澳大利亚TAFE教师专业发展的全貌，系统阐释了TAFE教师专业发展的外部制度，但对于TAFE教师专业发展的内在方面研究不足，未能对TAFE教师个人专业发展的阶段和特征等进行深入研究，在微观上对TAFE教师专业发展的研究明显不足。其次，结合澳大利亚经济背景，阐释TAFE教师实际专业发展状况不够。再次，关于TAFE教师各个历史阶段的特殊经验把握不够。最后，本研究从理论角度的阐释比较薄弱。

因此，希望以后能继续研究TAFE教师专业发展，从多个角度对其进行分析和总结，夯实自身理论基础，继续为我国职业教育教师专业发展和职业教育服务。

参考文献

一、中文文献

(一)中文著作类

[1] 艾伦. 教师在职培训：一项温和的建议[M].瞿葆奎. 教育学文集·教师.
北京：人民教育出版社, 1991.

[2] (美)贝蒂·E·斯黛菲，迈克尔·P·沃尔夫，苏珊娜·H·帕施，比利·J·恩兹.
杨秀玉，赵明玉译. 教师的职业生涯周期[M]. 北京：人民教育出版社,
2012.

[3] 陈琦, 刘儒德. 教育心理学[M].北京：高等教育出版社,2005.

[4] 陈时见,周琴. 综合大学教师教育的国际比较[M]. 重庆：西南师范大学
出版社,2011.

[5] 陈向明. 质的研究方法与社会科学研究[M]. 北京：教育科学出版社,
2000.

[6] [美]丹·克莱门特·劳蒂. 饶从满,于兰,单联成译. 学校教师的社会学研
究[M]. 北京：人民教育出版社,2011.

[7] 丁洪涛. 教师的职业内涵与专业发展引论[M]. 北京：中国轻工业出版社
,2011.

[8] (德)葛罗曼等主编. 石伟平译. 国际视野下的职业教育师资培养[M]. 北
京：外语教育与研究出版社,2013.

[9] 国家教育发展研究中心（组译）. 发达国家教育改革的动向和趋势[M].
北京：人民教育出版社,2004.

[10] 贺国庆, 朱文富. 外国职业教育通史[M]. 北京：人民教育出版社,2014.

[11] 胡珊. 澳大利亚TAFE学院教师专业发展研究[D]. 东北师范大学,2013.

[12] 黄立志. 制度生成与变革[D]. 天津：南开大学出版社,2013.

[13] 黄尧. 职业教育学[M].北京：高等教育出版社,2009.

[14] 简明忠.技职教育学[M].台北：师大书苑,2005.

[15] 姜大源. 职业教育学研究新论[M].北京：教育科学出版社,2011.

[16] 教育部师范司.教师专业化的理论与实践[M]. 北京：人民教育出版社,
2003.

澳大利亚TAFE教师专业发展研究

[17] （澳）科林·兰克希尔,（美）米歇尔·诺贝尔. 刘丽译. 教师研究从设计到实施[M].北京：北京师范大学出版社,2007.

[18] 联合国教科文组织. 学会生存-教育世界的今天和明天[M]. 北京：教育科学出版社,1996.

[19] 联合国教科文组织. 教育-财富蕴藏其中[M].北京：教育科学出版社,1996.

[20] 连榕. 教师职业生涯发展[M]. 北京：中国轻工业出版社,2010.

[21] 李其龙,陈永明.教师教育课程的国际比较[M].北京：教育科学出版社,2002.

[22] 吕红.澳大利亚职业教育课程质量保障研究[M].北京：外语教学与研究出版社, 2011.

[23] 孟建银. 澳大利亚职业技术教育教师专业"能力标准"研究[D]. 辽宁师范大学, 2012.

[24] 牛道生. 澳大利亚基础教育[M].广州：广东教育出版社,2004.

[25] 芮燕萍. 大学英语教师专业发展状况实证研究[D].北京：国防工业出版社,2011.

[26] 单中惠. 教师专业发展的国际比较[M].北京：教育科学出版社, 2010.

[27] 斯蒂芬·J·鲍尔. 侯定凯. 教育改革-批判和后机构主义的视角[M].上海：华东师范大学出版社,2003.

[28] 斯图亚特·麦金泰尔. 潘兴明译. 澳大利亚史[M]. 上海：上海东方出版中心,2009.

[29] 石中英. 知识转型与教育改革[M].北京：教育科学出版社,2001.

[30] 宋萑. 教师专业共同体研究[M]. 北京：北京师范大学出版社,2015.

[31] 腾大春. 美国教育史[M]. 北京：人民教育出版社,2001.

[32] （美）威廉·维尔斯,马斯蒂芬·G·于尔斯. 袁振国译. 教育研究方法导论[M]. 北京：教育科学出版社,2010.

[33] 王斌华.澳大利亚教育[M].上海：华东师范大学出版社,1996.

[34] 吴雪萍. 国际职业技术教育研究[M]. 杭州：浙江大学出版社,2004.

[35] 西蒙·马金森. 沈雅雯,周心红,蒋欣译. 现代澳大利亚教育史[M]. 杭州：浙江大学出版社,2007.

[36] 徐国庆.实践导向职业教育课程研究[M].上海:上海教育出版社,2005.

[37] 杨国祥,丁钢.高等职业教育发展的战略与实践[M].北京:机械工业出版社,2006.

[38] 袁振国.当代教育学[M].北京:教育科学出版社,2010.

[39] 袁振国.教育研究方法[M].北京:高等教育出版社,2000.

[40] 叶澜,白益民,王丹,陶志琼.教师角色与教师发展新探[M].北京:教育科学出版社,2001.

[41] 俞婷婕.澳大利亚政府优质教师计划研究[M].北京:教育科学出版社,2013.

[42] 翟海魂.发达国家职业技术教育历史演进[M].上海:上海教育出版社,2008.

[43] 张家祥,钱景舫.职业技术教育学[M].上海:华东师范大学出版社,2001.

[44] 朱旭东,李琼.教师教育标准体系研究[M].北京:北京师范大学出版社,2011.

[45] 朱旭东.中国教师荣誉制度研究[M].北京:北京师范大学出版社,2013.

[46] 朱旭东,胡艳.中国教育改革30年[M].北京:北京师范大学出版社,2009.

[47] 朱旭东.教师专业发展理论研究[M].北京:北京师范大学出版社,2011.

(二)中文期刊类

[48] 陈向明.实践性知识:教师专业发展的知识基础[J],北京大学教育评论,2003,3.

[49] 党涵.澳大利亚职教师资培养培训的经验与启示[J].职业技术教育,2012,12.

[50] 谌起标.美国职业教育新任教师的专业发展计划[J].世界之窗,2006(1).

[51] 陈祝林,王建初.澳大利亚TAFE学院的师资队伍建设[J].职教论坛,2004(7).

[52] 付雪凌,石伟平.美、澳、欧盟职业教育教师专业能力标准比较研究[J].

澳大利亚 TAFE 教师专业发展研究

比较教育研究,2010(12).

[53] 郝立宁. 澳大利亚TAFE学院师资面面观[J]. 中国职业技术教育,2008(1).

[54] 胡洋萍. 澳大利亚TAFE教学特点对我国高职院校教师角色转换的启示[J].才智,2010(6).

[55] 黄永刚.学习与思考-澳大利亚TAFE管理模式浅析[J]. 天津职业大学学报,2001(2).

[56] 李世业.澳大利亚TAFE教师的特点分析[J]. 职业技术教育,2006(1).

[57] 刘燕.澳大利亚新南威士州教师专业标准评析[J]. 世界教育信息,2010,(6).

[58] 吕红,朱德全. 澳大利亚职业教育教师资格与标准比较[J]. 教育研究,2009(6).

[59] 吕一中.TAFE学院中的教师[J]. 北京工业职业技术学院学报,2003(4).

[60] 潘绍来. 澳大利亚TAFE教学与组织形式分析与启示[J]. 南通纺织职业技术学院学报,2006(9).

[61] 彭丹逯,钟美华. 中澳高职教育师资队伍建设比较研究[J].广东广播电视大学学报, 2013(4).

[62] 盛立强. 澳大利亚TAFE学院校企合作的经验与启示[J]. 市场论坛,2012(8).

[63] 王炜,黄黎茵. 澳大利亚昆士兰州教师专业标准的实施[J],外国教育研究,2008(2).

[64] 翁朱华. 澳大利亚TAFE教师发展的实践模式及其启示[J]. 全球教育展望,2011(8).

[65] 沃斌峰.澳大利亚TAFE学院教师专业化的举措及其启示[J].外国教育研究,2009(5).

[66] 杨朝祥. 台湾技职教育变革与经济发展.国政研究报告,财团法人国家政策研究基金会,2005.

[67] 张琳琳. 高校ESP教师专业化培养体系的建立[J].继续教育,2010,(5).

[68] 赵聪.澳大利亚TAFE学院师资建设[J].黑龙江教育学院学报,2010(12).

[69] 赵玉.澳大利亚职业教育教师专业发展探析[J].职教论坛,2010(27).

[70] 甄博,宗秀秀. 顺应时代潮流 凸显能力特色-澳大利亚技术与继续教育学院的政策演变[J]. 世界教育信息,2009(10).

[71] 祝怀新,李玉静. 澳大利亚以质量为本的教师教育政策[J].外国教育研究,2005(8).

[72] 朱宁波,张志宏. 日本教师专业发展特征的嬗变[J].辽宁师范大学学报(社会科学版),2004,3.

二、外文文献

[1] Australian Bureau of Statistics 2008 Year. Book Australia[R]. Canberra: Australian Government.Publishing Service, 2008 .

[2] Australian Government （2011） Training.gov.au （TGA）,Retrieved 25 November, 2011 from http://www.training.gov.au. 2012-12-30.

[3] Australian College of Education. Standards of Professional Practice for AccomplishedTeaching in Australian Classrooms: A national discussion paper[R]. ACE, 2000(9).

[4] Australian Education Union （AEU） （2001）. Professional Teaching Standards AEU the position, 8 May 2001, Internet Document （Australian Education Union） at:

http://www.aeufederal.org.au/Debates/AEUpositionPTS.html. 2013-2-2.

[5] Bathmaker, A.M.. Standardising Teaching: The Introduction of The National Standards for Teaching and Supporting Learning in Further Education in England and Wales[J]. In-Service Education,2001, 26:1, 9-23.

[6] Berliner, D. 'The Development of Expertise in Pedagogy'. Charles W Hunt Memorial Lecture presented at the Annual meeting of the American Association of Colleges for Teacher Education, New Orleans, Louisiana, 1988,2.

[7] Berliner, D.C. 'The Nature of Expertise in Teaching' in Effective and Responsible Teaching: The new synthesis, eds[M]. San Francisco: FK Oser, A Dick and J-L Patry, Jossey-Bass,1992: 227-248.

[8] Beyer, L.The Politics of Standardisation: Teacher Education in the USA [J]. Education for Teaching,2002, 28:3, 239-245.

[9] Billett, S. Learning in The Workplace: Strategies for Effective Practice [M]. Crows Nest N.S.W.:   Allen & Unwin, 2001.

[10] Blackledge, D and Hunt, B. Sociological Interpretations of Education[M]. London: Croom   Helm, 1985.

[11] Brandt, R. On the Expert Teacher: A Conversation with David Berliner[J]. Educational   Leadership , 1987, 44:2, 4-9.

[12] Bradley, D. Review of Australian Higher Education — Final Report[R]. Canberra: Commonwealth Government of Australia, 2008.

[13] Brookfield, SD. Understanding and Facilitating Adult Learning. San Francisco: Jossey-Bass, 1986.

[14] Burgess, R. G. In the field. An Introduction to Field Research[M]. London: Allen and Unwin,   1984.

[15] Chappell, C. 'Changing TAFE in New Times' [J]. Australian and New Zealand Journal of Vocational Education Research, 1998,vol.23, no.2.

[16] Chappell, C. The policies and Discourses of Vocational Education and Training; and Their Impact on The Formation of Teacher Identities. Unpublished Thesis.Sydney: University of Technology, 1999.

[17] Chappell, C. The new VET Professional: Culture, Roles and Competence （working paper 00- 41）[R]. Sydney: University of Technology Sydney, Research Centre for Vocational   Education and Training, 2000.

[18] Chappell, C. Issues of Teacher Identity in A Restructuring VET System. Australian and New Zealand Journal of Vocational Education Research, 2001,9（1）, 21-41.

[19] Chappell, C and Johnson, R. Changing Work: Changing Roles for Vocational Education and Training Teachers and Trainers[R]. Adelaide: National Centre for Vocational Education   Research, 2003.

[20] Chenitz, WC and Swanson, JM. Qualitative Research Using Grounded Theory[M]. In W. C.1986

澳大利亚 TAFE 教师专业发展研究

[21] Chenitz and J. M. Swanson（Eds.）, From Practice to Grounded theory: Qualitative Research in Nursing[R].Addison-Wesley,Menlo ark, CA,2000.

[22] Clayton, B Bateman, A Meyers, D and Bluer, R. Practitioners' Expectations and Experiences with Certificate Ⅳ in Training and Assessment（TAA04）[R]. Adelaide: National Centre for Vocational Education Research, 2010.

[23] Clayton, B Fisher, T and Hughes, E. Sustaining the Skill Base of Technical and Further Education Institutes: TAFE Managers' Perspectives[R]. Adelaide: National Centre for Vocational Education Research, 2005.

[24] Coffield, F. Just Suppose Teaching and Learning Became the First Priority [R]. London: Learning and Skills Network, 2008.

[25] Crotty, M. The Foundations of Social Research: Meaning and Perspective in The Research Process[R]. St Leonards: Allen and Unwin, NSW,1998.

[26] Cully, M, Blythe, A, Stanwick, J and Brooks, L. Getting the Measure of the VET Professional[R]. Adelaide: National Centre for Vocational Education Research, 2004.

[27] Darling- Hammond, L. Teacher Quality and Student Achievement: A Review of state Policy Evidence, Education Policy Analysis[J]. Archives, 2000, vol.8, no.1（Education Policy Analysis Archives）. http://epaa.asu.edu/epaa/v8n1/. 2013-12-2.

[28] Dawkins, J Improving Australia's Training System[M]. Canberra: Australian Government Publishing Service, 1989.

[29] Dickie, M Eccles, C Fitzgerald, I and McDonald, R. Enhancing the Capability of VET Professionals[R].Brisbane:Australian National Training Authority, 2004.

[30] Doecke, B. & Gill, M. Setting Standards: Confronting Paradox, STELLA: A Combined Issue of English in Australia, and Literacy Learning[R]. The Middle Years, 2001,vol.9, no.1, 5-15.

[31] Dunkin, M. & Biddle, B. The Study of Teaching, Holt[M]. New York: Rinehart and Winston, 1974.

澳大利亚TAFE教师专业发展研究

[32] Figgis, J. Regenerating the Australian Landscape of Professional VET Practice: Practitioner- driven Changes to Teaching and Learning[R]. Adelaide: National Centre for　Vocational Education Research, 2009.

[33] Gill, M. If We don't Do it, Someone Else Will[J]. English in Australia, 1999(124), 4: 70-75.

[34] Glasersfeld, E. Radical Constructivism？A Way of Knowing and Learning [M]. London: Falmer Press, 1995.

[35] Glaser, B. Theoretical sensitivity[M]. CA: Sociology Press, Mill Valley, 1978.

[36] Goozee, G. The development of TAFE in Australia[R]. Adelaide: National Centre for Vocational Education Research, 2001.

[37] Grootings, S and Nielsen, S. S. Nielsen and M. Nikolovska（Eds.）. Teachers and Trainers in Vocational Education and Training Reform[M]. 2005. http://www.etf.europa.eu/web.nsf/pages/ETF. 2014-2-10.

[38] European Training Foundation Yearbook. ETF, Severno, Italy. http://www. etf.europa.eu/web.nsf/pages. 2014-5-10.

[39] Hargreaves, A. Individualism and Individuality: Reinterpreting the Teacher Culture[J]. International Journal of Educational Research, 1993,19（2）: 227-246.

[40] Hargreaves, A. Changing Teachers, Changing times: Teachers' Work and Culture in the Pstmodern Age[M]. London: Cassell, 1994.

[41] Harris, R and Simons, M. Quality Vocational Education and Training: Where does Staff　Development Fit?Paper presented at the Australian Vocational Education and Training　Research Association（AVETRA）Conference, Sydney.1999. http://www.avetra.org.au/abstracts_and_papers/21_HARRIS.pdf.2015-10-1

[42] Harris, R Simons, M and Clayton, B. Shifting Mindsets: the Changing Work Roles of Vocational Education and Training Practitioners,[R]. AdelaideNational Centre for Vocational Education Research, 2005.

[43] Haynes, D. One Teacher's Experience with National Board Assessment

[J]. Educational Leadership , 1995(52): 58-60.

[44] Hodkinson, P Technicism, Teachers and Teaching Quality in Vocational Education and Training[J].Vocational Education and Training, 1998,50(2): 193-208.

[45] Ingvarson, L. Professional Standards: A Challenge for the TATE[J]. English in Australia, 1998a(122), 31-44.

[46] Ingvarson, L. Professional Development as The Pursuit of Professional Standards: The standards- based Professional Development System[J]. Teaching and Teacher Education, 1998b(14),1: 127-140.

[47] Ingvarson, L. Strengthening The Profession? A Comparison of Recent Reforms in The UK and The USA, Quality Teaching Series ? Paper No.4, The Australian College of Education, Deakin West ACT, 2001.

[48] Ingvarson, L. & Chadbourne, R. 'The Career Development Model of Teacher Evaluation', in Valuing Teachers ' Work: New Directions in Teacher Appraisa[R]. Melbourne:Australian Council for Educational Research,1994:11-45.

[49] Ingvarson, L. Building a Learning Profession, Commissioned Research Paper No. 1[R].Canberra: Australian College of Educators, 2002a.

[50] Ingvarson, L. Development of a National Standards Framework For the Teaching Profession[R]. Melbourne: Australian Council for Educational Research, 2002b.

[51] Jasman, A. Professional Competencies and Standards[R]. Perth Western Australia: Centre for Curriculum and Professional Development, Murdoch University, 1997.

[52] Jasman, A. Teacher Professional Expertise: Its Nature, Development, Enhancement and Assessment for Recognition and Reward[R]. Canberra: Department of Education, Science and Training, 2003.

[53] Kaplan, B. and Maxwell, JA. Evaluating Health Care Information Systems: Methods and Applications[R]. CA:Sage, Thousand Oaks, 1994.

[54] Knowles, MS. Modern Practice of Adult Education: Andragogy versus

Pedagogy[M]. Chicago: Follet Publishing Company, Associated Press, 1970.

[55] Lave, J. & Wenger, E. Situated Learning: Legitimate Peripheral Participation[M]. Cambridge: Cambridge University Press, 1991.

[56] Marsh,C J. Key Concepts for Understanding Curriculum[M]. London: Routledge,1993.

[57] Maykut, P and Morehouse, R. Beginning Qualitative Research. A Philosophic and Practical Guide[R]. London: Falmer Press, 1994.

[58] Merriam, SB. Case Study Research in Education[M]. San Francisco: Jossey-Bass, CA, 1988.

[59] Minichiello, V Aroni, R Timewell, E and Alexander, L. In- depth Interviewing: Researching People[M]. Melbourne: Longman Cheshire, 1990.

[60] Mitchell, J. Quality the Key to VET Impact[J]. Campus Review, 2005 (12): 7.

[61] Mitchell, J Chappell, C Bateman, A and Roy, S. Critical Issues: A Literature Review on Teaching, Learning and Assessment in Vocational Education and Training, In: Consortium Research Program: Supporting Vocational Education and Training Providers in Building Capability for The Future (pp. 1- 33). Adelaide: National Centre for Vocational Education and Research, 2006a.

[62] Mitchell, J Chappell, C Bateman, A and Roy, S. Quality: A Critical Issue in Teaching, Learning and Assessment in Vocational and Further Education — a Three Country Comparison, In: Consortium research program: Supporting vocational education and training providers in building capability for the future(pp. 1-17). Adelaide: National Centre for Vocational   Education and Research, 2006b.

[63] Mulcahy, D. & Jasman, A. Towards the Development of Standards of Professional Practice for the Victorian TAFE Teaching Workforce[R]. Melbourne:Office of Training and Tertiary Education, 2003.

澳大利亚TAFE教师专业发展研究

[64] National Board for Professional Teaching Standards. What Teachers Should Know and Be Able to Do[R]. NBPTS, Detroit, MI, 1987.

[65] National Board for Professional Teaching Standards . NBPTS Career and Technical Education   Standards, Third Printing[R]. Adelaide:National Centre for Vocational Education Research,   2001.

[66] National Centre for Vocational Education Research. The Vocational Education and Training Workforce: New Roles and Ways of Working — at A Glance[R]. Adelaide: National Centre for Vocational Education Research, 2004.

[67] National Centre for Vocational Education Research. Australian Vocational Education and Training Statistics[R]. Adelaide: National Centre for Vocational Education Research, 2008.

[68] New South Wales Department of Education and Training. Towards Identifying Professional Teaching Standards for New South Wales Schools [R]. Sydney: Department of Education and Training, 1998.

[69] O'Donoghue, T. Planning Your Qualitative Research Project: An Introduction to Interpretivist Research   in   Education[M].   London: Routledge, 2007.

[70] O'Donoghue, T and Clarke, S. Leading Learning: Process, Themes and Issues in International   contexts[M]. London: Routledge, 2010.

[71] OECD. Beyond rhetoric: Adult Learning Policies and Practices[M]. Paris: OECD, 2003.

[72] Office of Training and Tertiary Education. From Responsive to Leading Edge: Transformation of the Victorian Institute Workforce, Institute Workforce Working Party[R]. Melbourne: OTTE, Victoria,2002a.

[73] Office of Training and Tertiary Education . A Centre for TAFE: An Issues Paper from the Ministerial Advisory Committee on the TAFE Development Centre[R]. Melbourne: OTTE, Melbourne, Victoria, 2002b.

[74] Organisation for Economic Co- operation and Development（OECD）. Teacher Demand and Supply: Improving Teaching Quality and Addressing

Teacher Shortages? A Literature Review and A Conceptual Framework for Future Work[R]. OECD Education Working Paper No.1. 2002.

[75] Owen, A. Out in The Cold[J]. Campus Review,2008,1: 15.

[76] Punch, K. Introduction to Social Research: Quantitative and Qualitative Approaches[M].London: Sage, 1998.

[77] Rivkin, S.G. Hanushek, E.A. & Kain, J.F. Teachers, Schools, and Academic Achievement, Working Paper 6691（revised）[R]. Massachusetts: National Bureau of Economic Research, 2000.

[78] Robson, J. A Profession in Crisis: Status, Culture and Identity in The Further Education College[J]. Vocational Education and Training, 1998,50（4）: 585-607.

[79] Rumsey, D. Shaping the VET Practitioner for the Future[R]. Western Australian Department of Training, 2002.

[80] Seddon, T. Expertise in Teaching Adults: A Resource for Innovation[J]. The Australian TAFE Teacher, 2008, Spring:14.

[81] Shulman, L. Knowledge and Teaching: Foundations of The New Reform [J]. Harvard Educational Review, 1987,57:1, 1-22.

[82] Simons, M, Harris, R, Hill, D, Smith, E, Pearce, R and Blakeley, J. The Changing Role of Staff Development for Teachers and Trainers in Vocational Education and Training[R]. Adelaide: National Centre for Vocational Education Research, 2001.

[83] Simons, M, Harris, R and Smith, E. The Certificate IV in Assessment and Workplace Training: Understanding Learners and Learning. Adelaide: National Centre for Vocational Education Research, 2006.

[84] Smith, E. A Rich Tapestry: Changing Views of Teaching and Teaching Qualifications in The Vocational Education and Training Sector[J]. Asia-Pacific Journal of Teacher Education,2005,33（3）: 339-351.

[85] Smith, E and Blake, D. Facilitating Learning Through Effective Teaching [R]. Adelaide: National Center for Vocational Education Research, 2005.

[86] Strauss, A. Qualitative Analysis for Social Scientist. Cambridge:

澳大利亚TAFE教师专业发展研究

Cambridge University Press, 1987.

[87] Strauss, A and Corbin, J. Basics of Qualitative Research: Grounded Theory Procedures and Techniques. CA: Sage, Newbury Park,1990.

[88] Strauss, A., and Corbin, J. Grounded Theory Methodology: An Overview, In: N Denzin and Y Lincoln（Eds.）, The handbook of Qualitative Research. CA: Sage, Thousand Oaks, 1994:273-285.

[89] Sykes, G. & Plastrik, P. Standard Setting as Educational Reform[R], Washington DC: American Association of Colleges for Teachers of Education, 1993.

[90] Sullivan, K. Teacher Standards and Professionalism[J]. New Zealand Journal of Educational Studies, 1999, 34:1, 144-155.

[91] Teacher Education Review Taskforce. Report of the Taskforce on the Review of Teacher Education in NSW, Teacher Education Review Taskforce ? Report to the Minister, September 2001.

[92] Thomas, J. The VET Professional and TAFE Teacher Qualifications. Retrieved October16,2006,www.vta.vic.edu.au/publications/position_papers/TeacherQuals.pdf. 2012-12-30.

澳大利亚TAFE教师专业发展研究